KB253772

성공한 리더 31人의 은밀한 설득술

스토리를 훔쳐라

스토리를 훔쳐라

짐 홀트지 지음 | 이미숙 옮김

21세기북스

이 책을 나의 아내 캐린에게 바친다.

그리고 모든 사람이 희망을 품을 수 있는

최고의 이야기를 들려준 CEO들에게 감사를 전한다.

일러두기

- 이 책에 나오는 인물들의 생몰연대나 재임 기간 등은 현재 시점과 다를 수 있다. 기존에 출간된 참고
  도서(자서전)를 기준으로 삼아 쓴 글임을 밝혀둔다.
- 이 책의 '참고문헌'에서는 해당 도서가 국내에 출간된 경우 도서명을 병기하였다.

비즈니스 스토리를 만나다

좋은 이야기와 일화를 활용하면 커뮤니케이션 능력을 향상시킬 수 있다. 여러분은 이 책에 실린 이야기와 일화로 자신의 이야기를 보충하거나 대신할 수 있다. 어느 쪽이든 상관없이 모든 커뮤니케이터가 이용할 수 있는 세월을 거쳐 검증된 한 가지 기술, 즉 스토리텔링으로 여러분의 글을 더욱 강렬하고 매력적이며 기억에 남도록 돕는 것이 이 책의 목적이다.

이 책은 좌절의 산물이었다. 나는 연설 작가이자 기업 커뮤니케이터라는 내 직업이 무척 마음에 든다. 따라서 이는 내 직업에 대한 좌절이라기보다 임무를 효과적으로 수행할 수 있는 도구가 부족하다는 사실에 대한 좌절이었다.

약 2년 전 3월의 어느 쌀쌀한 토요일 오후, 나는 아내와 함께 뉴욕 시의 브로드웨이와 12번가의 모퉁이에 위치한 스트랜드 서점Strand

Bookstore 앞에 있었다. 유니언 스퀘어Union Square에서 엎어지면 코 닿을 곳이었다. 이곳이 생소한 사람들을 위해 설명하자면 스트랜드는 구하기 어려운 작품 선집을 포함해 '18마일에 이르는 책18 Miles of Books'을 자랑하는 뉴욕의 유서 깊은 장소이다. 만일 서적 수집가가 지구상에서 천국을 맛볼 수 있는 곳이 있다면 바로 여기일 것이다.

우리 가족은 오래전부터 주말마다 스트랜드의 특가 재고 서적 실외 판매대를 돌아보고 있다. 3월의 어느 토요일, '상태가 양호한' 중고 하드커버 책들을 차례로 살펴보던 중 어떤 책 한 권이 내 눈을 사로잡았다. 시대의 아이콘인 한 CEO의 자서전이었다. 나는 얼른 그 책을 집어 들고 몇 페이지를 읽었다. 멈출 수가 없었다. 페이지를 넘길 때마다 이야기에 매료되었기 때문이다. 갈수록 더욱 다채롭고 감동적인 이야기가 이어졌다. 그 순간 불현듯 한 가지 기억이 떠올랐다.

불과 얼마 전까지 나는 뮌헨Munich의 지멘스 AGSiemens AG의 CEO 겸 대표의 영어 연설 작가로 일한 적이 있었다. 그때 유럽에 정착해서 전 CEO의 연설을 쓰고 있던 미국인 동료가 내게 책을 몇 권 빌려 달라고 부탁했다. 나는 3개년 과제를 위해 미국에서 사온 책들을 빌려주었다. 책을 찬찬히 읽어본 동료는 내게 예의상 고맙다고 말하더니 훌륭한 책들이지만 명언이 대부분이었다고 덧붙였다. 그가 찾던 책이 아니었던 것이다. 그는 일화 중에서도 특히 사업과 관련된 이야기를 원했다. 나 역시 일을 하면서 그와 똑같은 안타까움을 느낀 적이 있었다. 명언 모음집은 무척 많지만 스토리텔링에 관한 책은 그리 많지 않다. 비즈니스 분야의 스토리텔링에 관한 책은 거의 전무하다.

　상쾌한 토요일 아침 브로드웨이와 12번가 모퉁이에 서 있던 그 순간, 나는 '유레카'를 외쳤다. 자서전과 전기에서 가장 멋진 비즈니스 스토리 몇 편을 편집하고 수집해 다른 사람이 참고할 수 있는 책을 만들면 어떨까? 연설에 공감을 얻을 만한 한두 가지 명언을 덧붙이는 대신에 청중의 관심을 단숨에 사로잡을 만한 이야기를 덧붙이면 어떨까?

　나는 그 자서전에 거금 1달러를 지불하고 집으로 돌아와 종이에 아이디어를 적기 시작했다. 그렇게 해서 이 책이 탄생했다. 나는 이 책이 연설 작가는 물론이고 일반 비즈니스와 커뮤니케이션에 관심 있는 모든 사람들의 영원한 친구이자 손때 묻은 참고서가 되길 바란다. 그리고 나아가 여러분의 영원한 소장품이 되기를 바란다. 책에 먼지만 쌓이는 일은 없기를. 이 책의 목적은 아이디어와 번득이는 창의성의 믿을 만한 원천, 관점의 변화를 위한 수단, 혹은 이왕이면 모든 커뮤니케이터의 파멸을 해결할 치료제, 즉 작가의 방어벽이 되는 일이다. 어떤 상황에서든 이용할 수 있는 책이다.

　관객석에 앉은 여러 사람들 중에서 연설 작가를 곧바로 알아볼 수 있다는 오래된 우스갯소리가 있다. 연단에 서 있는 사람을 보지 않는 유일한 사람이 바로 연설 작가이기 때문이다. 연사가 무대에 올라 실제로 연설하기 전에 잠시 동안 원고만 내려다보며 소리 없이 읽어보는 사람은 연설 작가뿐이다. 뿐만 아니라 그들은 대개 관객을 둘러보면서 어떤 문구가 효과적인지, 그리고 어떤 문구를 다음 번 초고에 넣지 않아야 할지 가늠한다.

　나는 수많은 관객을 관찰하면서 또 다른 사실을 발견했다. 사람들은 '이야기'를 들을 때 진정으로 관심을 기울이고 연사를 뚫어져라 응시하며 끝까지 한마디도 놓치지 않는다.

　나는 오랫동안 우리 자신을 표현할 수 있는 가장 보편적이고 기억에 남는 방법이 스토리텔링이라고 생각했다. 비즈니스는 멋진 이야기를 공유하는 일에서 그치지 않는다. 이 책이 적어도 몇 가지 이야기를 전할 수 있기를 바란다.

리더들이 전하는 매력적인 성공 노트

유능한 커뮤니케이터가 되지 않으면 진정한 리더가 될 수 없다. 이 책은 메시지와 매체가 조화를 이루지 못하는 오늘날 어떻게 하면 가장 효과적인 리더십 커뮤니케이션 테크닉, 즉 스토리를 이용할 수 있을지 그 방법을 전한다. 이 책은 미국과 유럽 재계 리더들의 연설 작가로 지금껏 내가 만난 최고의 작가로 손꼽히는 짐 홀트지가 집필하고 편집한 것이다. 나는 짐과 마찬가지로 연설 작가였다. 이 뛰어난 작품에 내 의견을 공유할 수 있어서 무척 자랑스럽다.

이야기 한 편을 전하면서 시작해 보자. 1983년 로널드 레이건^{Ronald Reagan} 대통령은 "핵무기를 무력화하고 낙후시킬" 방어물이라는 대담한 비전을 제시하는 감동적인 연설을 했다. 그러나 회의론자와 과학자, 정치가와 정책 분석가들은 곧이어 다양한 주장을 내세우며 그의 개념을 공격하고 '스타워즈^{Star Wars}'라는 무시무시한 이름을 붙였다. 레이건 행정부가 우방의 지지를 잃고 이른바 말의 전쟁에서 패배하기 시작할 무렵 국방부 장관 캐스퍼 와인버거^{Casper Weinberger}는 그 개념을 설명하고 옹호하기 위한 순회 연설을 하기로 결정했다. 나는 그의 연설 작가로서 연설을 준비하는 과정을 도왔다.

우리는 반대편의 모든 주장에 철저하게 반증을 제시하는 초안을 준비했다. 발표할 당시 물의를 일으켰던 대통령의 일부 표현을 인용하고 위기의 시기에 과감한 행동이 필요하다는 윈스턴 처칠^{Winston Churchill}의 명언을 활용했다. 와인버거 장관은 '확실한 연설'이라고 단언했지만 나는 이 연설에 레이건 대통령의 카리스마와 극적인 성향이 부족하다는 생각이 들어 내심 걱정스러웠다. 아니나 다를까, 와인버거 장관은 헤드라인이나 텔레비전의 문구에서 가장 감동적인 인용구조차 언급하지 못했다. 그 바람에 상황은 일종의 '말의 참호전'으로 치달았다. 연설을 할 때마다 우리의 주장은 설득력을 얻고 이를 토대로 확고한 지반을 쌓았지만 반대자들이 '스타워즈'라는 헤드라인을 내건 뉴스로 재빨리 우리를 따라잡는 바람에 다시 수세에 몰리곤 했다.

나는 자포자기의 심정으로 와인버거 장관에게 연설에 담을 개인적인 일화가 있느냐고 물었다. 그는 연설 내용과 그다지 관련이 없을 것이라고 덧붙이며 한 가지 이야기를 꺼냈다. 1976년 레이건이 두 번째로 공화당 후보자 경선에서 패배한 직후 나눈 대화였다. 두 사람은 저녁 식사를 마치고 레이건의 서재에 앉아 있었다. 이제 막 예순다섯 살에 접어든 레이건은 은퇴한 후 자신의 목장에서 여생을 보낼 계획이라고 말했다. 대화는 그가 대통령이 될 가능성이 희박해지면 미국의 산업적 역량을 동원해 핵전쟁의 위협을 종식시킬 기술을 개발하겠다는 꿈을 실현할 수 없으리라는 좌절감으로 이어졌다. 그날 저녁 와인버거는 레이건이 그 꿈을 이루기 위해서라면 은퇴하겠다는 계획을 접어 두고 다시금 대통령에 입후보하는 일을 포함해 어떤 일도 마다하지 않을 것임을 깨달았다.

우리는 와인버거 장관에게 앞으로 계획된 연설에서 그 중대한 대화에 대해 이야기하라고 권했다. 결국 와인버거는 그 매력적인 이야기로 연설을 시작했다. 덕분에 우리는 감정적인 유대감을 형성함으로써 공감을 얻어냈고 스타워즈 논쟁에서 유리한 고지를 탈환했다.

'이야기'가 관객에게 큰 영향을 끼친 것은 물론, 무대를 불편하게 여기는 데다 오만하고 위협적으로 보이던 국방 장관을 느긋하고 다정한 인간으로 탈바꿈시켰다. 또한 스토리텔링은 무수한 중역들에게 영향을 미쳤다. 그것은 어쩌면 그들이 긴장을 풀고 좀 더 인간적인 모습으로 자녀들에게 이야기를 읽어 준 기억 때문일 것이다. 리더들의 DNA에는 스토리텔링이 주입돼 있다. 이 DNA는 추장이 부족 사회의 문화적 토대를 이루는 이야기를 전달했던 고대로부터 물려받은 유산이다. 하지만 스토리텔링이 그처럼 자연스럽다면 오늘날 재계의 리더들은 어째서 이를 커뮤니케이션의 도구로 이용하지 않는 것일까?

이 문제에 대해서는 몇 가지로 대답할 수 있다. 이야기의 전달에는 시간이 걸린다. 그리고 중역들은 대개 본론만 전달해야 한다. 어떤 리더들은 단호한 이미지를 유지해야 하는데 스토리텔링을 택하면 자기의 본색이 불필요하게 많이 드러날지도 모른다고 우려한다. 재정적 구조에 따라 움직이는 세상에서 스토리텔링과 같은 직관적인 접근 방식은 재계의 관행에서 지나치게 너그럽거나 용인하기 어려워 보일 수 있다.

이 책은 이런 감정과 두려움에 적절히 대처하면서 존경받는 일부 재계 리더들이 이런 감정과 두려움에 적절히 대처하면서 이야기를 이용해 의사를 전달한다는 사실과 그들이 이야기를 통해 성공한 과정을 보여 준다. 짐 홀트지는 이들의 이야기를 수소문하기보다는 직접 인터뷰함으로써 그들의 성공 비결을 나열할 수도 있었을 것이다. 그랬다면 이야기를 통해 배우는 방법보다 훨씬 더 빨리 사실에 근거한 결과를 얻었을지 모른다.

하지만 이만큼 효과적이지는 않았을 것이다. 이야기를 하려면 두뇌의 직관적이고 논리적인 부분(좌뇌와 우뇌)이 모두 필요하다. 사실에만 의존하기보다 스토리텔링을 이용하면 관객이 교훈을 흡수하고 기억할 가능성이 더 높아진다. 이 책은 두뇌의 양쪽을 모두 동원하는 효과적인 방식을 채택해 비즈니스 세계에서 매우 중요한 몇 가지 교훈을 전달한다. 비즈니스 리더들이 전했던 이야기를 다시 자세하게 전달하면서 두뇌의 직관적인 부분과 감정적인 자아에 모두 호소한다. 이 이야기들은 우리를 배경, 구성, 인물로 구성된 한 개인의 드라마로 초대한다. 이야기는 소설이나 희곡과 마찬가지로 우리의 상상력을 자극한다. 일단 이야기에 매료된 다음에는 논리적인 두뇌가 이야기에서 이끌어낼 수 있는 교훈과 지혜를 되짚어 본다. 마지막으로 이 책은 지혜를 실용적인 면에 적용할 수 있도록 이끈다. 다시 말해 커뮤니케이션 과정에서 이야기와 거기에 담긴 교훈을 이용할 수 있는 방법을 제시한다.

이 책은 두 가지 측면에서 리더들의 커뮤니케이션에 이롭다. 첫째, 존경받는 리더들의 이야기와 교훈을 자신의 커뮤니케이션 과정에 다시 사용할 흥미롭고 실용적인 다양한 방법을 제공한다. 둘째, 리더들에게 다른 사람의 이야기보다 한층 강력한 자신의 이야기를 전할 방법을 알려 준다. 리더는 이야기를 공유함으로써 개인적인 관계를 맺으며 이를 통해 외부 주주들에게 더 큰 지지를 받는 한편 직원들의 충성심도 강화할 수 있다. 여러분은 자신의 이야기를 전할 때 긴장을 풀고 실제로 경험한 일을 전달하는 과정에서 발생하는 정신 에너지를 이용하게 될 것이다.

성실한 추종자들은 무엇보다 영감을 불어넣을 의지와 능력을 갖춘 리더를 얻을 것이다. 이 책에는 이러한 기준을 충족시키고 자신을 믿고 따르는 사람들에게 신성한 의무를 다하는 리더들의 이야기가 담겨 있다.

알코아^{Alcoa} 인력 자원 담당 부사장

잭 버겐^{Jack Bergen}

PART 1 스토리의 힘

PART 2 리더들의 위대한 스토리

PART 1
스토리의 힘

사람들은 이야기에 굶주려 있다.
이야기는 우리 존재의 일부다.
스토리텔링은 역사와 불멸의 한 형태다.
그것은 한 세대에서 다른 세대로 전해진다.

— 스터즈 터클Studs Terkel(구전 역사 전문가 · 퓰리처상 수상 작가)

정보는 사라지고 스토리만 남는다

스토리텔링은 인류에게 알려진 가장 오래된 커뮤니케이션의 형태일 것이다. 할리우드 블록버스터이든 베스트셀러 소설이든, 아니면 판매 전략으로 이용하는 그럴듯한 이야기이든 상관없이 우리는 이야기를 갈구한다. 돈 휴이트Don Hewitt는 방송 역사상 가장 성공적인 프로그램으로 손꼽히며 에미상Emmy Awards을 80번가량 수상한 CBS TV '60분60 Minutes'의 창시자 겸 연출자다. 수많은 프로그램에서 모방했으나 결코 능가할 수 없었던 이 프로그램의 아이디어는 믿을 수 없을 만큼 단순하다. 그는 이 프로그램의 토대가 다음 세 단어라고 밝혔다.

내게 이야기를 해 주시오.

우리는 다른 사람의 이야기를 듣고 우리의 이야기를 전한다. 이야기는 좀처럼 '거부할 수 없다'고 느낀다. 스스로 인정하든 인정하지 않든 상관없이 사람들은 누구나 스토리텔러다. 우리의 삶에서 어제, 몇 년 전, 혹은 수십 년 전에 일어난 일은 결국 '이야기'로 변한다. 이야기는 우리가 세상의 의미를 이해하고 다른 사람에게 그 의미를 전달하는 방법이다. 물론 개중에는 더 뛰어난 사람도 있지만 우리는 대부분 그렇게 한다.

하지만 구체적인 수치와 논리적 분석, 그리고 변경할 수 없는 사실의 영역인 비즈니스 세계에서는 스토리텔링을 선뜻 반기지 않는다. 스토리텔링이 가장 강력한 커뮤니케이션 도구로 손꼽힌다는 사실을 생각할 때 이는 부끄러운 일이다. 가장 훌륭한 몇몇 비즈니스 리더들은 뛰어난 커뮤니케이터였다. 다른 식으로 표현하자면 뛰어난 비즈니스 리더들 중 일부는 십중팔구 유능한 커뮤니케이터였던 덕분에 정상에 올랐을 것이다.

오늘날 커뮤니케이션은 모든 사업가의 필수 조건이다. 집 지하실에서 창업한 회사를 지휘하든 고층건물 꼭대기에 있는 사무실에서 다국적 기업을 지휘하든 간에 커뮤니케이션은 업무의 일부이다. 그것도 대다수 사람들의 생각보다 훨씬 더 큰 부분을 차지한다. 연례 주주 총회에서 수천 명 앞에 서서 연설하는지, 직속 부하 직원들에게 격려의 말을 전하는지, 혹은 단 한 명의 투자가에게 여러분의 꿈에 투자하라고 부탁하는지는 중요하지 않다. 청중이나 장소와 무관하게 핵심은 한 가지다. "요점을 전달하라."

하지만 그렇다고 모든 커뮤니케이션이 똑같은 것은 아니다. 다음 시나리오를 생각해 보자. 한 도시에서 활약하는 같은 분야의 두 회사가 정확히 같은 시간에 각각 직원 회의를 열고 있다. A 회사의 CEO는 강당에 들어와 기대에 한껏 부푼 청중 앞에 선다. 연간 실적이 훌륭하다는 소문이 떠돌고 있으며 실제로도 그렇다. 축하해야 마땅하다. 그러나 CEO는 연단으로 성큼성큼 걸어가 희색이 만연한 청중들을 바라보며 치명적인 실수를 저지른다. 마치 신경 치료를 앞두고 있는 사람처럼 열의라고는 찾아볼 수 없이 무미건조하고 단조로운 목소리로 자료로 가득한 30페이지에 이르는 파워포인트를 읽기 시작한다. "……그리고 여기 오른쪽 상단 사분면에서 지난해와 올해 신규 주문의 차이가 7.8%임을 확인할 수 있습니다. 우리와 유사한 기업과 크게 다르지 않죠. 다음으로 이 슬라이드를 보면 우리 회사의 3년간 수익 목표를 확인할 수 있습니다. 이것은 지난번 삼사분기 회의에서 내가 살펴본 내용입니다." 기타 등등. 사람들은 꾸벅꾸벅 졸기 시작한다. 그들은 하품을 참고 신발을 내려다보거나 출구를 찾는다. 그들과 상관없는 이야기이기 때문이다. CEO는 청중이나 인정받아 마땅한 그들의 노력을 전혀 이해하지 못한다. 청중은 따분해 하는 것은 물론이고 마음속 깊이 '속았다'고 느낀다.

B 회사의 CEO는 다른 방향을 택했다. 우연찮게도 B 회사의 지난 한 해는 성공적이었으며 CEO 역시 비슷한 실적을 보고한다. 그러나 이 CEO는 33장이 아니라 단 세 장의 슬라이드를 준비했다. 그렇다. '세

장'이다. 그리고 사람들에게 올려다보아야 할 수치를 퍼붓기보다는 요약한 결과를 재빨리 전달하고 그들의 승리를 다음과 같이 표현한다.

"훌륭한 실적을 거둔 이유 중 하나는 고객 보유입니다. 한 가지 사례를 전해 드리죠. 지난달 저는 중서부의 핵심 고객인 PDQ 코퍼레이션^{PDQ Corporation}의 CEO 척 스미스^{Chuck Smith}를 만났습니다. 아시는 분도 있겠지만 예전에 우리는 이 고객과 껄끄러운 관계였죠. 하지만 지금 이 자리에서 밝히건대 우리는 장족의 발전을 했습니다. 이야기를 나누던 중 척은 내게 지난 크리스마스이브에 그의 회사 발전기 한 대가 고장난 적이 있었다고 말하더군요. 기억하시겠지만 그해 크리스마스에는 외부 기온이 영하 10도에 이르렀고 도로는 얼음판이어서 통행이 거의 불가능했습니다. 이런 일이 예전에 일어났다면 어떻게 처리했을지 짐작하시겠죠."

청중들 사이에서 답이 무엇인지 알겠다는 미소가 번졌다. CEO가 굳이 더 자세히 말할 필요도 없었다.

"하지만 이번에는 달랐습니다. 전화를 끊은 지 한 시간이 채 지나지 않아 우리 회사 트럭 한 대가 현장에 도착했습니다. 팀원들은 업무에 착수하고 재빨리 상황을 판단했죠. 우리는 품질 이니셔티브에 따라 가장 많이 쓰이는 부품을 이미 실어둔 상태였습니다. 사연은 길지만 요약하자면 그들은 단 한 시간 만에 발전기를 다시 가동시켰습니다. 척은 내게 이 이야기를 다하고는 잠시 멈추더군요. 그러고는 말없이 자기 책상을 뒤적거리더니 가장 좋은 만년필의 뚜껑을 열고 나를 돌아보면서 이렇게 말했습니다. '음, 갱신 계약서가 어디 있더라?' 여러 분, 그래서 올해 실적이 향상된 겁니다. 2년 전 여기 있는 모든 사람이 고객 한 분 한 분에게 서비스를 개선하기 위해 헌신했고, 그래서 지금 그 보답을 받고 있는 거죠. 올해 실적에서 그 결실이 나타나고 있습니다. 이 승리는 바로 '여러분'의 것입니다. 하지만 여기에서 멈출 수는 없습니다."

이제 그날이나 그 주, 혹은 그 해에서 어느 정도 시간이 지난 시점으로 돌아가 보자. A 회사의 직원에게 그 회의에서 기억나는 것이 있는지 물어보라. 삼사분기 신규 주문량을 기억하는가? 2010년 대비 연간 R&D 투자비용을 기억하는가? 지난해 신제품 출시로 거둔 총수입을 기억하는가? 아니면 커피가 떨어졌다는 사실을 기억하는가? 십중팔구 직원은 거의 아무것도 기억하지 못할 것이다.

이제 B 회사의 직원에게 무엇이 기억나는지 물어보라. 직원들은 그날 다른 수치는 떠올리지 못하겠지만 장담하건대 대부분 '척의 이야기'는 기억할 것이다. 그리고 이 이야기는 급속히 퍼져 휴게실, 매점, 전자우편, 비행기, 회의실, 배우자나 친구들과의 대화에 등장하고, 심지어 친목을 위해 맥주를 함께 마신 경쟁 회사 세일즈맨에게도 전해질 것이다.

생각해 보자. 기업의 커뮤니케이션 부서가 데이터를 수집하고 재정 관련 수치를 확인하며 연설 초안을 수없이 훑어보고 파워포인트 발표 내용을 근사하게 만들기 위해 엄청난 노력을 투자했는데 결국 이야기만 기억에 남는다는 말인가?

대부분 그렇다. 어느 편이든 이런 시나리오를 직접 경험한 사람에게 물어보라. 그의 대답 또한 똑같을 것이다.

"사람들은 스토리텔링이 시작되고 나서야 비로소 관심을 보였다."

왜 그럴까? 앞서 언급했듯이 우리는 이야기를 갈구한다. 비즈니스라는 냉철한 세계에 종사한다고 해서 이야기나 일화가 여러분에게 아무런 영향을 미치지 못하는 것은 아니다. 비즈니스에 종사하는 청중은 대부분 수많은 사실, 수치, 데이터, 통계, 그 밖의 무작위적인 정보의 바다에서 시간을 보낼 확률이 높다. 그렇기 때문에 대부분의 사업가들은 십중팔구 이런 혼란을 단순화할 수 있는 이야기에 굶주려 있을 터이다. 그들은 누군가에게 명확하고 쉽게 이해할 수 있고 이따금 감동적인 방식으로 이 모든 것을 전달해 달라고 간곡히 부탁할 것이다. 이야기가 없는 사실은 그저 체계가 없는 임의적인 사실에 지나지 않는다. 그러나 명확한 이야기에 포함된 사실은 효과적인 스토리텔링과 커뮤니케이션의 강력한 구성 요소가 될 수 있다.

앞서 말했듯이 여러분이 직접 목격한 일이든 다른 사람에게 전해들은 일화이든 간에 자신의 경험을 토대로 전달할 수 있는 이야기야말로 최고의 일화라 할 것이다. 어떤 식으로든 여러분이 관련된 사건이라면 한층 더 이야기하기가 쉬울 것이다. 물론 미사여구를 덧붙일수도 있지만 명심하라. 자신의 이야기를 솔직하게 전달하는 편이 더 낫다.

이 책의 목적은 여러분이 자신의 삶에서 경험한 이야기를 전하는 것이 아니다. 스토리텔링 테크닉을 완벽하게 익히는 방법에 관한 훌륭한 실용서는 많다. 반면 이 책은 개인적인 소재가 없을 때 쉽게 참고할 수 있는 일화를 제공한다.

비즈니스 분야의 청중은 진실성에 굶주려 있으며 설득력 있는 이야기를 갈망한다. 스토리텔링은 청중이 듣고 싶어 하는 이야기를 전달하는 비밀스러운 커뮤니케이션 무기가 될 수 있다. 그리고 청중으로부터 단순한 박수갈채를 받고 그치는 것이 아니라 그들이 여러분의 메시지를 실천하는 결과를 낳게 할 수 있다.

스토리로 커뮤니케이션을 주도하라

최고의 일화는 언제나 여러분 자신의 이야기다. 여러분과 관련된 이야기를 어느 누가 여러분보다 더 멋지게 전달하겠는가? 어느 누가 독특한 색채와 드라마를 더욱 훌륭하게 가미하겠는가? 마지막 문구를 마칠 때까지 청중을 자리에 붙잡아둘 수 있겠는가? 하지만 마땅한 소재, 다시 말해 적절한 경험이 없다면 이 책을 효과적인 도구로 삼아 비즈니스 커뮤니케이션의 필요성을 충족시킬 수 있다.

여러분은 이 책을 다양한 방식으로 이용할 수 있다. 시간적으로 여유가 있다면 이 책을 처음부터 끝까지 읽어라. 그러면 참으로 환상적인 비즈니스 분야의 일화를 한눈에 살펴볼 수 있을 것이다. 물론 이 책에 실린 것 이외에도 여러분은 이미 책이나 기사, 혹은 전해 들은 이야기에서 적지 않은 일화를 접했을 것이다. 이 일화를 모두 이 책에 담지는 않았다. 그런 일은 불가능하기 때문이다. 뿐만 아니라 어떤 사람에게는 '보석'일지라도 다른 사람에게는 '따분한 이야기'가 될 수 있다. 만병통치약이란 존재하지 않는다. 여러분은 십중팔구 연설, 비공식적인 발언, CEO의 블로그, 고객의 편지, 파워포인트 발표, 사보 기사, 고객 의견에 실을 글, 편집자에게 보내는 글, 혹은 다른 형태의 비즈니스 커뮤니케이션에서 요점을 설명할 일화를 찾을 때 이 책을 편리한 참고서로 이용할 수 있다. 나는 어떤 일화가 트위터에 게재하기에 적합할지 잘 모른다. 여러분도 그럴 것이다.

지금껏 이용한 참고 서적과 비교했을 때 이 책에는 몇 가지 장점이 있다. 첫째, 이 책은 명언집이 아니다. 이 책에 실린 글들은 명언보다 길이가 길어서 궁극적으로 청중들에게 더욱 매력적이고 기억에 남을 만한 것들이다. 둘째, 이 책은 동시대나 동시대에 가까운 인물들에게 초점을 맞추고 있다. 따라서 역사에 대한 청중의 지식을 시험하거나 시대에 뒤떨어진 사례를 이용하지 않는다. 셋째, 이 책은 여러분의 필요에 맞는 소재를 어떻게 다룰지에 대해 실용적인 조언과 제안을 제시한다.

이 책은 비즈니스 리더의 성을 기준으로 알파벳 순서대로 구성되어 있으며, 제목을 보면 각 일화에서 다루는 다양한 주제를 알 수 있다. 이 책에 실린 일화 중에 여러분이 찾고 있는 것과 완벽하게 일치하는 이야기가 없을지도 모른다. 그렇다면 창의성을 발휘해야 한다. 여러분에게 필요한 이야기를 마음껏 고르고 선택하라.

이미 알고 있겠지만 글쓰기는 과학보다 예술에 가깝다. 여러분의 필요는 똑같은 책이나 심지어 똑같은 일화를 이용한다 할지라도 십중 팔구 다른 사람의 필요와 정확하게 일치하지 않을 것이다. 글쓰기는 상황에 따라 달라진다. 핵심은 청중과 여러분이 전달하고 싶은 요점을 연결하는 일이다. 상황은 저마다 다르다. 일화를 읽는 순간 갑자기 아이디어가 떠올라 지금껏 생각지도 못했던 더 창조적인 방향으로 글을 쓸 수도 있다.

이 책에서는 일화를 소개할 때마다 별도의 난을 할애해 그 이야기를 활용할 방법을 제안한다. 그러나 이는 그저 제안일 뿐이다. 개인의 필요에 가장 적합한 방식으로 일화를 마음껏 활용하라. 이야기는 이미 존재한다. 어떻게 이용할지는 여러분에게 달려 있다. 그러나 어떤 경우든 이야기에 담긴 사실에 충실하되 자신만의 표현을 이용해 자신의 목소리를 담아야 한다.

이 책에서 인용한 사람들은 대부분 비즈니스 잡지와 뉴스 방송이 편집한 재계의 헤비급 챔피언 목록에서 선택했다. 그 외의 사람들 역시 각 분야에서 이들 못지않게 유명하다. 물론 누구나 아는 이름은 아닐지라도 비즈니스 분야의 청중이라면 대부분의 이름을 알고 있을 것이다. 그리고 나는 전반적으로 미국의 CEO를 선택했다. 그들은 자신의 책을 더 많이 발표했고 미국인을 비롯한 전 세계 청중들이 그들을 알고 있을 가능성이 더 높기 때문이다. 본질적으로 '소개가 필요 없는' 재계 인물들을 인용하면 단번에 청중과 관계를 맺을 수 있다.

이 책에서 인용한 사람들은 대부분 생존해 있거나 20세기 중반 이후 재계에 중대한 영향을 미쳤다. 내 경험에 비추어 볼 때 이보다 더 이전의 사람들을 인용하면 케케묵은 역사 수업을 시작한다는 신호로 해석될 수 있다. "미국의 어떤 건국의 아버지가 독립 선언문에 서명한 후에……"라는 말로 이야기를 시작하면 치료할 수 없는 MEGO^{My Eyes Glaze Over}(아무리 관심을 끌려고 해도 별 반응을 보이지 않는 사회적인 현상-옮긴이)를 유발해 청중이 재빨리 딴전을 피우게 하기 십상이다. 나는 역사를 좋아하지만 역사 강의가 목적이 아니라면 동시대나 그에 가까운 이야기만 하는 편이 비즈니스에 종사하는 현대의 청중과 관계를 맺는 데 한층 효과적이라고 생각한다. 내 말이 믿기지 않는다면 다음번 연설에서 먼 과거에 일어났던 역사적인 일화를 덧붙이고 반응을 주시해 보라. 하지만 조심하라. 사람들이 말하듯 하품은 전염된다.

나는 전기보다는 CEO들의 자서전을 더 많이 이용했다. 이유가 궁금한가? 자서전에는 확실한 소식통이나 적어도 확실한 소식통과 무척 가까운 사람들에서 나온 내용이 실려 있다. 이 책에 실린 비즈니스 리더들 가운데 직접 자서전을 쓰지 않은 사람도 많지만(어쨌든 CEO들은 바쁜 사람들이지 않은가) 그래도 자서전에 담긴 내용만은 직접 확인했다. 반면 전기, 특히 공인되지 않은 전기는 그렇지 않을 수 있다. 나는 독자들이 출처가 정당하다고 믿을 수 있도록 자서전의 내용을 활용하는 것이 가장 효과적이라고 판단했다.

아울러 나는 여러분이 이 책에 실린 일화를 통해 원작을 읽고 싶은 마음이 생기기 바란다. 통찰력과 영감을 얻는 것은 물론 역경을 극복한 그들의 경험담과 흥미로운 성격에 관해 더 많은 것을 배우라고 권하고 싶다.

비즈니스 서적은 그 자체로 한 장르이며, 비즈니스 자서전은 어쩌면 그중에서 가장 매력적인 형태일 것이다. 비즈니스 리더들이 우리에게 전하는 이야기는 스포츠 선수, 정치인, 유명인사, 군대 리더, 혹은 다른 인물들의 이야기에 못지않게 매력적이다. 우리는 매일 비즈니스 리더들이 내리는 결정에 영향을 받는다. 민영 기업은 우리가 구매하는 제품, 우리가 의존하는 서비스, 우리가 먹는 음식, 우리가 이용하는 첨단 장치, 우리가 접하는 매체, 우리가 투자하거나 근무하는 기업을 비롯한 여러 가지 방식으로 우리의 일상생활에 중대한 영향을 미친다. 기업을 이끄는 사람들은 멋진 이야깃거리를 가지고 있다.

PART 2
리더들의 위대한 스토리

메리 케이 애시

메리 케이 코스메틱

. . . .

- 일의 우선순위를 목록으로 만들어라
- 성과를 인정하고 충분히 보상하라
- 정상이 끝이 아니다, 계속 전진하라
- 실무자들을 존중하고 격려하라

일의 우선순위를 목록으로 만들어라

미국에서 가장 성공한 화장품 회사로 손꼽히는 메리 케이 코스메틱 Mary Kay Cosmetics 의 창립자 메리 케이 애시 Mary Kay Ash 는 목록을 만드는 습관에 대해 이야기한다. 그녀는 후속 조치가 필요한 모든 일을 기록하곤 했으며 기록을 통해 그 일을 반드시 처리해야 할 임무로 만들었다. 그녀는 목록 만들기의 또 다른 장점으로 지금껏 대충 건너뛰었던 일을 실천하도록 스스로 채찍질한다는 사실을 꼽았다. 이 테크닉은 무척 효과적이었고 그래서 그녀는 다른 사람에게도 이를 권장한다.

그녀는 오래전에 1920년대 효율성 전문가 아이비 리 Ivy Lee 에 대한 글을 읽었다. 리는 당시 베슬리헴 스틸 Bethlehem Steel 의 대표였던 찰스 슈왑 Charles Schwab 과 만난 자리에서 한 가지 제안을 했다. 그는 자신이 베슬리헴 스틸의 모든 중역들과 단 15분만 함께 보내면 직원들의 효율성을 15% 높일 수 있다고 장담했다. 호기심을 느낀 슈왑은 비용이 얼마나 드는지 물었다. 리는 어떻게 답변했을까?

"효과가 없으면 한 푼도 받지 않습니다."

그 자리에서 당장 거래가 성사되었다. 리는 베슬리헴의 고위 경영진을 한 사람씩 만나 그에게 한 가지 약속을 해 달라고 부탁했다. 이후 그들은 석 달 동안 퇴근하기 전에 다음 날 직장에서 처리해야 할 일들을 중요한 순서대로 목록으로 만들었다. 처리한 항목은 지우고 끝내지 못한 일은 다음 날 목록에 포함시켰다.

90일이 지난 다음 슈왑은 자신이 목격한 변화에 무척 감동한 나머지 리에게 3만 5,000달러 상당의 수표를 써 주었다. 실험은 성공적이었다. 기록은 결단을 불러일으킨다.

⊙ CEO에게 배우는 커뮤니케이션의 기술

이따금 믿기지 않을 만큼 단순한 아이디어로 복잡한 문제가 해결될 때가 있다. 베슬리헴 스틸의 중역들은 목록을 만들고 글로 적은 임무를 끝까지 수행하는 훈련에서 이로운 결과를 얻었다. 여러분은 어떤가? 이 일화를 활용해 다음과 같이 말해 보라. "요즘 같은 세상에서 한눈을 팔기가 얼마나 어려운지 잘 압니다. 그러나 이따금 기본으로 돌아가면 도움이 되죠. 목표에 따라 경영하는 시대는 결코 끝나지 않았습니다. 목록에 따라 경영하는 시대도 마찬가지죠. 메리 케이 애시는 다음과 같은 이야기를 전합니다."

성과를 인정하고 충분히 보상하라

인정은 개인적인 문제다. 사람들이 가장 좋아하는 단어는 자신의 이름이라고 한다. 열심히 일한 사람들은 인정을 갈망한다. 인정을 받아 마땅하다고 생각할 경우에는 더욱 그렇다. 메리 케이 애시는 우수 사원을 인정하는 일을 경영진 동기부여의 중요한 요소로 삼고 있다. 그녀의 회사는 심지어 《박수갈채^{Applause}》라는 자영 뷰티 컨설턴트를 위한 월간 잡지를 발간해 판매 성공 사례와 다른 주제를 특집으로 다룬다. 그녀는 "훌륭하게 처리한 업무에 박수갈채를 보내지 않으면 사람들은 무언가 부족하다고 느낀다"고 말한다.

그녀는 주요 제조업체의 회의에 초빙 연사로 참석한 적이 있었다. 그런데 시상식 만찬에 초대된 자리에서 몸에 맞지도 않는 감색 스포츠 재킷을 입고 앉아 있는 몇몇 사람들이 있었다. 그녀는 한 중역에게 그들이 누구인지 물었다. 중역은 자사의 최고 판매원이라고 대답했다.

저녁을 먹는 내내 애시는 최고 판매원들이 무대에 올라 몇 마디 할 것이라고 기대했다.

하지만 여흥만 계속되었고 결국 그날 저녁 행사는 머리 위에 풍선이 떨어지면서 막을 내렸다. 행사가 끝나갈 무렵 애시는 한 중역에게 언제 시상식을 하느냐고 물었다. 중역의 대답은 다음과 같았다.

"아, 상은 이미 수여했습니다. 감색 재킷을 그 사람들의 사무실로 보냈죠."

공식적인 자리에서 마땅히 칭찬해야 할 성과를 인정하는 시간은커녕 몸에 맞는 옷도 주지 않았던 것이다. 그녀는 이 회사가 완전히 다른 방식으로 이용할 수 있었던 기회를 놓치는 큰 실수를 저질렀다고 생각했다.

⊙ CEO에게 배우는 커뮤니케이션의 기술

진정한 성과는 인정받아 마땅하다. 그리고 진정한 인정은 반드시 눈으로 확인할 수 있어야 하고 공식적인 자리에서 드러내야만 최대의 효과를 거둘 수 있다. 애시의 회사에서는 우수 사원들을 그녀가 몇 년 전에 참석한 시상식 만찬과는 확연히 다르게 대우한다. 이렇게 말해 보라.

"공로를 인정받아야 할 사람에게는 마땅히 공로를 인정해야 합니다. 이것은 우리 회사에 무척 중요한 의미입니다. 훌륭한 성과를 어둠 속에 팽개쳐 둘 수는 없죠. 메리 케이 애시는 몇 년 전 참석했던 시상식에 대해 이렇게 이야기합니다."

정상이 끝이 아니다, 계속 전진하라

여러분은 중역실이나 부서에서 가장 높은 직위, 혹은 여러분이 종사하는 분야에서 마침내 최고 위치에 이르렀다. 과연 자신의 승리에 안주하고 경치를 즐길 수 있을까? 잠깐 동안은 모르겠으나 분명 오랫동안 즐길 수는 없을 것이다. 어떤 분야에서든 자기 향상은 정상에 도달한 순간에 끝나지 않는다.

이론적으로 말하자면 은퇴한 다음에도 이 과정은 결코 끝나지 않는다. 누구든지 계속 칼을 갈아야 한다. 관리자들은 꾸준히 매니지먼트 잡지에서 최신 트렌드에 대해 읽고 회의에 참석하며 사업 관련 연설을 하고 고객에게 전화를 건다.

메리 케이 애시는 일자리를 얻기 위해 한 대기업의 전 감독관을 찾아간 적이 있었다. 그는 당시 크게 성공한 사람으로 자기 부서를 발전시켜 모든 일을 위임하는 경지에 이르렀다. 이는 그 자체로 대단한 성과였다. 하지만 그는 더 이상 성장하지 않았다. 자신이 종사하는 분야에서 대변혁을 일으키는 신기술을 배우지 않았다. 그러는 동안 부하 직원들은 전문가가 되었다. 시간이 가면서 그는 자기 부서의 일상적인 업무에서 더욱 멀어졌고 마침내 퇴물로 전락했다. 스스로 자초한 결과였다. 그는 더 이상 월급을 줄 가치가 없는 인물이 되었고 결국 해고되었다. 아이러니하게도 그는 정상에 도달하자마자 그동안 밑거름이 되었던 좋은 습관들을 무시했으며 그로 말미암아 추락하고 말았다.

혹자는 이런 현상을 '중역병executivitis'이라고 진단한다. 이는 위임하는 위치에 도달하면 정상에 오르는 밑거름이 되었던 일에 대한 열정에서 점점 멀어지는 병을 뜻한다. 어떤 분야에 종사하든 간에 예리함을 잃어서는 안 된다.

⊙ CEO에게 배우는 커뮤니케이션의 기술

어떤 분야에 종사하든 최신 트렌드에 뒤처지지 말아야 한다. 직원을 두 배로 늘리거나 대단한 자리로 승진했다고 해서 세상이 여러분을 위해 멈추지는 않는다. 이 원리는 모든 회사에 적용된다. 이 이야기는 이렇게 활용할 수 있다.

"오늘날 여러분이 정체한다면 이는 뒤처진다는 뜻입니다. 개인과 마찬가지로 추세에 발맞추지 못하거나 일상적인 업무와 멀어지는 기업은 퇴보하기 마련입니다. 메리 케이 애시는 이런 이야기를 전합니다."

실무자들을 존중하고 격려하라

식초보다는 꿀을 써야 파리를 더 많이 잡을 수 있다. 메리 케이 애시는 판매 태도가 극명하게 다른 두 회사의 이야기를 전한다. 그녀가 근무하던 회사는 판매 인력에 대한 경영진의 부정적인 태도 탓에 사기가 크게 떨어져 있었다. 그녀가 참석한 한 회의에서 회사 대표는 판매원들에게 다음과 같은 연설을 했다. 그는 20분 동안 자사가 얼마나 훌륭한 기업인지 미사여구를 늘어놓았다. 자사 제품과 운송, 그리고 보관 상태에 찬사를 보냈다. 그런데 찬사를 계속하던 대표가 판매 부서에 대해 언급할 차례가 되었을 때 그의 어조는 돌변했다. 그는 판매 부서를 다음과 같이 비난하기 시작했다.

"개를 훈련시켜 브로슈어를 배부했어도 우리 회사 최고 판매 사원보다 더 좋은 실적을 올렸을 겁니다."

이런 부정적인 태도는 조직 전체에 서서히 확산되었고 결국 죽음의 소용돌이로 변했다.

애시는 이 사례를 다른 대규모 제조 회사의 연회에서 경험했던 것과 대조한다. 이 회사 CEO는 판매 부서의 훌륭한 성과 때문에 오늘 밤 모든 사람이 모였다고 말했다. 그는 회사의 여러 가지 긍정적인 특성을 언급했으나 그때마다 판매 문제로 돌아가서 이렇게 말했다.

"하지만 알다시피 우리가 누군가에게 무언가를 팔지 않는 한 아무 일도 일어나지 않습니다."

그리고 칠판으로 걸어가서 큰 글씨로 다음과 같이 적었다.

'생산 – 판매 = 폐물'.

애시는 이것이 지당한 말이라고 전한다. 경영 석사 학위가 없더라도 어느 회사의 판매 사원들이 열심히 일하고 성취 동기를 부여받고 훌륭한 경력을 쌓을지 짐작하고도 남을 것이다.

⊙ CEO에게 배우는 커뮤니케이션의 기술

끊임없이 단점을 들추기보다는 단점을 대놓고 지적하지 않는 긍정적인 강화가 판매 사원들의 동기를 유지하는 데 훨씬 더 효과적이다. 여러분이 세계 최고의 제품을 가지고 있을지언정 아무도 사지 않는다면 다른 모든 것은 탁상공론에 지나지 않는다. 이렇게 말해 보라.

"밖으로 나가서 미친 듯이 팔아야 합니다. 하지만 자사의 판매 사원을 명확히 파악해야 합니다. 본사는 여러분을 100% 지원하며 필요한 도구라면 무엇이든 제공할 것입니다. 메리 케이 애시가 전했던 한 가지 이야기가 떠오르는군요."

제프 베조스
아마존 닷컴

- - -

- 타고난 소질을 계발하고 키워라
- 실패를 두려워하지 말고 모험을 즐겨라
- 자신의 꿈을 향해 나아가라
- 초기의 어려움을 창의적으로 극복하라
- 직접 부딪치고 경험하라
- 모든 아이디어를 기록하라

타고난 소질을 계발하고 키워라

만약 '개조하기'의 유전자가 존재한다면 제프 베조스^{Jeff Bezos}는 틀림없이 이 유전자를 보유하고 있을 것이다. 이 아마존 닷컴^{Amazon.com}의 창립자는 성장하는 내내 강한 호기심과 통념을 뒤엎는 타고난 실험 정신의 징후를 보였다. 그가 직접 전했듯이 그는 겨우 걸음마를 떼었을 무렵 어머니에게 유아용 침대가 아닌 일반 침대에서 자고 싶다고 선언했다. 어머니는 "안 돼"라고 딱 잘라 말했다.

하지만 어린 베조스는 이 말을 순순히 받아들이지 않고 소신에 따라 행동하기로 결심했다. 그는 스크루드라이버를 손에 들고 끈기 있게 유아용 침대를 분해해서 바닥에 조각조각 펼쳐 놓았다.

좀 더 자란 후에는 자기 방에 형제자매들이 몰래 들어올 때면 경고가 울리도록 방문에 경보 장치를 설치하기도 했다. 차고는 이미 태양열 조리기, 진공청소기를 이용한 호버크라프트(아래로 분출하는 압축

공기를 이용하여 수면이나 지면 바로 위를 나는 탈것-옮긴이) 같은 기계 등 다양한 실험을 위한 장소와 연구실로 개조한 상태였다. 조부모의 목장에서 몇 차례 여름을 보내는 동안 베조스는 파이프를 설치하고, 트랙터를 수리하고, 심지어 아크 용접기를 사용하는 방법까지 배웠다.

이는 역사상 가장 성공적인 사례로 손꼽히는 온라인 기업을 창조하는 과정에서 수많은 실험 끝에 마침내 성공을 거둔 개조 달인의 초기 징후였다.

⊙ CEO에게 배우는 커뮤니케이션의 기술

대기만성형의 사람이 있다. 그런가 하면 베조스처럼 다른 사람들에 비해 일찍부터 재능의 징후를 보이는 사람도 있다. 그의 이야기는 젊은이들을 과학^{science}, 기술^{technology}, 엔지니어링^{engineering}, 수학^{math}이라는 이른바 STEM 분야에서 활동하도록 격려하는 데 인용할 수 있다. 다음과 같이 말해 보라.

"이 나라에는 엔지니어와 기업을 창조하고 건설하는 사람들이 더 많아져야 합니다. 과학에 소질을 타고났다면 그 재능이 다양한 경력을 쌓는 데 도움이 될 겁니다. 제프 베조스가 훨씬 더 어렸던 시절 그의 경험담이 떠오르는군요."

실패를 두려워하지 말고 모험을 즐겨라

1990년대 초반 인터넷은 구텐베르크 4.0^{Gutenberg 4.0}과 같았다. 자칫 잊기 쉽지만 당시 인터넷은 장차 백만장자가 될 사람은 많았으나 진정으로 성공한 사람은 이에 한참 못 미치는 처녀지였다.

제프 베조스는 인터넷 혁명에 가담하고 싶었다. 그러나 그는 다른 사람들이 대개 무시했던 전제를 따랐다. 그의 개념은 단순했다. 즉 새로운 온라인 플랫폼이 고객을 위한 가치를 창조하지 못한다면 기존의 사업 방식을 보존하는 편이 나을 것이라고 생각한 것이다.

그는 서점이 모든 출판물을 보유하거나 카탈로그에 거의 완벽한 목록을 담을 수 없을 것이라고 일찌감치 판단했다. 반면 온라인 서점은 한층 더 다양한 도서를 제공하고 그 결과 더 많은 가치를 창출할 수 있었다.

그는 일찌감치 자신의 새로운 인터넷 벤처에서 책을 판매하기로 결정했다. 하지만 한 가지 문제가 있었다. 그는 출판 사업에 대해서는 문외한이나 다름없었다. 되도록 빨리 배워야 했다. 사전 조사를 하던 중에 때마침 로스앤젤레스에서 미국 서점 연합^{American Booksellers} ^{Association}의 연례 회의가 열린다는 사실을 알게 되었다.

호기심 많은 베조스는 재빨리 비행기를 예약했다. 회의장에 도착한 후 그는 여러 출판사들의 부스를 살피면서 브로슈어로 정보를 수집했다. 열의에 찬 영업 사원들을 붙들고 한참 동안 이야기하는가 하면 심지어 몇몇 사람들에게 자신의 온라인 계획을 전하기도 했다. 그는 가파른 학습 곡선을 빠른 속도로 타고 올랐으며 '서적의 데이터베이스가 이미 존재하는가'라는 핵심 질문에 해답을 찾아내기도 했다.

문제는 계획을 실행하는 일이었다. 베조스는 자기 나름대로의 계산을 토대로 인터넷 사업의 성공 확률이 기껏해야 10%에 지나지 않는다고 판단했다. 그리 높은 확률은 아니었다. 하지만 그는 목표 성취에 관한 한 대단한 경력의 소유자였기에 자신의 성공 확률을 30%까지 높게 잡았다. 그래도 30%에 지나지 않았다. 동전 던지기보다 낮은 확률이었다.

베조스는 실제로 실패할 확률을 종잡을 수 없다고 판단했으며 그덕분에 큰 성공을 거두어야 한다는 압박감에서 벗어날 수 있었다. 이런 해방감이 그에게 이루 헤아릴 수 없는 도움을 주었다. 그가 얻은 것은 바로 큰 성공이었으니 말이다.

⊙ CEO에게 배우는 커뮤니케이션의 기술

믿기 어렵지만 가장 성공한 기업으로 손꼽히며 훗날 모든 품목을 취급하는 온라인 판매업체로 변모한 온라인 서점의 창립자는 창업할 당시 출판 사업의 문외한이나 다름없었다. 베조스는 막연히 인터넷 기업을 창업하겠다고 생각했으나 정확히 어떤 사업에 뛰어들지 확신하지 못했다. 그는 직접 약간의 조사를 한 다음 마침내 출발해 계속 달렸다. 다음과 같이 말해 보라.

"사업의 핵심은 모험입니다. 여러분은 이 사실을 모를 수도 있지만 아마존 닷컴의 창립자 제프 베조스는 자사의 성공 확률을 겨우 30%로 잡았죠. 그는 심지어 문외한이나 다름없는 분야에 뛰어들었습니다. 그는 이런 경험담을 전합니다."

자신의 꿈을 향해 나아가라

젊은이여, 서부로 가라! 제프 베조스는 아마존 닷컴을 창립하기 전에 뉴욕 시의 몇몇 기업에서 일하며 성공가도를 달리고 있었다. 그런 와중에도 그는 기술에 대한 열정을 잃지 않았다. 그의 열정에 불꽃을 일으킨 유레카의 순간은 사실 한 가지 통계에서 시작되었다. 그는 인터넷 사용 비율이 한 해에 2,300% 증가했다는 글을 읽었다. 2,300%! 그의 상상력을 자극하기에 충분한 어떤 것도 범접할 수 없는 수치였다. 그는 계속 성장하는 이 새로운 온라인 환경에서 가장 좋은 비즈니스가 무엇일지 자문해 보았다.

깊은 연구 끝에 그가 도달한 해답은 아이러니하게도 가장 오래된 비즈니스로 손꼽히는 산업, 즉 서적이었다. 인터넷은 선택의 폭을 넓히며 어떤 재래식 서점보다도 더 많은 책을 제공할 것이 분명했다. 베조스는 이 가능성에 대해 심사숙고하고 아내와 의논한 다음 상사에게 사표를 제출했다. 그리고 온라인으로 책을 판매하는 자영업을 시작하겠다고 선언했다. 처음에 상사는 베조스가 제정신이 아니라고 여겼다. 그러나 센트럴 파크^{Central Park}에서 그의 아이디어에 대해 이야기를 나누며 두 시간 동안 산책한 다음에는 상사조차도 베조스가 대단한 일을 벌일 것이라고 확신했다.

베조스는 그가 '후회 최소화 프레임워크^{regret minimization framework}'라고 일컫는 원칙에 따라 연봉 계약 기간이 반이나 남은 시점에서, 보너스를 지급받기도 전에 직장을 떠나기로 결정했다. 베조스 자신도 인정했듯이 이는 바보 같은 짓이었으나 한편으로는 그의 기본 상식을 확인할 수 있는 일이기도 했다.

그는 여든 살이 된 자신의 모습을 그려 보았다. 그런 다음 앞으로 생길 만한 후회를 없애기 위한 관점에서 자신의 삶을 '되돌아보았다.' 그는 디지털 혁명에 뛰어들어 자신만의 길을 걷지 않았다면 후회했을 것이라고 말한다. 물론 실패할 가능성이 없지 않았다. 하지만 시도하지 않았다면 더 크게 후회했을 것이다. 그는 다음과 같이 말한다.

"장기적인 관점에서 생각하면 훗날 후회하지 않을 현명한 삶의 결정을 내릴 수 있다."

그가 젊은이들에게 전하는 조언은 단순하다. 열정을 느끼는 일을 하라. 하지만 일시적인 '뜨거운 열정'을 좇으라는 의미는 아니다. 베조스는 우리에게 행복할 권리가 있는 것이 아니라고 덧붙인다. 다만 행복을 추구할 권리가 있을 뿐이다. 행복의 의미는 사람마다 다르다. 따

라서 미래에 삶을 되돌아봤을 때 후회하지 않을 일을 파악하는 편이
훨씬 더 쉬울 것이다.

⊙ CEO에게 배우는 커뮤니케이션의 기술

목적을 잊어버리지 않는다면 비즈니스에 첫발을 내딛든 두 번째 혹은 세 번째 행동
을 취하든 상관없이 자신의 목표를 성취하기 위해 남은 시간이 얼마나 되는지 이성
적으로 생각할 수 있다. 장기적인 안목으로 생각하고 자신의 열정을 좇아야 한다는
교훈은 비단 개인뿐만이 아니라 기업에도 적용된다. 이렇게 말해 보라.
"이번과 같은 기회를 놓치고 훗날 후회하는 일은 없어야 합니다. 제프 베조스가 다
음과 같은 중요한 질문을 스스로에게 던졌던 때의 이야기가 떠오르는군요."

초기의 어려움을 창의적으로 극복하라

창업 스토리에 관해 말하자면 제프 베조스가 설명한 아마존 닷컴의 창업 과정은 어떤 사례와도 유사하지 않다. 그와 아내는 이미 서적 비즈니스로 새로운 인터넷 사업에 진출할 계획을 세워둔 상태였다. 문제는 새 회사의 '위치'였다. 당시 그들은 뉴욕에 거주했지만 뉴욕이 창업하기에 적합한 곳이라고 생각지 않았다. 전략적으로 생각한 끝에 두 사람은 멀리 떨어진 워싱턴 주 시애틀을 선택했다. 이유가 무엇일까?

첫째, 그곳에는 IT와 기술 전문가가 많았다. 둘째, 오리건 근처에는 이미 거대한 서적 창고가 있었다. 베조스의 계획을 고려했을 때 이 장소는 레디메이드 '비즈니스 단지business cluster'를 위한 모든 도구를 갖추고 있었다. 그를 새로운 둥지로 가지 못하게 가로막는 유일한 요소가 있다면 그것은 2,400마일(약 3,862km)이라는 거리뿐이었다.

베조스는 아버지의 셰비 블레이저Chevy Blazer에 짐을 싣고 미국을 횡단했다. 그리고 그곳에서 아내와 함께 시애틀 교외에 있는 침실 두 개짜리 집을 빌리고 가족들에게 얻은 종자돈으로 집세를 지불했다. 새로운 사무실은 어땠을까? 옛날과 다름없이 개조한 차고였다. 그는 돈을 절약하기 위해 홈데포Home Depot에서 문과 까치발을 사서 책상으로 만들었다. 마호가니 가구나 고급 사무실과는 거리가 멀었다. 그러고 나자 새 회사의 이름을 어떻게 지을 것인지가 고민거리였다. 처음에 생각했던 이름 중에는 마법 주문을 의미하는 '아브라카다브라'의 줄임말인 '카다브라Cadabra'가 있었다.

그러나 변호사의 생각은 달랐다. 그는 베조스에게 카다브라는 시체cadaver와 발음이 비슷하다고 조언했다. 어쨌든 그들은 이 이름으로 창업했지만 석 달 후에 세계에서 두 번째로 긴 강을 따서 회사 이름을 짓기로 결정했다. 지류가 무수히 많은 강인 데다 'A'로 시작한다는 장점이 있었다. 알파벳 순서로 나열한 회사 목록에서 상단에 위치할 것이 분명했다. 그렇게 해서 '아마존 닷컴'이 탄생했다.

⊙ CEO에게 배우는 커뮤니케이션의 기술

제프 베조스는 엄청난 역경을 극복했다. 거의 모르는 분야에 뛰어들었고, 멀리 떨어진 도시로 이사하고, 비용을 절감하기 위해 문을 책상으로 개조하는 등 창의적인 절약 아이디어를 떠올리는 배짱은 아무나 가질 수 있는 것이 아니다. 이렇게 말해 보라. "어마어마한 돈이 필요하다거나 여러분에게 엄청난 모험을 하라고 요구하는 것이 아닙니다. 하지만 제가 아마존 닷컴을 창업했던 제프 베조스의 이야기를 듣고 무척 감동했다는 말을 전하고 싶군요."

직접 부딪치고 경험하라

화려한 출발은 드물다. 1995년 7월 아마존 닷컴이 출범했을 때 제프 베조스는 즉각적인 고객의 반응에 상당히 놀랐다. 한 달이 채 지나지 않아 50개 주에서 주문이 들어오기 시작했고, 약 42개국이 연결되었다.

하지만 그들은 이 정도의 양을 처리할 준비가 전혀 되지 않은 상태였다. 베조스는 곧 2,000제곱피트(약 185m²) 넓이의 지하 창고에 사무실을 마련할 공간을 찾았다. 높이가 6피트(약 1.8m)에 지나지 않았기에 베조스는 항상 몸을 웅크리고 돌아다녀야 했다. 그들은 오전에는 컴퓨터 프로그래밍과 다른 업무를 처리했으며, 오후와 야간에는 주문받은 제품을 포장하고 발송했다.

콘크리트 바닥에 무릎을 꿇은 채 책을 포장하곤 했던 베조스는 어느 날 결국 무릎의 통증이 견딜 수 없는 지경에 이르렀다. 그는 어떤 해결책을 내놓았을까?

전 직원에게 무릎 보호대를 제공했다. 베조스는 바로 옆에 있던 사람이 마치 '내가 이런 사람 밑에서 일하고 있나?'라는 듯 못미더운 표정을 지었다고 전한다. 참다못한 다른 직원이 포장 테이블이 절실히 필요하다고 말했다. 다음 날 테이블을 구하자 생산성은 하룻밤 만에 두 배로 껑충 뛰었다.

베조스는 초창기 우편실이나 다름없는 곳에서 그런 주문량에 대비하지 못했다는 사실이 오히려 축복이었다고 말한다. 아마존의 창립자들이 몸으로 부딪치며 일하고 모든 주문을 직접 처리하면서 그 회사를 오랫동안 지배하고 있는 고객 서비스 문화를 일찌감치 형성했으니 말이다.

⊙ CEO에게 배우는 커뮤니케이션의 기술

모든 기업가가 낮에는 책상에서 코드를 적고 저녁에는 콘크리트 바닥에서 책을 포장하는 것은 아니다. 그러나 제프 베조스와 몇 안 되는 초창기 아마존 직원들에게 이 같은 경험은 성공으로 향하는 여정의 일부였다. 아울러 좀처럼 경험하기 어려운 회사의 전체적인 가치 사슬을 접할 기회이기도 했다. 이렇게 말해 보라.

"우리가 회사의 가치 사슬의 모든 면에 참여할 수는 없습니다. 하지만 그 과정에 가까워지면 고객의 관점을 포함해 모든 관점에서 가치 사슬을 이해하는 데 도움이 되죠. 초창기 아마존 닷컴에 대해 제프 베조스가 전했던 한 가지 이야기가 떠오르는군요."

모든 아이디어를 기록하라

앞길을 내다보라. 제프 베조스는 뉴욕 시부터 시애틀까지 대륙을 횡단한 여행에서 자신 앞에 놓인 고속도로를 보는 것은 물론 더 먼 미래를 내다보고 사업 계획서를 작성했다. 그는 빈 종이를 내려다보며 그 위에 자신의 아이디어를 억지로 적은 일이 어쩌면 회사를 창업하는 과정에서 가장 어려운 단계였을 것이라고 말한다.

그는 여행하는 동안 이름도 짓지 못한 그의 온라인 서적 판매 회사를 위해 3페이지에 이르는 사업 계획서를 작성했다. 시애틀에 도착한 이후에는 회사를 법인으로 조직하고 처음으로 직원을 고용하는 등 구체적인 실무를 처리했다.

하지만 계획을 세웠다고 해서 일이 그대로 진행된다는 의미는 아니다. 베조스도 그 사실을 알았다.

"여러분도 알다시피 현실에 맞닥뜨리면 처음의 계획대로 진행되지 않습니다."

계획대로 진행되는 일은 드물다. 그러나 계획을 세울 만한 가치는 분명히 존재한다. 그는 계획서를 작성하는 과정에서 문제를 더욱 철저하게 생각하고 효과적이지 못한 아이디어를 버렸다. 그리고 여러 가지 시나리오를 상상하면서 피할 수 없는 냉혹한 현실에 대한 정신적인 준비를 할 수 있었다.

공상은 멋지다. 하지만 공상을 계획으로 바꾸려면 아이디어를 종이에 기록해야 한다.

⊙ CEO에게 배우는 커뮤니케이션의 기술

기록이 비단 비즈니스 분야에서만 효과적인 것은 아니다. 사람들은 기록하면서 자신이 내세우는 주장의 논리를 생각하고 아이디어를 떠올린다. 칵테일 파티나 판매 전략 회의에서 대단한 아이디어처럼 보였던 것을 실제로 지면에 인쇄하면 그다지 멋지지 않을 수 있다. '기록하기'는 실패를 피할 수 있는 훌륭한 방법이다. 이렇게 말해 보라.

"저는 우리가 지금껏 제시한 멋진 아이디어들에 찬성합니다. 하지만 이를 뒷받침하려면 탄탄한 사업 계획서를 작성해야 하죠. 후속 조치가 따르지 않는 자유 토론은 그저 잡담에 지나지 않습니다. 기록하다 보면 반드시 나쁜 아이디어를 제거하게 되죠. 아마존이 제 길을 찾을 수 있도록 도운 것은 바로 기록하는 과정이었습니다. 저는 대륙을 횡단한 제프 베조스의 여행에 관한 이야기를 기억합니다."

캐시 블랙

허스트

■ ■ ■

- 다른 사람의 말을 경청하라
- 실수를 빨리 인정하라
- 윤리적인 원칙을 세워라

다른 사람의 말을 경청하라

허스트^{Hearst Coporation}의 중역 캐시 블랙^{Cathie P. Black}은 훌륭한 리더가 갖추어야 할 중요한 기술로 '경청하는 능력'을 꼽는다. 그녀는 뉴욕 양키스의 전설 요기 베라^{Yogi Berra}가 오래전에 했던 우스갯소리를 전하면서 리더들이 말을 줄이고 경청하면 훨씬 이롭다고 주장한다. "지켜봄으로써 많은 것을 관찰할 수 있다." 그냥 듣는 데 그치는 것이 아니라 음조, 단어 선택, 말로 표현하지 않은 실마리, 보디랭귀지, 말을 멈추거나 침묵해야 할 지점 등에 주의를 기울이며 진심으로 경청해야 한다. 이것이 커뮤니케이션을 구성하는 한 요소이다.

그녀는 사회생활을 시작한 초기에 한 경영 컨설턴트가 회의라는 주제로 이야기한 연설을 들은 적이 있다. 그 컨설턴트는 어떤 회의에서든 세 가지 집단의 사람들이 있다고 말했다. 첫 번째 집단은 반드시 참석해야 하는 사람들이다. 두 번째 집단은 회의에 참석하면 맡은 업무를 쉴 수 있으므로 참석하고 싶어 한다. 그리고 세 번째 집단은 '죄수'들로 구성된다. 그곳에 있기를 원치 않는 사람들이다. 물론 다른 유형의 참석자들도 있다. 어떤 사람들은 외향적이며 말을 많이 한다. 그런가 하면 좀처럼 말을 하지 않는 사람들도 있다. 하지만 그들이 할 말이 없다고 생각해서는 안 된다. 블랙은 이 관찰 결과를 토대로 회의를 실시하는 방식을 바꾸었다. 그녀는 참석자들이 왜 그곳에 있으며 무엇을 성취하고 싶은지 요약함으로써 회의를 시작하는 것이 자신의 임무라고 말한다. 그런 다음 진행되는 대화를 적극적으로 진심을 다해 경청한다. 그녀는 다음과 같이 덧붙인다.

"이따금 리더는 지휘하지 않아야 할 시기를 알아야 합니다."

리더는 직원들이 더욱 적극적으로 참여하도록 격려해야 한다. 그래야 더 많은 것을 배울 수 있다.

⦿ CEO에게 배우는 커뮤니케이션의 기술

더욱 집중해서 경청하면 중역뿐만 아니라 모든 사람에게 이롭다. 말을 반으로 줄이고 두 배 더 귀를 기울이면 훨씬 많이 배우는 것은 물론이고 다른 사람들에게 더욱 인정받을 것이다. 이렇게 말해 보라.

"장차 이 회사의 중역이 될 여러분에게 말씀드리건대 내 경험상 커뮤니케이션은 업무의 중대한 부분입니다. 이를테면 잠시 뒤로 물러나 직속 부하 직원들에게 속내를 털어놓을 기회를 주어 보십시오. 실로 놀라운 결과를 얻을 수 있을 것입니다. 또한 망설이는 직원에게도 '솔직하게 말해도 아무 문제가 없다'는 뜻을 전달할 수 있죠. 캐시 블랙은 이런 이야기를 전합니다."

실수를 빨리 인정하라

캐시 블랙에 따르면 비즈니스에서 실패하는 가장 빠른 방법은 '권력을 위한 권력'을 추구하는 것이다. 이는 여러분과 팀원뿐만 아니라 경영진과의 사이를 소원하게 만드는 가장 빠른 지름길이다. 그녀는 어느 날 《USA 투데이》에서 주최한 최고급 파티에서 행사가 진행되는 동안 만사를 원활하게 처리하기 위해 여념이 없는 한 중역을 발견했다. 그녀는 그에게 다가가서 정말 바빠 보인다고 말을 건넸다. 그는 극적이지만 코믹스러운 분위기로 이렇게 대답했다.

"새우를 리필하는 일까지 제가 다 했답니다."

블랙은 이 말에 크게 웃었다. 회사의 유력 인사인 그녀도 이 중역과 똑같이 행동한다. 필요할 때마다 팔을 걷어붙이고 나서는 것이다.

블랙은 또한 사람들에게 공공연히 묵살되기 일쑤인 에고를 부풀리기보다는 스스로를 웃음거리로 만들 때 더 많이 존경받을 수 있음을 일깨운다. 한번은 그녀가 코카콜라 보상 위원회의 한 회의에 참석했을 때 당황스러운 일이 벌어졌다. 회의가 막바지에 이르렀을 때 허리가 쑤시기 시작한 것이다. 그녀는 약 상자에서 흰색 알약 두 알을 꺼냈다. 물과 함께 알약을 삼켰을 때 그것이 진통제가 아니라는 사실을 깨달았지만 때는 이미 늦었다. 그녀가 먹은 것은 다름 아닌 수면제였다. 그녀는 20분쯤 지나면 졸음이 쏟아질 것이라는 사실을 재빨리 떠올렸다. 하지만 다른 회의가 남았고 만찬에도 참석해야 했다. 결국 의장에게 몰래 쪽지를 전달했다. 의장은 상황을 알아차리고 자동차를 준비시켜 그녀를 호텔방으로 모셔갔다.

자신을 편안하게 드러내지 못하는 사람이라면 이런 상황을 사람들에게 털어놓지 못할 것이다. 하물며 자서전에 실을 리는 만무하다. 아무리 직위가 높다 해도 인간이라면 누구나 실수를 저지른다. 그렇지 않은 척 가장한다면 오히려 화를 자초할 것이다.

⊙ CEO에게 배우는 커뮤니케이션의 기술

권력의 대외적인 이미지가 진정한 권력이 아니라는 사실을 깨닫지 못한 채 그 이미지만 신봉하는 사람이 많다. 성공하기 위해 노력하는 과정에서 부수적으로 권력을 얻을 수도 있으나 권력을 목표로 삼지 않아야 한다. 여러분은 자신이 잘하는 분야에서 성공해야 하며 그 과정에서 참모습을 잃지 말아야 한다. 이렇게 말해 보라.
"이곳에 계신 분들 가운데 자신의 실수를 인정하는 사람이 얼마나 됩니까? 어쩔 수 없이 실수를 저질렀을 때 편안하게 스스로를 웃음거리로 만드는 사람이 얼마나 됩니까? 캐시 블랙은 이렇게 할 수 있는 사람입니다. 그녀는 이런 이야기를 전합니다."

윤리적인 원칙을 세워라

여러분의 회사는 방향을 제대로 잡고 있는가? 캐시 블랙은 깊이 뿌리 박힌 가치관을 지지하는 윤리적인 나침반만을 따라야 한다고 말한다. 《미즈Ms.》에서 근무하는 동안 그녀는 한 대규모 담배 제조업체의 거래 계정을 관리했다. 당시 이 제조업체는 구체적으로 여성을 겨냥해 버지니아 슬림Virginia Slims이라는 새로운 제품의 광고를 시작한 참이었다. 페미니즘에 충실한 최초의 잡지로 손꼽히던 《미즈》는 광고를 실을 적절한 매체처럼 보였다. 버지니아 슬림의 브랜드 책임자는 그녀와 만난 자리에서 그 잡지에 광고를 싣겠다고 흔쾌히 약속했다.

블랙이 광고를 보여주자 스타이넘은 안타깝지만 광고를 싣지 못하겠다고 딱 잘라 말했다. 오랫동안 잡지의 브랜드 정체성에 주의를 기울이고 이미지에 어긋나는 일이 없도록 기사와 사진, 광고를 세심하게 모니터했던 스타이넘은 버지니아 슬림의 광고가 건방지다는 느낌이 든다고 말했다. 첫째, "당신은 장족의 발전을 했군요, 베이비"라는 캐치프레이즈에는 흡연이 발전의 증거라는 뜻이 내포되어 있는데 스타이넘은 이 메시지를 완강히 거부했다. 둘째, 그녀는 '베이비'라는 단어가 여성을 어린애 취급한다고 생각했다.

결국 잡지는 원래의 광고 카피 대신에 캘린더 광고를 싣는 타협안을 택했다. 그러자 담배 제조업체는 광고를 전면 철회하기로 결정하고 이후 16년 동안 그 잡지에 광고를 싣지 않았다. 블랙은 수입원을 잃었으므로 비즈니스 관점에서는 스타이넘에게 동의하지 않았다. 하지만 그녀의 결정에서 한 가지 교훈을 얻었다. 블랙은 이렇게 말한다.

"《미즈》는 회사의 사명과 양심, 그리고 독자를 지킴으로써 담배 회사의 보이콧을 견뎌냈습니다. 소비자들은 개인적으로 좋은 감정을 느끼는 회사에 더욱 충성심을 보이는 경향이 있으니 결국 비즈니스 관점에서도 그녀의 결정이 옳았죠."

⊙ CEO에게 배우는 커뮤니케이션의 기술

윤리적인 결정을 내리기는 그리 쉽지 않다. 돈이 걸려 있을 때는 특히 그렇다. 하지만 윤리적으로 결정해야 한다. 블랙은 자신이 얻은 교훈을 회상하면서 다음과 같이 썼다. '원칙을 무시하고 경계를 넘고 싶은 유혹을 느끼겠지만 자신의 윤리관을 100% 지키면서도 성공할 수 있습니다.' 이렇게 말해 보라.
"우리에게는 지켜야 할 도리가 있습니다. 치열한 경쟁에서 느끼는 압박감을 고려할 때 도리를 지키기는 쉽지 않습니다. 하지만 미래와 우리의 궁극적인 사명을 잊어서는 안 됩니다."

마이클 블룸버그
블룸버그

- 장점을 길러라
- 통념이 아닌 올바른 원칙을 따르라
- 열심히, 그리고 현명하게 일하라

장점을 길러라

습관 중에는 단연코 지켜야 할 가치가 있는 것들이 있다. 블룸버그 Bloomberg의 창립자 마이클 블룸버그Michael Bloomberg는 처음으로 뉴욕 시장에 당선되었을 무렵, 이미 비즈니스 뉴스 제국을 건설한 인물이자 기업 선구자의 아이콘으로 널리 알려진 유명인사였다. 블룸버그는 언젠가 도움이 될 만한 장점을 찾는 습관을 꾸준히 길렀다.

조종사 자격증을 갖고 있는 그는 어느 날 조카를 전용기에 태우고 맨해튼 상공을 비행한 적이 있었다. 웨스터체스터 근처에 위치한 지역 공항에서 이륙하고 얼마 지나지 않았을 때였다. 비행기 엔진에 문제가 생긴 것이다. 그의 비행기는 그야말로 거대한 글라이더로 변했다. 조종실에서 문제를 해결하지 못하자 그는 관제탑에 즉시 회항하겠다고 무전을 보냈다. 관제탑은 활주로를 비워 놓고 소방차를 파견하겠다는 회신을 보냈다.

블룸버그는 침착함을 잃지 않고 착륙 전 체크리스트를 차근차근 훑어내려 갔다. 기회는 단 한 번뿐이었지만 비행기 고도는 추력이 없는 상태에서도 착륙하기에 충분했다. 그러나 첫 번째 우회 비행을 놓치면 추락할 가능성이 높았다. 블룸버그는 자기 앞에 놓인 임무에 온 신경을 집중하고 공항으로 접근해 조심스럽게 비행기를 착륙시키기 시작했다. 비행기는 구조대원들이 다가올 무렵 급작스럽게 멈추었다. 모든 일이 별 탈 없이 끝났다.

블룸버그는 자신의 목숨을 구한 것이 이륙한 직후 재빨리 고도를 높이는 습관 덕분이라고 말했다. 그는 왜 그렇게 했을까? 그래야만 만에 하나 엔진이 작동하지 않을 경우 조종사로서 선택의 여지가 많아지기 때문이다. 그는 이런 사고에 대비하여 사소한 장점을 길러 두었다고 말했다. 이 습관은 무척 효과적이었다. 비즈니스든 다른 활동이든 작은 차이가 종종 성공과 실패를 결정한다. 블룸버그의 경우에는 생사를 결정했다.

⊙ CEO에게 배우는 커뮤니케이션의 기술

장점을 유지하기 위해 연습하고 훈련하면 도움이 된다. 비록 사소한 장점에 지나지 않을지라도 언제 도움이 될지 모를 일이다. 이렇게 말해 보라.
"우리 회사는 경쟁 회사에 비해 몇 가지 장점이 있습니다. 추월당하지 않으려면 지속적으로 이 장점을 유지하기 위해 훈련해야 하죠. 작은 장점이라도 중요합니다. 마이클 블룸버그는 이런 태도 덕분에 목숨을 구했습니다."

통념이 아닌 올바른 원칙을 따르라

몇몇 원칙은 보편적이어야 한다. 마이클 블룸버그는 그의 언론 기업이 도쿄에서 사업을 시작하기 위해 계획을 세우던 시기의 이야기를 전한다. 그의 회사는 경쟁이 치열한 일본 시장에 최초로 진출할 참이었다. 그는 오랫동안 난공불락이라고 알려진 시장에 진출하기에 앞서 두 가지 조언을 들었다. 첫째, 지역 파트너를 찾아라. 둘째, 여성을 파견하지 마라. 그는 조언자들에게 고마움을 전했다. 하지만 그는 자신의 본능에 따라 여직원을 고용했다.

　과연 다른 사람들이 그 두 가지 이유 탓에 실패했을까? 그것이 그토록 용인할 수 없고 용서할 수 없는 문화적 실수였을까? 1980년대 이전까지 아시아의 직장 여성은 대부분 차 심부름 같은 업무만 맡았다. 하지만 자국의 성 평등에 적극적으로 헌신했던 블룸버그는 다른 나라라고 해서 돌연 다른 입장을 택할 이유가 없다고 생각했다. 그는 주사위를 던졌고 다른 사람들의 조언과 달리 그의 사업은 원활하게 진행되었다.

블룸버그는 장소와 상관없이 모든 사무실에서 성 균형을 유지하고 싶었다. 세계 인구의 절반은 여성이다. 그는 자신의 두 딸이 남자들과 똑같은 기회를 얻기를 바란다. 그리고 이를 실질적인 비즈니스의 문제라고 생각한다. 기업에서 승진의 기준은 염색체가 아니라 능력을 기준으로 삼아야 한다. 누군가 차별하기를 원한다면 그것은 그들이 결정할 문제다. 하지만 차별은 결국 손해로 돌아올 것이다.

"나는 경쟁자들이 항상 능력이 아닌 다른 고용 기준을 이용하기를 바랍니다."

그는 비꼬듯이 덧붙인다.

"우리는 얻을 수 도움이라면 무엇이든 얻어야 하니까요."

◉ CEO에게 배우는 커뮤니케이션의 기술

사람들의 인정을 받든 혹은 '통념'에 어긋나든 상관없이 성 평등과 같은 뿌리 깊은 원칙을 지키려면 용기가 필요하다. 직장의 성 평등을 부르짖는 것은 비즈니스와 관련된 주장처럼 보일 수 있다. 그러나 나쁜 습관의 영향 때문에 유능한 인재 중 절반에게 등을 돌릴 이유가 있겠는가? 이렇게 말해 보라.

"우리 회사는 다양성을 중요시합니다. 이를 위험 요소라고 생각하는 사람이 있다면 모든 직원을 능력을 기준으로 승진시키는 것이 기업의 의무라는 사실을 명심하십시오. 마이클 블룸버그는 활동 영역을 해외로 넓히면서 이와 똑같은 도전에 맞닥뜨렸습니다."

열심히, 그리고 현명하게 일하라

마이클 블룸버그에 따르면 비즈니스에서 성공을 거두는 한 가지 열쇠
는 초기에 없어서는 안 될 사람으로 인정받고 누구보다 더 맹렬히 일
하는 것이다. 그는 하버드 경영 대학원 2학년에 올라가기 전에 여름
동안 일했던 경험을 이야기한다.

블룸버그는 매사추세츠 주 캠브리지의 하버드 광장^{Harvard Square} 근
처에 있는 작은 부동산 사무실에서 파트타임으로 일했다. 9월에 학기
를 시작하는 학생들은 여름에 다음 학기 동안 지낼 곳을 찾으면서 근
처 호텔에 숙박하곤 했다.

관찰력이 예리한 블룸버그는 한 가지 패턴을 발견했다. 세입자들
은 부동산 목록을 먼저 살펴볼 심산으로 아침에 일찍 일어날 것이다.
그들은 여러 부동산 중개소에 전화를 걸어 그날 오후 약속을 정하고
는 다시 잠자리에 든다. 전문 부동산 중개인인 블룸버그의 동료들은

오전 9시 30분부터 일과를 시작했지만 블룸버그는 6시 30분에 출근했다. 근처 호텔에 묵으며 일찍 일어나는 사람들의 전화를 받기 위해서였다. 직장 선배들은 여느 때와 같이 출근해 그날 하루 종일 찾아오는 사람들마다 왜 블룸버그를 찾는지 영문을 몰라 어리둥절했다.

블룸버그는 "성공의 80%는 모습을 드러내는 데 있다"는 코미디언 우디 앨런Woody Allen의 말에 의견에 동의한다고 말한다. 그리고 다음과 같이 덧붙인다.

"여러분은 타고난 장점을 선택할 수 없으며 자신의 유전적인 지적 수준을 조절할 수 없습니다. 하지만 얼마나 열심히 일하는지는 조절할 수 있죠. (중략) 그리고 더 열심히 일할수록 일을 더 잘할 수 있습니다. 이는 단순한 진리입니다."

◉ CEO에게 배우는 커뮤니케이션의 기술

똑똑한 것만으로는 충분하지 않다. 그 지적 능력을 일하는 데 발휘해야 한다. 블룸버그의 조언은 단순하다. 시장에서 일어나는 일을 지켜보고 한 가지 장점을 찾은 다음 그에 따라 행동하라. 바쁘게 움직이는 것이 실천하지 않는 기발한 아이디어보다 훨씬 낫다. 이렇게 말해 보라.

"더 좋은 아이디어가 있다는 사실만으로는 부족합니다. 누구보다 열심히 일해야 합니다. 블룸버그의 이야기를 전해드리죠. 그는 하버드 경영 대학원에 재학하던 시절 2학년을 앞둔 여름 방학 동안 파트타임으로 일했습니다."

세르게이 브린
구글

■ ■ ■ ■

- 인간을 최우선 가치로 삼아라
- 역경 속에서도 포기하지 마라

인간을 최우선 가치로 삼아라

구글Google의 공동 창립자 세르게이 브린Sergey Brin과 래리 페이지Larry Page에 따르면 구글의 사훈은 "사악해지지 마라Don't be Evil"이다. 전형적인 사훈과는 거리가 멀다. '착해져라'보다는 이해하기 쉽겠지만 지금까지도 이 사훈에 대해서는 의견이 분분하다.

그러나 지금껏 세계 검색 엔진의 대표 주자인 구글이 훌륭한 정보를 바탕으로 사람들이 더 현명한 결정을 내리도록 돕는다는 사실만은 분명하다. 그렇다고 모든 정보가 다 정확하다는 의미는 아니다. 인터넷이 등장하기 이전 세상의 정보도 마찬가지였을 것이다.

브린과 페이지는 구글 사용자에게 자주 감사의 편지를 받는다. 그중 한 통의 편지는 특히 남달랐다. 그 내용은 다음과 같다.

어떤 사용자가 가슴 통증을 느끼고 그 원인을 알기 위해 재빨리 구글로 검색을 했다. 온라인에서 발견한 의학 정보와 자신의 증상을 비교한 그는 통증이 당장 병원으로 달려가야 할 정도로 심각한 상태라고 판단했다. 원인은 심장마비였다. 그는 응급 치료를 받고 목숨을 구했다. 고마움을 느낀 이 사용자는 구글의 창립자들에게 정보를 재빨리 찾은 덕분에 때늦지 않게 올바른 결정을 내릴 수 있었다며 감사의 편지를 보냈다.

◉ CEO에게 배우는 커뮤니케이션의 기술

인간적인 요소를 잊어버린 기술 기업이 무척 많다. 자신들만의 특성이나 경쟁사와의 차별화를 연구하느라 급급한 나머지 그들은 자사가 고객의 삶에 미칠 수 있는 영향을 잊곤 한다. 구글의 창립자들은 여러 인터뷰에서 기술이 사람들에게 발전할 수 있는 힘을 제공하는 한 가 지 사례로서 위의 이야기를 언급한다. 이렇게 말해 보라.
"우리는 이제 특성만 늘어놓기보다는 고객들에게 진정한 가치를 전달해야 합니다. 이를테면 구글의 공동 창립자 세르게이 브린은 그들의 웹사이트가 어떻게 사용자들의 삶에 기여했는지에 대한 이야기를 전합니다."

역경 속에서도 포기하지 마라

조용하고 촌스러운 스티브 잡스^{Steve Jobs}라고 불리는 구글의 공동 창립자 세르게이 브린은 초등학교에 입학했을 때 놀림을 받았지만 전혀 개의치 않았다. 그의 가족은 그가 여섯 살이었을 때 모스크바에서 미국으로 이주했다. 브린의 아버지는 수학 교수였는데 종교적인 이유로 러시아에서 차별을 받았다. 가족을 꾸리거나 전도유망한 경력을 쌓기에 최상의 환경은 아니었다. 그의 부친은 한 기자에게 다음과 같이 말했다.

"우리가 모스크바에 남았을 때 아이들이 저와 똑같은 차별을 당할까 봐 걱정스러웠습니다. 우리는 조국을 사랑하지만 조국은 그렇지 않을 때가 많았습니다."

세르게이가 처음 등교했을 때 그의 말투는 무척 어색했다. 그 바람에 그는 학교 친구들에게 놀림을 받았다. 친구가 없지는 않았으나 세르게이는 어느 모로 보나 인기 있는 학생이 아니었다. 하지만 그는 그런 사실에 전혀 개의치 않았다. 미국에 이주해서 성장할 수 있는 기회를 축복이라고 느꼈기 때문이다. 어쩌면 그랬기 때문에 더욱 열심히 일하고 노력했을지 모른다.

"나는 부모님이 그곳에서 어려운 시절을 보냈다는 사실을 알기에 나를 미국으로 데려온 것에 무척 감사합니다. 그래서 내 삶에 한층 감사하는 것 같아요."

◉ CEO에게 배우는 커뮤니케이션의 기술

이주민들이 미국을 세운 이래, 구글의 세르게이 브린이나 야후의 제리 양^{Jerry Yang} 같은 새로운 이주민의 물결이 계속해서 미국에 경쟁력을 제공하고 있다. 브린은 '다르다'는 느낌이 자신의 목표를 성취하는 과정에 걸림돌이 되도록 방치하지 않았다. 이런 장애물은 극복하기 쉽지 않지만 그 과정에서 존경받아 마땅한 정신력을 확인할 수 있다. 이렇게 말해 보라.

"역경은 누구도 피할 수 없습니다. 하지만 더 힘겨운 역경을 극복해야 하는 사람들이 있죠. 바로 미국에서 태어나 자란 사람들보다 더 많은 역경에 직면해서도 반드시 성공하겠다는 의지를 잃지 않는 이주민들이 특히 그렇습니다. 구글의 세르게이 브린을 예로 들어 봅시다."

워렌 버핏

버크셔 해서웨이

- 사실을 정확히 파악하라
- 계약서를 쓸 때 세부 사항에 주의하라
- 만일의 경우를 대비해 저축하라
- 나이 많은 직원의 경험과 지혜를 존중하라
- 지혜롭게 절약하라
- 신중하게 인수 합병 전략을 세워라
- 철저한 정보 보안 시스템을 갖춰라
- 감정적인 군중 심리를 경계하라

사실을 정확히 파악하라

"그냥 사실입니다, 선생님."

그것은 세대 간에 오가는 전형적인 대화는 아니었다. 버크셔 해서웨이^{Berkshire Hathaway}의 CEO 워렌 버핏^{Warren Buffett}과 매우 어린 투자가가 나눈 재미있는 대화의 요지는 모든 수치를 명확히 밝혀야 한다는 것이었다.

1990년 버크셔 해서웨이^{Berkshire Hathaway} 연례 주주총회에서 버핏은 항상 그렇듯이 질의응답 시간으로 회의를 시작했다. 아홉 살 된 니콜라스 케너^{Nicholas Kenner}가 자리에서 일어났다. 버크셔 해서웨이의 주식 11주를 보유하고 있던 니콜라스는 당시 자신보다 거의 예순 살이나 나이가 많은 버핏에게 왜 주식이 주당 6,600달러라는 낮은 가격에 거래되고 있느냐고 물었다.

버핏은 소년의 질문에 답변한 것은 물론이고 주주들에게 보내는 다음번 편지에서 이 특이하고도 흥미로운 대화를 언급했다. 니콜라스는 다음 주주총회에도 어김없이 참석했다. 이번에는 한층 어려운 질문을 준비했다는 점만 달랐다. 어린 소년은 연례 보고서에 당시 자신이 열한 살이라고 실려 있지만 사실 아홉 살이었다고 말했다.

니콜라스는 질의응답 시간에 버핏이 자신의 나이도 그렇게 잘못 알고 있는데, 어떻게 연례 보고서 뒷면에 있는 재정 자료를 믿을 수 있는지 의문이라고 말했다. 참으로 총명한 아이였다. 버핏은 당연히 그럴 것이라고 답하며 소년에게 서면으로 답변하겠다고 약속했다.

⊙ CEO에게 배우는 커뮤니케이션의 기술

수치를 재확인하는 것은 항상 이롭다. 조숙한 아홉 살 소년과 '오마하의 현인Sage of Omaha'이라 불리는 버핏의 이 재미있는 대화를 생각해 보라. 이 이야기는 여러분이 이용한 사실이나 수치가 정확하지 않다고 판명되면 여러분이 말하거나 쓴 모든 내용 또한 의심받을 수 있다는 자명한 사실을 사람들에게 일깨울 수 있다. 이렇게 말해 보라.

"밖으로 나가 우리의 이야기를 전하기 전에 반드시 모든 사실을 명확하게 확인해야 합니다. 워렌 버핏이 어느 해 주주총회에서 겪은 재미있는 이야기가 있습니다."

계약서를 쓸 때 세부 사항에 주의하라

로즈 블럼킨^{Rose Blumkin}은 《비즈니스위크^{Business Week}》의 표지를 장식한 적이 없다. 하지만 워렌 버핏의 평가에 따르면 그녀는 비즈니스 분야의 중요한 인물이다. 비즈니스맨들은 'B 부인^{Mrs. B}'이 러시아 출신 이주민으로 1936년 네브래스카 퍼니처 마트^{Nebraska Furniture Mart}를 설립해 미국 최대의 가정용 가구 매장으로 키웠다는 사실을 알고 있었다. 그녀의 신조는 단순했다.

"저렴하게 팔고, 진실을 말하며, 아무도 속이지 마라."

블럼킨의 사업적 통찰력과 성공에 감동한 버핏은 자신의 50세 생일 선물로 그 매장을 매입하기로 결정했다. 그리고 매장을 찾아가 블럼킨에게 사업체를 팔 의향이 있는지 물었다. 그녀는 그렇다고 대답했다. 그가 희망가격을 묻자 그녀는 6,000만 달러라고 답했다. 문제없었다. 버핏은 상점을 나섰다가 6,000만 달러짜리 수표를 들고 돌아왔다.

계약서는 한 페이지밖에 되지 않았다. 그녀는 버핏이 변호사나 회계사와 함께 오지 않은 것을 보고 제정신이 아니라고 말했지만 어쨌든 그 수표를 현금으로 바꾸었다.

이후 서로에 대한 두 사람의 존경심은 더욱 커졌다. 1989년 96세의 블럼킨은 손자들과 논쟁을 벌인 끝에 사업에서 손을 뗐다. 그러나 은퇴한 후 권태로웠던 데다 가족 간의 분쟁이 일어나자 버핏이 자기 편을 들지 않았다는 사실에 몹시 화가 난 그녀는 원래 매장 맞은편에 다시 가구 매장을 개점했다. 모든 사람에게 복수할 심산이었다. 그녀는 버핏이나 손자들과 맞서 싸울 만반의 준비가 되어 있었다. 훗날 블럼킨은 손자들과의 분쟁을 해결하고 버핏을 용서했지만 버핏은 소중한 교훈을 얻었다.

10년 전 그녀와 함께 서명했던 계약서에는 한 가지 결함이 있었다. 그는 이런 상황이 결코 일어나지 않도록 평생 비경쟁 조항을 포함시켜야 했던 것이다. 그는 "그때는 내가 어리고 경험이 없었다"고 농담한다.

⊙ CEO에게 배우는 커뮤니케이션의 기술

계약서 내용, 특히 비경쟁 조항에 주의해야 할 필요성을 주제로 누군가에게 강의를 해야 한다면 이 일화가 제격이다. 오마하의 현인이 이처럼 중요한 세부 사항에 대한 교훈을 얻을 수 있다면 우리도 할 수 있다. 이렇게 말해 보라.

"계약서에 서명할 때 모든 가능성을 생각해야 합니다. 세부 사항이 언제나 발목을 잡기 때문이죠. 누구든 분명 워렌 버핏에게 일어났던 일을 겪고 싶지는 않을 겁니다."

만일의 경우를 대비해 저축하라

나중에 후회하는 것보다는 미리 조심하는 편이 낫다. 버핏은 설령 일어나지 않을지라도 '미지의 요인'에 대비하면 항상 이롭다고 말한다. 버크셔 해서웨이는 미지의 요인에 대비해 연말이 되면 잠재적 손실을 위한 거액의 자금을 따로 떼어 둔다. 아울러 몇 년 동안 발견되지 않은 기업의 횡령이나 몇 년 전 보험 상품으로 인한 손실의 사례도 제시한다.

버핏은 주주들에게 보내는 편지에서 중요한 유럽 출장길에 오른 사람에 대한 재미있는 이야기를 언급하며 기업이 손해 배상을 평가하는 방법을 설명했다. 유럽에 체류하던 그에게 여동생이 전화로 청천벽력 같은 소식을 전했다. 아버지가 돌아가셨다는 소식이었다. 그는 슬픔에 겨워 여동생에게 당장 미국으로 돌아갈 수는 없으나 장례식에 아낌없이 돈을 써도 좋다고 말했다. 그는 돌아가자마자 모든 비용을 치를 셈이었다.

마침내 그가 돌아왔을 때 여동생은 장례식이 무척 아름다웠다고 전하면서 그에게 8,000달러에 이르는 청구서를 전했다. 그는 아무 문제 없이 돈을 치렀다. 그런데 다음 달에 그는 10달러의 청구서를 받았다. 그다음 달에 다시 10달러 청구서를 받았다. 이후로도 청구서는 계속되었다. 그는 무척 혼란스러웠다. 이미 모든 비용을 지불했다고 생각했기 때문이다. 결국 여동생에게 전화를 걸어 대체 무슨 연유냐고 묻자 그녀의 대답은 이러했다.

"아, 말한다는 게 깜빡했네. 빌린 양복을 입힌 채로 아빠를 묻었어."

⊙ CEO에게 배우는 커뮤니케이션의 기술

이 일화는 비즈니스에서 여러분을 궁지에 빠뜨릴 미지의 부정적인 요소에 대비해야 할 필요성을 일깨워 준다. 지금은 돈이 필요 없을 것이라고 생각할 수도 있지만 누가 알겠는가? 이렇게 말해 보라.

"우리는 시장의 모든 미지의 요소에 대비하기 위해 올해 현금을 더 많이 비축해야 합니다. 왜 그래야 하느냐고 묻는 사람들도 있겠죠. 이 문제에 관해서는 워렌 버핏이 주주들에게 보내는 연례 보고서에서 여러 차례 언급했던 재미난 이야기가 떠오르네요."

나이 많은 직원의 경험과 지혜를 존중하라

사람은 자신이 느끼는 만큼 늙는다. 워렌 버핏은 1996년 주주들에게 보내는 편지에서 세계 최대 규모의 파일럿 훈련 기업인 플라이트 세이프티 인터내셔널^{Flight Safety International}과 맺은 한 계약에 대해 자세히 설명했다.

그 회사에 깊은 감명을 받은 버핏은 당시 일흔아홉 살이던 플라이트 세이프티의 CEO 알 율치^{Al Ueltschi}와 만났다. 이 CEO는 평생 비행기 조종에 푹 빠져 있었으며 심지어 찰스 린드버그^{Charles Lindbergh}와 함께 비행하기도 했다. 그는 1930년대 곡예비행사로 활약하다가 훗날 팬 아메리칸 항공^{Pan American Airways}의 창립자 후안 트립^{Juan Trippe}과 함께 일했다. 1951년에는 플라이트 세이프티를 세워 플라이트 시뮬레이터를 만들고 조종사를 훈련시켰다. 상당히 인상적인 경력이다.

버핏은 그와 만났을 당시 알이 비록 일흔아홉 살이었지만 외모와 행동은 마치 50대처럼 보였다고 말한다.

이런 활기찬 사람을 만난 것은 그때가 처음이 아니었다. 버크셔 해서웨이의 수많은 직원들은 버핏과 그의 파트너 찰리 멍거^{Charlie Munger}가 몇 년 전 나이 많은 직원들을 차별하지 않기 위한 EEOC 정부 명령으로 큰 타격을 입었을 거라고 생각했다. 하지만 실상은 그렇지 않았다. 버핏에 따르면 일흔 살이 넘은 버크셔 해서웨이의 많은 관리자들은 수십 년 전과 다름없이 홈런을 날린다.

그는 일흔여섯 살 된 남자가 훨씬 더 어리고 아름다운 여성과 결혼하기 위해 이용한 기술을 쓰면 자기 회사에서 일할 수 있다고 우스갯소리를 한다. 이 늙은 남자의 친구들이 그 비결을 물었다. 여자가 대체 무엇 때문에 청혼을 받아들였을까? 남자는 이렇게 대답했다.

"그녀에게 내 나이가 여든여섯이라고 말했거든."

⊙ CEO에게 배우는 커뮤니케이션의 기술

점잖지는 않지만 이 농담의 핵심은 명확하다. 경험이 중요하다. 사람들은 과거에 비해 더 오래 살고 더 오래 일한다. 우리는 이제 여러 세대가 한 지붕 아래에서 협력해야 한다는 사실을 명심할 필요가 있다. 젊은 직원들은 열정과 에너지가 넘치겠지만 나이가 지긋한 직원들은 경험과 지혜가 있다. 직원들에게 고용 관행이나 기업이 다양한 세대의 재능과 기술을 갖추어야 할 필요성을 전달할 때 이 이야기를 이용하면 좋을 것이다. 이렇게 말해 보라.
"최근 저는 앞으로 직장에서 다섯 세대가 같은 지붕 아래에서 일할 것이라는 글을 읽었습니다. 가장 성공적인 투자 회사로 손꼽히는 버크셔 해서웨이에는 일흔 살이 넘은 직원이 많습니다."

지혜롭게 절약하라

워렌 버핏은 평소에 절약하는 습관이 몸에 배어 있다. 그는 주주들에게 보내는 연례 편지에서 그가 몸담고 있는 오마하 지사를 즐겨 자랑한다.

그 예로 보샤임Borsheim을 들 수 있다. 1870년에 설립한 보샤임은 현재 미국 최대의 독자적인 보석 매장으로 손꼽힌다. 이 매장은 1989년 버크셔 해서웨이의 자회사가 되었다. 버핏은 버크셔 해서웨이의 연례 주주총회를 열 때면 주주들에게 할인을 제공한다고 말하곤한다. 한 편지에서 그는 자사의 매출 총이익이 경쟁 회사보다 20%나 낮다고 밝혔다.

"따라서 여러분은 많이 살수록 저축을 더 많이 하는 셈입니다. 적어도 제 아내와 딸은 제게 그렇게 말합니다."

그는 편지 후반부에 아내와 딸이 몇 년 전 집으로 돌아오는 길에 전차를 놓친 한 소년의 이야기에서 깊은 감명을 받았다며 들려준 저축과 관련된 이야기를 전했다. 소년은 다음 전차를 기다리기보다는 집까지 걸어가기로 마음먹었다. 집에 도착했을 때 소년은 아버지에게 전차를 타지 않고 집까지 걸어와서 15센트를 절약했다고 의기양양하게 말했다. 아버지는 아들을 칭찬하기보다 이렇게 말하면서 꾸짖었다.

"택시를 놓쳤다면 85%를 절약할 수 있었을 텐데 왜 그러지 않았느냐!"

◉ CEO에게 배우는 커뮤니케이션의 기술

약간 오래된 이야기일지 모르지만 이 이야기의 핵심은 명확하다. 돈을 절약할 더 좋은 방법이 있다면 그렇게 해라. 이렇게 말해 보자.

"우리는 돈을 절약해야 한다는 엄청난 부담감에 시달립니다. 하지만 그것은 우리가 반드시 해야 할 일이죠. 기껏 절약했는데도 칭찬을 받지 못하는 경우가 있습니다. 워렌 버핏이 전했던 재미있는 이야기가 떠오르는군요."

신중하게 인수 합병 전략을 세워라

최근 개구리에게 입을 맞춘 적이 있는가? 워렌 버핏은 수년 동안 세계 일류 투자가의 자리를 지키는 한편 나쁜 아이디어에 긍정적인 영향을 미치려고 최선의 노력을 다했음에도 인수한 회사에서 자신의 지분이 붕괴하고 증발하는 모습을 지켜보았다.

그는 어느 해 주주들에게 보내는 편지에서 공주가 개구리에게 입을 맞추는 동화에 사로잡힌 관리자들이 많다고 말했다. 버핏이 지적했듯이 개구리는 절대 변하지 않는다. 앞으로 많은 것을 안겨주겠다고 약속하지만 결국에는 지켜지지 않는 비즈니스 아이디어처럼 개구리는 계속 개구리로 남는다.

버핏은 남달리 많은 두꺼비에게 입을 맞추었지만 한참이 지난 후에야 비로소 교훈을 얻었다. 한 골프 선수는 버핏에게 이렇게 말했다.

"연습해도 완벽해지지 않습니다. 영원히 연습해야 하죠."

　사업가뿐만 아니라 모든 사람들에게 현명한 조언이다. 버핏은 골프 선수의 조언을 가슴 깊이 새기면서 그때 인수에 대한 자신의 전략을 수정했다고 말한다.

　"바람직한 가격에 공정한 기업을 사기보다는 공정한 가격에 바람직한 기업을 매입하라."

　버크셔의 실적으로 판단하건대 버핏은 지금껏 자신의 조언을 따랐다.

⊙ CEO에게 배우는 커뮤니케이션의 기술

비즈니스 세계에서 대부분의 사람들이 잊는 편을 좋아한다는 사실은 자명하다. 대부분의 인수는 실패한다. 스스로 시인했듯이 워렌 버핏마저도 실패를 톡톡히 맛보았다. 그렇지만 경험은 현명한 스승이다. 가격이 바람직하다고 해서 항상 바람직한 거래라는 의미는 아니다. 이렇게 말해 보라.

"이 거래는 횡재처럼 보입니다. 하지만 어쩌면 싸구려 물건일 수도 있습니다. 우리는 가격 이외의 다른 요인들에 주목하고 더 큰 그림을 생각해야 합니다. 투자가 워렌 버핏은 이런 이야기를 했습니다."

철저한 정보 보안 시스템을 갖춰라

보이는 것이 전부가 아니다. 워렌 버핏은 비공식적인 모임을 통해 2년마다 한 번씩 관심이 있는 주제에 대해 토론했다. 한번은 뉴멕시코^{New Mexico}의 비숍스 로지 랜치^{Bishop's Lodge Ranch}에서 모임을 가졌다. 그들은 보석 사업을 토론 주제로 정했다. 그해 보샤임의 소유주인 아이크 프리드먼^{Ike Friedman}은 오마하로부터 2,000만 달러 상당의 상품을 가져와 참석자들을 현혹시키고 토론을 시작했다. 상그레 데 크리스토 산맥^{Sangre de Cristo Mountains} 산기슭의 작은 언덕에 위치한 아름다운 리조트는 비공식적인 자리에서 긴장을 풀고 이야기를 나누기에 제격인 장소였다. 하지만 버핏은 비숍스 로지가 멋지기는 하지만 2,000만 달러 상당의 보석을 소지하기에 어울릴 만한 포트 녹스^{Fort Knox}는 아니라고 생각했다.

환영회에서 모든 행사가 진행되기에 앞서 버핏은 프리드먼에게 안전이 염려스럽다고 단도직입적으로 말했다. 프리드먼은 버핏을 보더니 금고를 가리켰다. 그는 이렇게 말했다.

"오늘 오후 비밀번호를 바꾸었기 때문에 호텔 경영진조차도 모른다네."

그 말을 들은 버핏은 조금 안심이 되었다. 프리드먼은 금고 앞에 서 있는 두 명의 무장 경호원을 가리키며 그들이 밤새도록 보초를 설 것이라고 덧붙였다. 버핏은 마침내 마음을 놓았고 파티를 시작해도 별 탈이 없을 것이라고 생각했다. 그때 프리드먼은 버핏에게 더 가까이 오더니 귓속말을 했다.

"게다가 말이지, 워렌, 보석은 금고에 없다네."

⊙ CEO에게 배우는 커뮤니케이션의 기술

『손자병법』의 한 대목처럼 위험성이 큰 데다 도둑질을 당하거나 사업체를 빼앗길지 모르는 상황에 처했을 때는 이따금 첩보 활동의 속임수가 필요하다.

이를테면 어떤 회사를 인수하려는 여러분의 의도를 숨겨야 하거나 듀 딜리전스^{due} ^{diligence}(사업에서 의사를 결정하기 전에 적절한 주의를 다하고 계획을 수립하여 수행해야 하는 주체의 책임-옮긴이)를 신중하게 실행해야 할 경우가 있다. 혹은 현 CEO가 사임을 발표하지 않은 상태에서 새로운 CEO를 물색하는 경우나, 사업에 물질적으로 영향을 미칠 수 있지만 사람들의 눈에 띄지 않아야 하는 일이 있다. 이렇게 말해 보라.

"지적 재산권과 같은 우리의 자산을 현명하게 지키는 일은 더할 나위 없이 중요합니다. 업계는 경쟁이 치열하죠. 다른 회사들이 시장에서 우리를 물리칠 경쟁력을 끊임없이 모색하고 있습니다. 그들이 찾고 있는 것을 선선히 내줄 수는 없습니다. 워렌 버핏이 이런 뜻으로 전했던 재미있는 이야기가 있습니다."

감정적인 군중 심리를 경계하라

통념은 통념일 뿐이다. 워렌 버핏은 이따금 동료 투자 전문가들에게 비난을 퍼부었다. 사람들은 고소득의 전문가를 고용하면 시장 논리와 공평성, 안정성을 확보할 수 있다고 생각한다. 하지만 반드시 그렇지는 않다. 대규모 재정 기관이 부적절하게 평가된 주식을 실제로 소유하고 주시하는 경우가 무척 많다. 소문이 이성을 대신하고, '동물적인 감각'이 냉철하고 확실한 논리를 대신한다.

버핏은 한 친구에게 투자 전문가들이 흔히 취하는 행동 유형을 설명하는 우스갯소리를 들었다. 한 석유 탐사자가 세상을 떠나 천국에 갔다. 그가 천국의 문에서 성 바오로를 만났을 때 그는 좋은 소식과 나쁜 소식을 들었다. 좋은 소식은 탐사자가 천국에 들어가도록 허락을 받았다는 것이며, 나쁜 소식은 지금 당장은 남은 자리가 없다는 것이었다. 탐사자가 주의를 둘러보았으나 석유 기업가들을 위해 마련된 공간은 입추의 여지가 없었다. 잠시 생각한 끝에 탐사자는 성 바오로를 바라보며 그곳을 메우고 있는 사람들에게 한마디만 해도 되느냐고 물었다. 해로울 것이 없다고 판단한 성 바오로는 탐사자가 다른 사람들에게 접근하는 것을 허용했다. 탐사자는 입가에 양손을 오므리고 이렇게 소리쳤다.

"지옥에서 석유가 발견됐습니다!"

그러자 그곳은 금세 텅 비어버렸다. 이 모습에 감명을 받은 성 바오로는 탐사자에게 안으로 들어오라고 손짓했다. 그러나 탐사자는 잠시 생각하더니 이렇게 말했다.

"나도 다른 사람들을 따라 갈까 합니다. 그 소문이 진실일지도 모르니까요."

⊙ **CEO에게 배우는 커뮤니케이션의 기술**

확실한 정보가 없을 경우 어떤 분야든 상관없이 소문이 신빙성을 얻는다. 버핏의 우스갯소리는 쉽게 인정할 수 없겠지만 사람들이 자신의 이성을 믿기보다는 무리와 함께 움직인다는 사실을 설명하기에 적합하다. 틀리다고 판단하고 홀로 서 있기보다는 집단의 나머지 사람들과 함께 틀리는 편이 더 낫다는 것이다. 그런 사람들에게 이렇게 말해 보라.

"우리에게는 군중을 따르고 싶은 유혹이 있습니다. 게다가 군중의 지혜에 대한 이야기도 많죠. 하지만 이따금 군중이 틀릴 때가 있습니다. 워렌 버핏은 통념을 지나치게 믿는 일을 경계하라는 무척 재미있는 이야기를 전합니다."

마이클 델

델

■ ■ ■

- 고객의 솔직한 답변을 구하라
- 최대한 효율적으로 일하라
- 믿을 만한 사람에게 일을 위임하라
- 고객의 요구를 파악하라
- 추락하기 전에 자만심을 버려라
- 자신이 가장 잘하는 것을 고수하라
- 작은 아이디어에도 귀를 기울여라
- 큰 목표를 세우고 세계로 진출하라

고객의 솔직한 답변을 구하라

델$^{Dell\ Inc.}$ 사는 오랫동안 고객에게 귀를 기울이고 중개인을 배제하는
방식의 선두주자였다. 마이클 델$^{Michael\ Dell}$은 자신이 실행했던 이른바
'플래티넘 위원회$^{Platinum\ Council}$'라는 성공적인 아이디어에 대한 이야기
를 전한다. 플래티넘 위원회는 6~9개월마다 한 번씩 전 세계의 핵심
사업 고객들이 참석하는 지역 회의다. 하지만 이는 전형적인 일대일
모임과는 다르다. 이 회의는 매력적인 관찰을 토대로 삼는다. 고객들
은 사업 관계를 맺고 있는, 델과 같은 공급업자들과 일대일로 만나기
보다 그들끼리 피어 투 피어$^{peer-to-peer}$로 좀 더 허심탄회하고 솔직하게
대화를 나눈다. 한 장소에서 몇 명의 개별 고객과 만나는 모임에서 델
사는 수십 억 달러를 절약할 수 있는 절대적으로 중요한 사실을 발견
했다.

델의 데스크톱 엔지니어들은 기업 고객이 소비자와 마찬가지로

수행 속도가 더 빠른 시스템을 원할 것이라는 전제에 따라 모델을 재설계하고 있었다. 하지만 플래티넘 위원회의 논의 결과는 전혀 달랐다. 수행 속도를 개선하는 것이 바람직하다는 사실은 아무도 부인하지 않았다.

상위 기업 고객에게 더 중요한 것은 안정적이고 신뢰할 만한 제품이었다. 임무 수행 과정에 신뢰성이 반드시 필요한 재정과 항공 같은 분야에서는 특히 그러했다. 델은 소비자 시장을 위해서 속도에 초점을 맞추는 한편, 기업 고객을 위해서 신뢰성에 초점을 맞추었다. 고객이 진정으로 원하는 것에 귀를 기울임으로써 엔지니어와 기업 고객 사이의 오해를 해결했다. 하지만 적절한 환경을 제공하지 않았다면 이와 같은 중대한 사실은 빛을 보지 못했을 것이다.

그때서야 비로소 델은 회사가 듣고 싶어 하는 답변이 아니라 자사가 찾던 솔직한 답변을 얻을 수 있었다.

⊙ CEO에게 배우는 커뮤니케이션의 기술

마이클 델은 피어 투 피어를 바탕으로 고객을 한자리에 모음으로써 일상적인 일대일 만남에서는 찾을 수 없었던 중대한 사실을 발견했다. 이렇게 말해 보라.
"우리는 과연 고객이 진정으로 원하는 것이 무엇인지 알고 있을까요? 단지 고객에게 이런 것이 필요할 것이라는 추측을 토대로 움직이는 것은 아닐까요? 일대일로 만나는 전통적인 방식에서 물러나 고객이 서로 이야기를 나누도록 허용함으로써 몇 가지 놀라운 사실을 발견했던 이야기를 전해 드리죠."

최대한 효율적으로 일하라

마이클 델은 다른 컴퓨터업체들을 궁지에 빠뜨렸던 중개인을 거치지 않고 고객이 자신의 컴퓨터를 주문할 기회를 제공함으로써 첨단 기술 제국을 건설했다. 델은 어릴 때부터 불필요한 단계를 제거하고 효율성을 최대한 높이는 아이디어에 매료되었다.

초등학교 3학년 때인 어느 날 잡지 뒷면에서 간단한 시험만 치르고 고등학교 졸업장을 따는 방법을 알려 준다는 광고를 보았다. 어린 델은 호기심이 발동했다. 물론 교육은 오랫동안 델의 가족에게 우선순위였고 델 역시 어린 시절부터 배움에 대한 사랑을 품고 있었다. 하지만 그는 참을성이 없었다. 그는 시험에 합격하면 앞으로 9년 동안 학교에 다니지 않고 훨씬 더 빨리 성공할 수 있을 것이라고 생각했다.

그는 지원서를 보내고 기다렸다. 얼마 지나지 않아 시험 회사의 영업 사원이 델의 집을 찾아왔다. 그 영업 사원이 '마이클 델' 씨를 만나러 왔다고 말하자 마이클의 어머니는 무슨 영문인지 몰라 어리둥절해했다. 그리고 아들이 지금 목욕하는 중이지만 불러오겠다고 말했다. 몇 분 뒤 여덟 살 된 마이클 델이 목욕 가운을 입고 모습을 드러냈다. 두말할 필요도 없이 영업 사원이 기대했던 상황은 아니었다.

결국 사태의 전모가 모두 드러났을 때 마이클의 부모님과 시험 회사의 여직원은 이 조숙한 3학년생의 대담한 계획에 박장대소를 했다. 초등학교는 물론이고 앞으로 받아야 할 모든 교육을 건너뛰려 하다니! 물론 델은 학업을 계속했지만 이 사건 이후 그는 자신이 어떤 일에 종사할지 짐작할 수 있었다.

"어린 시절부터 나는 불필요한 단계를 제거한다는 아이디어에 매료되었습니다. 그래서 중개인을 제거한다는 원칙을 토대로 삼은 기업을 창업했다는 사실이 제게는 그리 새삼스럽지 않죠."

⊙ CEO에게 배우는 커뮤니케이션의 기술

불필요한 단계를 제거하는 일은 효율성을 높이는 과정에서 무척 중요하며 모든 비즈니스 리더에게 핵심적인 메시지다. 사람들에게 교육 기간을 단축하라고 부추기기 위해 이 이야기를 하는 것은 아니다. 이는 마이클 델이 엄청난 성공을 거두었던 발자취를 따라 생각하도록 격려하는 이야기다. 단계를 제거함으로써 품질을 저하시키지 않고 효율성을 높일 수 있다면 무슨 일이 있더라도 그렇게 하라. 이렇게 말해 보라. "우리는 공급 단계에서 효율성을 크게 향상시키고 군더더기를 최대한 제거해야 합니다. 어떤 단계가 불필요하다면 과감히 제거해야 하죠. 마이클 델은 어린 시절 겪었던 경험을 토대로 이 주제와 관련된 멋진 이야기를 전합니다."

믿을 만한 사람에게 일을 위임하라

어떤 시점에서는 포기해야 한다. 델이 소규모 신생 기업에서 국제적인 기업으로 성장할 때 마이클 델은 많은 시행착오를 겪은 후에야 비로소 좀 더 효율적인 운영 시스템을 확립했다. 그는 '위임의 기술'을 자신이 사업 초기에 얻은 가장 큰 교훈으로 꼽았다. 회사 규모가 작을 때는 사실상 그가 모든 업무를 직접 처리해야 했다. 하지만 회사가 성장하면서 다른 사람에게 일을 맡기지 않으면 경영이 어려워질 것이라는 사실을 깨달았다.

델은 사업을 시작할 무렵에도 늦게 자고 늦게 일어나는 전형적인 대학생의 생활 습관을 버리지 못했다. 벤 프랭클린[Ben Franklin]의 현명한 조언과는 정반대되는 생활이었다. 늦잠을 잔 날이면 녹초가 된 채로 출근했다. 그러면 잠긴 문밖에서 직원 서른 명이 델이 문을 열어 주기를 기다리곤 했다. 그는 결국 다른 사람에게 열쇠를 넘기고 문지기 노룻을 그만두었다.

한번은 델이 복잡한 문제를 해결하느라 여념이 없을 때 한 직원이 다가와 콜라 자판기가 돈을 먹었다고 말했다. 방해를 받아 심기가 불편해진 델은 왜 그런 얘기를 자기한테 하느냐고 물었다. 직원은 돈을 되돌려 받고 싶은데 콜라 자판기의 열쇠를 그가 갖고 있기 때문이라고 대답했다. 델은 다음과 같이 말했다.

"그 순간 나는 콜라 자판기의 열쇠를 다른 사람에게 맡기는 일이 얼마나 중요한지 깨달았습니다."

그는 적당히 포기하고 다른 사람에게 위임하는 일의 가치를 깨달았다.

⦿ CEO에게 배우는 커뮤니케이션의 기술

경영자가 혼자서 모든 일을 훌륭하게 처리할 수는 없는 노릇이다. 대규모 조직은 물론이고 신생 기업에서도 마찬가지다. 노련한 관리자는 위임을 업무의 일부로 생각한다. 모든 일에 매달리면 필수적인 업무가 지연된다. 이렇게 말해 보라.
"우리는 혼자서 모든 일을 계속 처리할 수 없을 만큼 무척 빠른 속도로 성장하고 있습니다. 이제 그 일을 내려놓고 다른 사람에게 위임하거나 특정한 일을 처리할 사람을 찾아야 합니다. 창업 초기의 경험에 대해 마이클 델이 전한 이야기가 떠오르는군요."

고객의 요구를 파악하라

고객의 홈그라운드에서 그들을 마지막으로 본 적이 언제였는가? 마이클 델은 런던 부동산 시장이 최전성기를 누렸던 1980년대 후반 영국 에너지 분야의 한 고객을 방문했던 이야기를 전한다.

그 고객은 컴퓨터를 조립하고 구성하는 IT 부서만을 위해 런던 본사의 한 층 전체를 할애했다. 델은 직원들이 분주하게 컴퓨터를 짐에서 풀고, 소프트웨어를 로딩하고, 네트워크 인터페이스 카드를 추가하고, 불필요한 특징을 제거하는 모습을 보고 상당히 놀랐다. 런던의 천문학적인 부동산 시세를 고려할 때 과연 사무실 공간의 한 층 전체를 이렇게 이용하는 것이 효율적인지 의아할 따름이었다.

델은 그의 주변을 잰걸음으로 오가는 사람들을 관찰하면서 구경했다. 그 IT계의 인물은 회사를 컴퓨터 회사로 바꿀 의도가 없으니 델이 대신 이렇게 해줄 수 있는지 물었다. 델은 흔쾌히 그럴 수 있다고 대답했다. 그는 약속을 충실히 이행해 고객과의 관계를 강화하고 새로운 시스템 통합 비즈니스 라인을 만들었다.

델의 핵심 과제는 고객의 홈그라운드를 방문해 그들의 사업 방식을 직접 보는 일이었다. 다시 말해 델은 셋째 줄 호화로운 회의실이나 고급 사무실에서 그들의 업무 방식을 전해 듣기보다는 그들의 세계에서 어떤 식으로 업무가 처리되는지를 직접 확인한다. 이는 분명 깨우침을 전하는 사건이었다.

"고객이 일하는 곳에서 그들과 함께 시간을 보내면 그들을 여러분이 일하는 곳으로 데려올 때보다 더 많은 것을 배울 수 있습니다."

⊙ CEO에게 배우는 커뮤니케이션의 기술

고객에게 여러분 회사를 방문하도록 요청하는 것만으로는 충분하지 않다. 여러분이 고객을 찾아가 그들이 직면한 난제가 무엇인지 밀착해서 경험해야 한다. 고객은 그런 행동을 높이 평가할 것이다. 여러분은 그들을 면밀히 관찰함으로써 더 좋은 서비스를 제공할 새로운 방법을 찾는 것은 물론이고 창의적인 아이디어를 얻어 모든 고객에게 혜택을 제공할 수 있는 효과적인 해결책을 발견할 수 있다. 이렇게 말해 보라. "지금 이 자리에 계신 분들 가운데 최근 주요 고객이 일하는 현장을 방문한 사람이 몇 명이나 됩니까? 고객이 현재 어떤 문제에 직면하고 있는지 알아야 합니다. 마이클 델은 이런 이야기를 전합니다."

추락하기 전에 자만심을 버려라

자사의 성취에 자부심을 품는 것은 전혀 잘못이 아니다. 하지만 이런 자부심 때문에 현재 상태가 영원히 계속되며 항상 유리할 것이라고 믿는다면 이는 잘못이다. 그렇다면 여러분은 자신을 천하무적이라고 생각하며 자만하거나, 사업을 성장시킬 기회를 보지 못하도록 가로막는 잘못된 안도감을 느끼는 것이다.

마이클 델은 누구를 본보기로 삼을까? 바로 1986년 '미국에서 가장 성공한 기업인'이라는 제목으로 《포춘》의 표지를 장식했던 인물이다.

그는 당시 디지털 이큅먼트^{Digital Equipment}의 CEO였다. 하지만 이 영예는 그리 오래가지 않았다. 디지털 이큅먼트는 자기만의 소유권 시스템을 고수함으로써 발달하는 업계 기준에 자사 장비를 맞추지 못했으며, 그 결과 디지털 이큅먼트의 주가는 폭락했다. 이 회사의 주가는

200달러에서 이 액수의 약 10분의 1로 떨어졌다.

이후 잠시 반등했으나 결국 컴팩Compaq에게 모조리 넘어가고 말았다. 1998년까지 미국 컴퓨터 시장의 강자였던 이 회사는 레이더망에서 완전히 사라졌다. 델은 이렇게 말한다.

"《포춘》의 표지에 실렸다는 사실은 여러분에게 어떤 것도 보장하지 않습니다."

잠시 성공을 만끽하는 것은 좋은 일이지만 지나치게 오랫동안 안주한다면 경쟁자에게 추월당할 것이다.

⊙ CEO에게 배우는 커뮤니케이션의 기술

거의 예외 없이 추락하기 전에는 자만심이 모습을 드러낸다. 업계의 포상이나 표지 장식 같은 대단한 성과를 거둘 수도 있지만, 그렇다고 현재에 만족하거나 경계를 늦춰서는 안 된다. 또한 자신의 평가를 과신하는 일도 경계해야 한다. 이렇게 말해 보라. "이는 대단한 성과이며 우리 모두 자부심을 느껴 마땅합니다. 하지만 이것이 한계를 넓히고 새로운 기준선이 된다는 사실을 명심해야 하죠. 마이클 델이 이 주제에 관해 전한 이야기가 생각나네요."

자신이 가장 잘하는 것을 고수하라

실수는 일어나기 마련이다. 관건은 계속 움직이는 것이다. 1994년 무렵 마이클 델의 소매 사업은 연간 20%씩 활발하게 성장하고 있었다. 하지만 재래식 소매업으로 진출해 서킷 시티^{Circuit City}와 컴프유에스에이^{CompUSA} 같은 파트너와 협력하는 것은 고객을 직접 대하는 본래의 성공적인 모델에서 크게 벗어나는 일이었다.

델은 소매 분야의 실적을 더욱 면밀하게 조사했다. 그의 회사는 판매 실적은 높았지만 수익률은 낮았다. 이윤이 너무 적은 탓이었다. 그는 경쟁 회사도 마찬가지일 것이라고 판단하고 영업 부문에 주목하기로 했다. 합당한 수익을 거두지 못한다면 손을 떼는 편이 나을 터였다. 소매 부서는 월마트와 베스트바이^{Best Buy}로 확장함으로써 상황에 대처했으나 아무런 소용이 없었다. 델은 소매 분야의 실적이 그처럼 저조하자 이 부문에서 완전히 물러나기로 결정했다.

그러자 즉각적으로 반응이 나타났다. 분석가들은 델이 쓸데없이 미래의 성장을 제한하고 있다고 말했다. 그러나 이는 타당한 통계수치에 따른 결정이었다. 열띤 언론의 보도는 접어 두더라도 이 조치는 델에게 중대한 영향을 미쳤다. 낯선 분야에서 물러서면서 그들은 어쩔 수 없이 고객에게 직접 판매하는 본래 모델에 100% 초점을 맞추어야 했다. 그것은 가장 수익성이 높고 경쟁력을 갖춘 모델이었다. 그 결과 직원들은 소매와 직접 판매에 시간을 나누어 투자하는 대신 그들이 가장 잘 알고 가장 수익을 많이 거두는 분야에 초점을 맞출 수 있었다. 델은 이에 대해 다음과 같이 말한다.

"그들은 소매 분야에 진출했다가 물러나며 얻은 교훈에 고마워했습니다."

실험은 끝났다. 델은 뒤돌아보지 않았다.

⊙ CEO에게 배우는 커뮤니케이션의 기술

비즈니스에서는 이따금 더하기보다 빼기가 더 어렵다. 비록 판매 실적은 양호해 보였지만 근본적인 손익 분석에서는 소매 부문이 델에게 돈을 벌어 주지 못하는 것으로 나타났다. 이런 상황이 얼마나 오랫동안 지속될 수 있었을까? 이따금 전문가들을 무시하고 특정한 부문에서 완전히 손을 뗀 다음 손해를 벌충하고 자사가 가장 잘하는 일에 다시 초점을 맞추는 편이 현명하다. 이렇게 말해 보라.
"이는 결코 쉬운 결정이 아닙니다. 우리가 이 시장에서 물러난다면 여러분 가운데 실망하는 사람이 많을 겁니다. 하지만 큰 그림을 봐야 합니다. 마이클 델이 전한 이야기가 떠오르는군요."

작은 아이디어에도 귀를 기울여라

우리는 다음 판도를 바꿀 아이디어가 어디에서 등장할지 결코 알 수 없다. 마이클 델은 그의 회사가 우연히 오래 지속되는 리튬 이온 배터리를 이용했을 때 일어난 결과에 대해 말한다. 자사가 일본으로 진출한 직후 델은 그곳에 머무르고 있었다. 그는 소니와 회의를 열고 모니터와 CD롬 드라이브, 그리고 소니가 개발하던 다른 기술에 대해 이야기를 나눌 예정이었다. 회의가 진행되는 동안 소니의 에너지 파워 시스템 분야에 종사하는 어떤 사람이 델에게 나중에 이야기를 나누고 싶다는 뜻을 전했다. 델은 처음에 어리둥절했다. '에너지 시스템이라고? 무슨 얘기를 하려는 거지?' 델은 발전소 비즈니스와는 아무런 관련이 없었다. 그 사람은 공연히 시간만 허비할 것이 뻔했다.

하지만 이 열의에 찬 소니 직원이 열심히 이야기하는 동안 델은 끈기 있게 귀를 기울였다. 알고 보니 괜찮은 아이디어였다. 델은 곧 소니가 더 오래 지속되고 무게도 훨씬 가벼운 새로운 리튬 이온 배터리를 개발하는 중임을 알게 되었다. 이미 더 작은 장치에 이 배터리를 이용할 계획은 물론 랩톱을 새로운 시장으로 생각하고 있었다. 델은 이것이 판도를 바꿀 수 있는 획기적인 기술이라고 판단하고 재빨리 움직였다. 그것은 위험한 전제이기도 했다. 그들은 검증되지 않은 새로운 기술과 기존의 니켈 수산화물 가운데 한 가지를 선택해야 했다.

일본에서 무심코 그런 대화를 나눈 지 1년 반이 지났을 무렵 1994년 8월 홍보 행사에서 리튬 배터리를 내장한 델(업계)의 첫 랩톱이 소개되었다. 델은 당시 뉴욕에서 로스앤젤레스까지 가는 직행 비행기에서 랩톱 한 대를 배터리 전력으로 가동시켰다. 5시간 30분이 지났을 때 그 랩톱은 모든 기록을 갱신하고 업계 표준 제품이 되었다. 지나가는 말 한마디 덕분에 경쟁에서 한층 두각을 나타낼 수 있었던 것이다. 앞으로 어떤 일이 일어날지는 결코 알 수 없다.

⊙ CEO에게 배우는 커뮤니케이션의 기술

어디에서 기발한 아이디어가 등장할지 알 수 없다. 따라서 사람들의 말에 귀를 기울여야 한다. 주의를 기울여 듣고 다른 사람들이 떠올릴 수 없을 관계를 찾아내기 위해 노력하라. 사람들에게 경쟁자를 물리치려면 이따금 큰 도박을 해야 한다는 사실을 일깨워라. 델의 사례에서는 아무도 이 기술을 사용한 적이 없었으므로 그것은 도박이었다. 하지만 모험을 걸 만한 도박이었다. 이렇게 말해 보라.

"앞으로 판도를 바꿀 대단한 아이디어가 어디에서 등장할지 결코 알 수 없습니다. 주의 깊게 귀를 기울이는 것이 좋습니다. 마이클 델은 이렇게 말합니다."

큰 목표를 세우고 세계로 진출하라

세상은 좁다. 1986년 무렵 델은 연간 약 6,000만 달러의 매출액을 긁어모으고 있었다. 훌륭했다. 그들은 당초 1992년까지 10억 달러를 달성한다는 목표를 세웠다. 그 야심찬 목표를 성취하려면 미국에서 델이 이룩한 폭발적인 성장세를 해외로 확장해야 했다. 그들은 결국 세계 시장으로 진출한다는 결정을 내렸다.

하지만 전 세계를 대상으로 삼은 것은 아니었다. 캐나다가 논리적인 면에서 가장 적합한 다음 단계처럼 보였으나 더 큰 수입을 약속한 지역은 유럽이었다.

마이클 델은 영국부터 시작하기로 결정했다. 그는 대학 신입생이던 2년 전 방학 동안 가족 여행으로 런던에 갔다 온 적이 있었다. 영국의 수도에 머무는 동안 컴퓨터 대리점 몇 군데를 방문했는데, 미국과 똑같은 현상을 목격할 수 있었다. 서비스는 형편없는 한편 제품 가격은 비쌌다. 미국에서와 마찬가지로 컴퓨터를 원하면서도 시장에 출시된 제품에 불만스러워하는 영국인들이 많았다. 요컨대 델이 제시해야 할 것에 대한 수요가 존재한 것이다.

1987년 여름, 미국에서 사업을 개시했을 때 그는 이 소식을 알리기 위해 기자회견을 열었다. 참석한 모든 기자들은 델이 실패할 것이라고 굳게 믿었다. 그들은 소비자가 직접 구매하는 모델이 미국에서는 효과적일지 모르지만 제조업체에서 직접 구매하는 방식에 익숙하지 않은 영국인들에게는 적용할 수 없는 방식이라고 생각했다. 그러나 영국 지사는 처음부터 수익을 거두었다.

델이 유럽의 다른 지역으로 사업을 확장할 무렵 부정적인 견해가 계속 등장했다. 그러나 일단 사업을 시작하자 이런 견해는 금세 잦아들었다. 그런데 어찌된 일인지 델이 아시아로 확장한다는 계획을 발표했을 때 부정적인 견해가 다시금 고개를 쳐들었다. 하지만 델은 아시아에서도 똑같이 성공을 거뒀다.

결국 효과를 결정하는 것은 앞길을 멀리 내다보기보다 이따금 백미러를 돌아보기만 하는 반대론자들이 아니라 '고객'이다. 마이클 델이 얻은 교훈은 단순했다.

"여러분이 하고 있는 일을 믿으세요. 진정으로 기발한 아이디어를 얻었다면 효과가 없을 것이라고 말하는 사람들을 무시하고 여러분의 비전을 환영하는 사람들을 고용해야 합니다."

멋진 아이디어는 어느 정도 차이가 있겠지만 대개 세계 어디서나 인정받는다. 기본적인 사업 개념이 견고하다면 누군가 그에 상반되는 설득력 있는 주장을 제기하지 않는 한 비판은 그저 흰소리나 근거 없는 질투에 지나지 않는다. 수년 동안 한 가지 업무 처리 방식이 존재했다고 해서 더 바람직하거나 효율적인 방법을 택할 수 없다는 의미는 아니다. 변화하지 않으면 진보할 수 없다. 이렇게 말해 보라.

"해외로 사업을 확장하면 난관이 기다리고 있을 겁니다. 그러나 훌륭한 아이디어는 어떤 나라에서도 이의를 제기할 수 없죠. 이를테면 마이클 델이 사업에 입문한 초기에 해외로 사업을 확장할 무렵의 일을 생각해 보십시오."

마이클 아이즈너

월트 디즈니

■ ■ ■

- 중요한 인물에게 인정을 받아라
- 브랜드를 대표하는 상징적인 문구를 만들어라
- 브랜드의 긍정적인 이미지를 창조하라
- 먼저 도움을 요청하라
- 항상 자기계발에 힘써라
- 끊임없이 시도하고 노력하라
- 앞장서서 먼저 실천하라

중요한 인물에게 인정을 받아라

친구가 고위직에 있다면 유리하다. 월트 디즈니^{The Walt Disney Company}는 1992년 개장한 이후 줄곧 고전을 면치 못하는 디즈니랜드 파리^{Disneyland Paris}를 포함해 자사 테마파크에 다시금 활력을 불어넣기 위해 노력하고 있었다. 가격을 인하하고 마케팅을 강화하는 한편 간접비용을 줄이자 상황은 서서히 호전되기 시작했다. 하지만 그리 빠른 속도는 아니었다.

마이클 아이즈너^{Michael Eisner}는 1994년 텍사스 주 휴스턴의 〈미녀와 야수〉 공연에서 전 미국 대통령 조지 H. W. 부시^{George H. W. Bush}와 만났다. 두 사람의 대화는 결국 디즈니가 디즈니랜드 파리 때문에 직면한 어려움에 대한 이야기로 흘러갔다. 아이즈너는 전 대통령에게 프랑스 대통령 프랑수아 미테랑^{Francois Mitterrand}이 테마파크를 방문하지 않으려 한다고 전했다. 그러자 그는 아버지 부시와 미테랑이 오랜 친구라고 말했다. 이미 자녀와 손자들을 대동하고 유럽을 방문할 계획이었던 그는 디즈니랜드 파리에서 프랑스 대통령을 만찬에 초대하기로 했다. 미테랑과 부시는 공원 안에 위치한 로베르주 드 상드리용^{L'Auberge de Cendrillon}에서 저녁 식사를 했다.

두 정치가가 레스토랑을 나서서 기다리고 있던 기자단 앞에 모습을 드러냈을 때 전 미국 대통령은 미테랑에게 "웃으세요. 프랑수아, 웃어요!"라고 말했다. 프랑스 고급문화의 완고한 옹호자인 미테랑은 미국 문화의 상징인 디즈니 성 앞에서 카메라를 향해 웃음을 지었다.

이 사진은 다음 날 프랑스 모든 신문의 전면에 실렸다. 때는 다름 아닌 여행 성수기였다. 자국의 문화적 의제를 결정하는 대통령에게 그보다 더 확실하고 효과적이며 상징적인 인정은 없었다.

◉ CEO에게 배우는 커뮤니케이션의 기술

인정은 금과 같은 가치가 있다. 물론 반드시 국가수반의 인정을 받을 필요는 없다. 핵심 고객이나 업계의 주요 인물에게 인정을 받아라. 이렇게 말해 보라.

"오늘 우리가 ○○○에게 인정받은 일은 무척 중요합니다. 엄청난 창의력을 발휘해 가장 어려운 고객에게 인정을 받았으니까요. 현재 언론에서 ○○○을 가장 어려운 고객으로 파악하고 있으므로 더욱 값진 성과입니다. 마이클 아이즈너가 전한 이야기가 떠오르는군요. 확신컨대 부시가 미테랑을 웃게 만들기까지는 오늘 우리가 인정받기 위해 기울였던 노력보다 더 많은 노력이 필요했을 겁니다."

브랜드를 대표하는 상징적인 문구를 만들어라

한 운동선수가 경기를 막 승리로 마무리한다. 무대 뒤에서 누군가 이제 다음으로 무엇을 할 것인지 묻자 그 선수는 이렇게 말한다.

"전 디즈니랜드에 갈 겁니다!"

이 상징적인 문구는 초점 집단이나 몇 달 동안의 마케팅 연구에서 탄생하지 않았다. 디즈니 직원도 아닌 사람들이 나눈 단순한 대화에서 시작된 문구다. 전 디즈니 CEO 마이클 아이즈너는 아내와 함께 스타워즈 투어^{Star Wars Tours}의 시작을 홍보하기 위해 조지 루카스^{George Lucas}를 비롯한 여러 사람들과 함께 만찬에 참석했다.

그 만찬에는 연료를 추가로 공급하지 않고 싱글 엔진 비행기로 세계를 일주한 지나 이거^{Jeana Yeager}와 딕 루탄^{Dick Rutan}도 참석했다. 그날 저녁 아이즈너의 아내 제인은 그 두 사람과 이야기를 나누었다. 그녀는 두 사람에게 그런 놀라운 업적을 성취했으니 이제 무엇을 할 예정이냐고 물었다. 그렇게 진지한 상황에서 나온 답변은 이러했다.

"음, 우리는 디즈니랜드에 갈 겁니다."

이 문구가 무척 마음에 들었던 제인은 남편에게 문구를 전하면서 훌륭한 광고가 될 것이라고 덧붙였다. 다음 날 아침 아이즈너는 마케팅 담당 직원에게 전화를 걸었다. 2주 후 자이언츠Giants의 쿼터백 필 심스Phil Simms가 슈퍼볼Super Bowl에서 승리한 직후 카메라를 향해 "전 디즈니랜드에 갈 겁니다!"라고 말하며 미소를 지었다.

그렇게 단시간에 알려지고 큰 반향을 얻은 광고는 흔치 않다.

⊙ CEO에게 배우는 커뮤니케이션의 기술

계획하지 않은 원천이나 순간에 창의적인 아이디어가 등장할 수 있다. 물론 CEO의 아내라면 유리하겠지만 이것이 흔한 일은 아니다. 이 아이디어는 직원 외의 사람에게서 나왔을 뿐만 아니라 신기록을 세울 만한 시간 내에 멋지게 실행되었다. 이렇게 말해 보라.

"우리 회사는 창의성, 자발성, 그리고 작업 속도를 향상시켜야 합니다. 우리는 '디즈니랜드에 갈 겁니다'라는 문구를 알고 있습니다. 하지만 그것이 어디에서 시작되었으며 얼마나 빨리 실행되었는지는 모르실 겁니다. 마이클 아이즈너는 그 이야기를 다음과 같이 전합니다."

브랜드의 긍정적인 이미지를 창조하라

이름에는 많은 것이 담겨 있다. 디즈니는 처음 파리에 테마파크를 지었을 때 '유로 디즈니^{Euro Disney}'라는 이름을 붙였다. 전 디즈니 CEO 마이클 아이즈너에 따르면 그들은 새 공원을 짓는 과정에서 무수한 실수를 저질렀다. 그중에서도 특히 한 가지 실수는 재빨리 바로잡아야 했다. 미국인들은 오랫동안 '유로'라는 단어에서 매력적이고 교양이 있으며 세련된 대륙을 연상했다. 따라서 미국을 대표하는 기업이 그 이미지를 이용해 공원을 유로 디즈니라고 명명한 것은 당연한 일이었다. 미국인들은 그 이름을 좋아했다.

하지만 한 가지 문제가 있었다. 그 공원의 우선 목표는 해외를 여행하는 미국 관광객들을 유치하는 일이 아니었다. 이 공원의 주요 표적은 미국의 풍취를 원하는 프랑스를 비롯한 다른 유럽인들이었다. 안타깝게도 유럽인들은 대부분 '유로'라는 단어를 전혀 매력적으로 여기지 않았다. 머지않아 출범할 대륙의 화폐 이름이었던 '유로'는 정체불명인 브뤼셀Brussels의 관료주의자들을 포함해 비즈니스와 상업을 연상시켰다. 일반적으로 환상과 상상, 그리고 꿈이 이루어진다는 디즈니랜드의 브랜드를 떠올릴 이름은 아니었다.

'유로 디즈니'라는 도로 표지판을 내리고 '디즈니랜드 파리'라는 표지판을 올리기까지는 그리 오랜 시간이 걸리지 않았다. 아이즈너는 이름을 변경하면서 원래 공원에 담긴 창립자 월트 디즈니의 브랜드 정체성을 확인한 것은 물론 세계에서 손꼽히는 가장 낭만적인 도시가 연상되는 특성이 더해졌다고 말한다.

⊙ CEO에게 배우는 커뮤니케이션의 기술

멋진 아이디어처럼 보이는 것도 이따금 시장의 현실과 충돌할 수 있다. 우리는 흔히 세상이 진정으로 원하는 것보다 세상에 대한 우리의 편협한 시각을 토대로 계획을 세운다. 이렇게 말해 보라.

"이 신제품의 이름을 신중하게 지어야 합니다. 우리 브랜드를 정확히 전달하고 기억에 남을 만한 이름이어야 해요. 이를테면 디즈니가 유럽에서 테마파크를 개장할 당시 일어난 일은 피해야 합니다. 마이클 아이즈너는 이렇게 말합니다."

먼저 도움을 요청하라

팟보일러에 대해 이야기해보자. 마이클 아이즈너와 디즈니 이사회의 관계는 결코 평범하지 않았다. 그는 CEO가 되기 위한 노력을 설명할 때면 표를 얻기 위해 열심히 로비를 펼치고 끊임없이 동맹자들을 바꾸었던 이야기를 전한다.

당락선상에 있는 정치인과 마찬가지로 그는 디즈니의 대표가 되기 위해 필요한 과반수에서 단 한 표가 모자란 상황에 처했다. 부동표는 세 표였다. 세 사람 가운데 한 명만 그에게 투표하게끔 설득할 수 있다면 CEO 자리는 그의 것이 될 터였다. 아이즈너는 로스앤젤레스에서 그때껏 결정을 내리지 못한 두 이사를 만났다. 그의 협력자인 프랭크 웰스Frank Wells는 세 번째 사람에게 로비 운동을 하기 위해 비행기를 타고 애리조나로 향할 예정이었다.

아이즈너는 제휴를 맺으려는 자신의 노력이 효과가 없을까 봐 걱정스러웠다. 또한 두 사람과 만난 결과가 좋을 것이라는 확신도 서지 않았다. 그는 마지막으로 남은 또 다른 중역에게 전화를 걸었다. 그 중역은 방금 세 번째 이사회 임원을 만난 프랭크와 막 통화를 마친 참이었다. 알고 보니 이 임원은 줄곧 아이즈너의 편이었을 뿐만 아니라 다음 날 이사회 회의에서 지명 연설을 할 생각을 하고 있었다.

그렇다면 그는 왜 이 시점까지 그렇게 잠자코 있었을까? 그 이유는 단순했다. '부탁을 받은 적이 없었기' 때문이다.

⊙ CEO에게 배우는 커뮤니케이션의 기술

추측만으로는 좋은지 나쁜지 알 수 없다. 추측 때문에 "너와 나 사이에 '너도 알지'"가 생긴다는 우스갯소리가 있다. 부탁하면 흔히 우호적인 결과를 얻는다. 세 번째 사람은 알고 보니 줄곧 아이즈너의 편이었다. 그는 상대방이 손을 뻗기를 기다리고 있었다. 부탁하지 않는 바람에 놓친 기회가 얼마나 많은가? 이렇게 말해 보라.
"고객을 포함해서 사람들은 누구나 부탁받기를 원합니다. 그들은 다른 사람들이 자신에 대해 어떤 식으로든 추측하기를 원치 않습니다. 마이클 아이즈너가 전한 이야기가 생각나는군요."

항상 자기계발에 힘써라

어느 모로 보나 크게 성공한 사업가인 마이클 아이즈너는 뉴욕 대학교에 재학할 당시 회계학 강좌를 들은 적이 없었다. 그는 파라마운트 Paramount와의 계약이 끝나갈 무렵 대차대조표를 더 잘 이해하기 위한 강좌를 들으면 도움이 될 것이라고 생각했다.

아이즈너는 자기 향상을 위한 활동에 열정적이었지만 그 강좌를 혼자 들을 생각은 아니었다. 그는 아내 제인에게 "고통을 공유하기 위해" 함께 가자고 설득했다. 그의 아이들은 강좌를 듣느라 애를 먹고 주말에 시간을 내어 함께 공부하는 부모의 모습을 보며 즐거워했다.

아이즈너와 아내는 졸업식에서 고별사를 읽는 영예를 얻기 위해 싸우는 두 고등학교 3학년 학생처럼 서로 경쟁했다. 최종 시험을 치를 때 두 사람은 시험이 몹시 어렵다고 여겼다.

낙제했다고 확신한 제인은 시험지를 제출하지 않았고 결국 불합격했다. 아이즈너는 시험이 무척 어렵지만 교수가 모든 학생에게 상대평가로 점수를 줄 것이라고 여기고 시험지를 제출했다. 그의 예상은 적중했다. 아이즈너는 A를 받았다.

훗날 그들이 제인의 답변을 검토했는데, 그녀는 시험지만 제출했다면 더 높은 점수를 받을 수도 있었던 것으로 드러났다. 하지만 이미 끝난 일이었다. 그는 포기하기보다 시도하는 편이 더 낫다는 교훈을 얻었다.

⊙ CEO에게 배우는 커뮤니케이션의 기술

한 대기업의 CEO가 회계학 강좌를 들은 적이 없다는 사실을 인정한다는 것은 십중팔구 인상적인 일이다. 한편 배우자끼리 선의의 경쟁을 벌였다는 이 사랑스러운 일화는 자기 향상의 여지가 항상 존재한다는 사실을 사람들에게 일깨운다. 또한 자신의 소중한 배우자와 돈독한 관계를 쌓는 일이 무척 중요하다는 사실을 보여 주기에 효과적이다. 이렇게 말해 보라.

"모든 CEO가 비즈니스의 모든 분야에서 완벽할 수는 없습니다. 우뇌형 인간이 있는가 하면 좌뇌형에 가까운 사람이 있고, 어떤 사람은 쉽게 큰 그림을 보지만 세부 사항을 깊이 파고드는 편을 더 좋아하는 사람도 있죠. 항상 창조적인 사업에 몸담았던 마이클 아이즈너를 예로 들어 봅시다."

끊임없이 시도하고 노력하라

성공의 아버지는 많지만 실패는 대개 '고아'다. 마이클 아이즈너는 경력을 쌓기 시작한 초기에 어느 텔레비전 프로그램에 대한 한 가지 대책을 개발했다. 그 스스로도 선뜻 황금시간대에 방영할 준비가 되지 않았다고 인정한 프로그램이었다.

그는 훗날 방송계로 진출하면서 사람들이 아무런 두려움 없이 새로운 아이디어를 시험할 수 있는 환경을 창조하고 싶었다. 핵심은 '잘못된' 아이디어를 벌주는 것이 아니었다. 결정을 내리기 위해 고뇌하기보다는 즉각적인 피드백을 제시하는 것이다. 아이즈너는 시간이 지나면서 어떤 아이디어가 더 나아지거나 나빠지는 일은 거의 없다고 생각했다. 잠재력이 있는 아이디어를 재빨리 알아채고 최선의 것을 따로 떼어 두어야 한다.

걸러내는 과정은 대개 잔인하다. 어떤 훌륭한 프로듀서가 한 가지 아이디어를 제출했다면, 이는 사전에 적어도 열 가지 가능성을 걸러 낸 상태다. 세 가지 아이디어 가운데 대개 한 스크립트만이 개발해도 좋다는 승인을 받는다. 수락된 세 가지 스크립트 가운데 한 견본 프로그램이 수용된다. 또 제작된 세 가지 견본 프로그램 가운데 단 한 편만이 방송된다. 방송된 시리즈 네 편 가운데 한 편만이 두 번째 시즌으로 돌아온다. 돌아온 시리즈 가운데 한 편만이 진정한 히트작이 된다. 그런 다음에도 '소프라노스 The Sopranos'와 '사인필드 Seinfeld'처럼 문화 현상으로 자리 잡는 텔레비전 프로그램은 10년 동안 두세 편에 지나지 않는다.

아이즈너는 아무리 노련한 프로듀서라도 작은 성공을 거둘 확률이 4,000분의 1 정도라고 말한다. 하지만 필요한 것은 '하나의' 히트작이다. 그는 이렇게 말한다.

"끈기는 영감 못지않게 중요합니다."

⊙ **CEO에게 배우는 커뮤니케이션의 기술**

어떤 분야에 종사하든 새로운 일을 시도했을 때 실패할 확률이 성공할 확률보다 항상 높다. 그것이 비즈니스이며 삶이다. 아이즈너의 이야기는 모든 사람이 공감할 수 있는 자료를 이용해 성공할 확률을 설명하기에 효과적이다. 이렇게 말해 보라.
"솔직히 말하면 실패할 확률이 큽니다. 그렇기 때문에 착수할 준비가 된 아이디어를 개선하는 데 초점을 맞추는 일이 어느 때보다도 중요한 겁니다. 텔레비전에 한 프로그램이 방송될 확률에 대해 전하던 마이클 아이즈너의 이야기가 떠오르네요."

앞장서서 먼저 실천하라

여러분 회사의 CEO가 실제로 미키 마우스^{Mickey Mouse}가 된다면 어떨까? 마이클 아이즈너는 월트 디즈니가 솔선수범하는 태도를 강조하게 된 사연을 전한다. 그는 손수 디즈니랜드의 쓰레기를 줍는다. 몇 년 뒤 아이즈너는 허리가 아픈 상태에서도 월트 디즈니 월드^{Walt Disney World}에서 쓰레기를 주웠다.

경영자는 말하는 데 그치지 않고 실천해야 한다. 이것이 이른바 '디즈니 디멘션스^{Disney Dimensions}'라는 이니셔티브의 기본 개념이다. 아이즈너는 이를 경영자들이 디즈니 문화에 더욱 깊이 빠질 수 있는 일종의 '지옥의 일주일^{Hell Week}(대학 친목회나 클럽에 가입한 신입생을 골리는 일주일-옮긴이)'이라고 일컫는다. 이는 대학 시절 남학생 사교 클럽에 가입했던 아이즈너 자신의 경험과 디즈니 프로그램^{Disney Program}에서 영감을 얻은 것이다.

과거 고위 중역들은 이 프로그램에 거의 참여하지 않았다. 하지만 이 90일 프로그램이 필수 과정이 되면서 상황은 바뀌었다. 중역들은 소위 아웃워드 바운드Outward Bound에서 실전 경험을 얻었다. 이를테면 테마파크에서 미키 마우스와 도널드 덕 같은 캐릭터 의상을 입고 이리저리 돌아다니며 손님들과 어울리는 것이다. 그들은 레스토랑에서 감자 껍질 벗기기와 화장실 청소 같은 허드렛일부터 제작할 영화와 텔레비전 쇼를 선택하는 좀 더 중요한 측면에 이르기까지 비즈니스의 세부 상황에 관한 브리핑을 받았다. 프로그램을 시작할 때는 업무와 상관없는 일에 많은 시간을 투자해야 한다고 불만스러워하는 사람이 많았다.

하지만 결국에는 대부분 그 경험을 좋아하게 되었다. 장점은 이뿐만이 아니다. 업무로 복귀할 무렵이면 모든 사람이 서로 믿고 의존할 수 있는 '참호 동지foxhole companions'가 되어 동지애가 깊어지고 비즈니스의 네트워크가 돈독해진다.

⊙ CEO에게 배우는 커뮤니케이션의 기술

중역들을 위한 연수 프로그램을 실시하는 기업은 많다. 하지만 모든 기업이 고위 중역들에게 만화 캐릭터의 의상을 입고 돌아다니거나 감자 껍질 벗기는 방법을 배우도록 요구하지는 않는다. 이렇게 말해 보라.
"다음 며칠이 지겹게 느껴질 겁니다. 하지만 저를 믿으세요. 여러분은 우리 회사의 기업 문화를 이해해야 합니다. 예컨대 디즈니에는 그 회사만의 독특한 프로그램이 있습니다."

래리 엘리슨

오라클

...

- 사람들을 현혹하는 거품을 꺼뜨려라
- 복제가 아닌 새로운 아이디어로 혁신하라
- 일에 치우쳐 가정을 소홀히 하지 마라

사람들을 현혹하는 거품을 꺼뜨려라

비이성적인 충만함은 '디지털 시대의 시대정신'이라고 부를 수 있다. 1990년대 후반의 인터넷 거품은 온라인 기타 레슨에서 가정용 고양이 변기 배달을 포함해 언급할 수 없을 만큼 많은 무모한 아이디어를 생산했다.

오라클^{Oracle}의 창립자 래리 엘리슨$^{Larry\ Ellison}$은 몇몇 친구들과 함께 이 새롭게 발견된 기술에 대한 병적 쾌감이 어디까지 갈 수 있는지 실험해 보았다. 그는 거품이 최고조에 이르렀을 무렵 친구들과 함께 'HeyIdiot.com'이라는 웹사이트를 시작했다. 그러나 그들은 아무것도 만들지 않고 아무 일도 하지 않았다. 그들이 했던 활동이라고는 자기들끼리 주식을 판 일이 전부였다. 그들의 다음 계획은 'HeyIdiot.com'을 경매에 부쳐 최고 입찰인에게 판매하는 일이었다.

놀랍게도 그들의 장난 같은 계획에 말려드는 사람들이 있었다. 어떤 사람은 전자우편을 보내 사이트가 작동되지 않는다면서 언제 백업되는지 물었다. 그런가 하면 어떤 사람은 주식을 사려고 했는데 진행되지 않는다며 문의했다. 심지어 웹사이트의 이름을 사고 싶다고 전화를 건 사람도 있었다. 엘리슨에 따르면 이 사람은 그 사이트가 '수십만 달러의 가치가 있다'고 생각했다고 한다.

거품이 비이성적인 충만함을 일으킨 것은 이것이 처음이 아니며 애석하게 마지막도 아니었다.

⦿ CEO에게 배우는 커뮤니케이션의 기술

전설적인 서커스 흥행업자 P. T. 바넘Phineas Taylor Barnum은 매순간 풋내기가 태어난다고 말했다. 몇 세대가 지난 후에도 그의 말은 아직 진리로 남아 있다. 경제적 거품 속에서 걷잡을 수 없이 비이성적인 행태가 일어남을 보여주는 엘리슨의 재미있는 일화에서 우리는 사람들이 믿고 싶은 것을 믿으면 어디까지 갈 수 있는지 확인할 수 있다. 이렇게 말해 보라.

"우리는 성장하는 시장처럼 보이는 곳에 투자해야 한다는 압박감을 많이 느끼죠. 하지만 어떤 것이 머지않아 터져버릴 거품인지를 깨달아야 합니다. 기술 거품을 모르는 사람은 없을 겁니다. 오라클의 래리 엘리슨은 다음과 같은 흥미진진한 이야기를 전합니다."

복제가 아닌 새로운 아이디어로 혁신하라

래리 엘리슨에게는 보수적인 것이 새로운 것이다. 그는 항상 현재의 통념에 도전함으로써 비즈니스에 성공했다고 말한다. 복장과 같은 작은 문제도 예외가 아니었다. 그는 이사회 회의에서도 티셔츠와 청바지가 유행하는 실리콘 밸리Silicon Valley에서 성공을 거두었지만 정장을 입었다. 일반적인 관행을 따르지 않는 그의 방식이 그의 성공 비결이었다. '복제해서는 혁신할 수 없다'는 것이었다.

"비즈니스에서 크게 성공하는 방법은 통념이 통하지 않는 곳과 유행의 오류를 찾는 것뿐입니다."

태양이 지구의 둘레를 공전한다는 통념에 도전했던 갈릴레오처럼 말이다. 이로 인해 난처해지고 적이 생길지 모르지만 결국 여러분이 옳다는 사실이 밝혀질 때 더 큰 보상을 얻을 것이다.

엘리슨은 적어도 5년에 한 번씩 통념의 오류를 찾고 다른 방식으로 일을 처리해야만 진정한 혁신을 일으킬 수 있다고 말한다. 이를테면 그는 오라클이 공통적인 특성을 찾아 데이터를 연결하는 관계 데이터베이스를 상용화할 수 있는 유일한 회사라고 믿었다. 엘리슨이 밝힌 바에 따르면 IBM이 그 주제에 대한 백서를 작성하기도 했으나 정작 그것을 최초로 시장에 내놓은 회사는 오라클이었다. 아울러 엘리슨은 오라클을 자사의 모든 소프트웨어의 기반을 인터넷으로 삼은 최초의 회사로 만들었다.

"모두들 우리가 제정신이 아니라고 말했죠."

이것이 과연 오만한 결정이었을까? 십중팔구 그럴 것이다. 엄청난 위험이 뒤따르는 결정이었을까? 분명 그렇다. 하지만 그는 이렇게 말한다.

"상자 밖에서 생각하기는 힘듭니다. 그러나 크게 성공하려면 그 길밖에 없습니다."

⊙ CEO에게 배우는 커뮤니케이션의 기술

위험과 혁신은 나란히 움직인다. 진정한 혁신자는 통념이 바뀔 때까지 무척 외롭다. 그러나 통념이 바뀌면 사람들은 그를 시대를 앞서가는 사람이라고 생각한다. 적어도 통념이 다시 바뀔 때까지는 그렇다. 그리고 통념은 다시 바뀔 것이다. 이렇게 말해 보라. "지금 우리가 흐름을 거스르는 바람에 도무지 앞으로 나아가지 못한다고 느낄 수 있습니다. 하지만 모든 사람에게 혁신에는 위험이 따른다는 사실을 일깨워주고 싶군요. 오라클의 래리 엘리슨은 통념에 도전하라고 강조합니다."

일에 치우쳐 가정을 소홀히 하지 마라

엘리슨은 입양아였다. 그의 어머니는 겨우 생후 9개월이던 그를 다른 도시에 사는 숙모 부부에게 보냈다. 그는 생부를 전혀 모른다. 생모 역시 40대 후반에 딱 한 번 만났을 뿐이다.

10대 시절 엘리슨은 훗날 심리학자가 된 누이와 이야기를 나눈 적이 있다. 누이는 그에게 사랑받는 것과 존경받는 것 가운데 무엇이 더 중요하냐고 물었다. 그는 서슴지 않고 후자가 더 중요하다고 답했다. 누이는 그에게 틀렸다고 말했다.

엘리슨은 처음에 기분이 상했지만 곧 그 문제에 대해 더 깊이 생각했다. 그러고는 누이에게 그래도 사랑보다 존경이 더 중요하다고 생각한다고 대답했다. 그는 이렇게 말한다.

"우리는 삶의 어느 위치에서 존경을 받아야 합니다."

하지만 훗날 그는 마음을 바꾸었다. 그는 이 위치란 자신을 입양한 가족이었으며 양부모가 그에게 보여 준 사랑이 유전자를 물리쳤다고 덧붙였다. 그는 생모를 만난 다음에도 그렇게 생각했다.

"내 가족은 그들이 아닙니다. 나를 사랑으로 길러준 분들이 내 가족이죠. 이 사실이 모든 불확실함을 말끔히 씻어 주었습니다."

⊙ CEO에게 배우는 커뮤니케이션의 기술

비즈니스에서는 존경받는 것이 중요하다. 하지만 다방면에서 활동하는 사람들에게는 존경 이상의 것이 필요하다. 이렇게 말해 보라.
"우리 모두에게는 일과 가정의 균형이 중요합니다. 사실 직장의 규칙이 가정에 적용되지는 않죠. 래리 엘리슨이 전한 다음과 같은 이야기가 생각나는군요."

칼리 피오리나

휴렛패커드

■ ■ ■

- 공정성과 객관성을 유지하라
- 세상을 바꾸는 사람이 되라

공정성과 객관성을 유지하라

칼리 피오리나^{Carly Fiorina}는 남성 지배적인 비즈니스 업계에서 성공하기까지 종종 역경에 부딪혔다. 그녀는 휴렛패커드^{Hewlett-Packard}에 입사하기 전에 자신이 일했던 한 대규모 텔레콤 기업의 몇몇 관리자들이 잡담을 나누고 개인적인 친분을 쌓는 방법으로 성공하곤 했다고 밝혔다.

그곳 관리자들은 부하 직원들의 점수와 순위를 매김으로써 연례 성과 보고서를 작성했다. 하지만 회사에 얼마나 근무했는지 혹은 얼마나 사랑받는지가 실제 성과보다 더 중요한 경우가 많았다. 1년 동안 직속 부하들과 점수를 매기는 관리자들 사이에는 수많은 모종의 거래가 이루어진다는 것이다. 피오리나는 눈부신 성과 덕분에 높은 점수를 받았지만 그녀가 마땅히 받아야 할 점수에는 미치지 못했다. 또 다른 관리자가 자신의 부하 직원이 지난해에 승진을 못했다고 말했기 때문이다. 그의 논리는 이러했다. 이제 그 사람이 승진할 차례니 그녀는 내년까지 기다려야 한다는 것이다.

그 관리자는 물밑 작업을 펼치며 피오리나가 자기 밑에서 일할 때 다른 사람의 공을 가로챘다는 소문을 꾸며냈다. 사실과는 거리가 먼 이야기였다. 그녀는 실상 그와 일한 적도 없었다. 훗날 피오리나는 속임수를 알아차리고 그에게 항의했다. 결국 그 관리자는 자신이 속였던 사람들 앞에서 진실을 밝혀야 했다.

그녀는 떨리는 몸으로 회의실을 나섰다. 이 일이 자신의 앞길을 가로막지는 않을지 걱정스러웠다. 하지만 그녀는 관리자와 맞서는 큰 모험을 했고, 결국 사필귀정으로 돌아갔다.

이따금 윗사람들과 맞설지언정 자신의 입지를 굳건히 지켜야 할 때가 있다. 그녀는 그때 개인의 힘이 권력을 이길 수 있다는 사실을 처음으로 경험했다고 전한다.

⊙ CEO에게 배우는 커뮤니케이션의 기술

피오리나는 큰 성과를 거둔 사람을 공정하게 평가하기보다는 직장의 정치 놀음을 더 중요하게 생각했던 사람과 맞서면서 큰 모험을 감행했다. 이 사례는 성과 보고서와 개인의 우정보다 기업의 이익을 더 중요시해야 할 필요성에 관해 이야기할 때 적절하다. 이렇게 말해 보라.

"회사의 성과를 평가하는 과정에는 공정성과 객관성이 필요합니다. 저는 칼리 피오리나가 직장 생활 초기에 직면했던 상황이 우리에게 일어나기를 원치 않습니다."

세상을 바꾸는 사람이 되라

경계선이 숨겨진 재능을 영원히 가두지는 못한다. 칼리 피오리나는 모갈라크웨나Mogalakwena라는 남아프리카공화국Republic of South Africa의 한 시골 마을의 이야기를 전한다.

HP는 첨단 기술을 이용해 그 지역을 개발하는 일에 전념했다. 그들은 이미 도서관, 학교, 진료소에 자사의 기술을 자신만만하게 활용하고 있었다. 13세에서 74세에 이르기까지 다양한 연령의 3,000여 명이 이미 HP가 후원하는 컴퓨터 강좌를 졸업했다. 그녀는 그들 가운데 많은 사람이 새로 배운 기술을 온라인 학습을 비롯한 다른 일에 적용하는 모습을 지켜보았다.

그녀는 살리 조지 미싱가Sali George Missinga라는 사람을 만났다. 교육을 받지 못한 모갈라크웨나 주민인 살리는 HP에 근무하며 다양한 지역 센터에 장비 상자를 배달하는 일을 하고 있었다. 이는 단순 작업이었으나 살리는 호기심이 많았다. 그는 장비가 사용되는 모습을 유심히 보더니 기술자에게 사용법을 알려 달라고 부탁했다. 1년 후 살리는 설치 작업에 파견되는 기술 전문가가 되었다.

어느 날 오후 피오리나는 연설하는 자리에서 살리에게 무대로 올라오라고 요청했다. 살리는 그녀의 요청에 따라 기술 덕분에 자신의 삶이 어떻게 바뀌었고 상상도 못할 만한 경력을 쌓았는지 전하며 감동적인 연설을 했다.

피오리나는 당시 남아프리카공화국 대통령이던 타보 음베키[Thabo Mbeki]와 접견할 때 그의 이야기를 전했다. 이 이야기에 감동받은 대통령은 대중들 앞에서 살리에게 다음과 같이 말했다.

"젊은이, 내가 자네를 대학에 보내 주겠소!"

피오리나는 이렇게 말한다.

"21세기에는 인류 역사상 처음으로 누구나 리더가 될 수 있습니다."

⊙ CEO에게 배우는 커뮤니케이션의 기술

기술이 삶을 변화시킨다는 온갖 과대 선전으로 우리는 자칫 일부 사람들, 특히 현대 사회의 혜택을 전혀 받지 못한 사람들의 삶이 크게 달라질 수 있다는 사실을 잊기 쉽다. 물론 모든 사람이 한 나라의 리더에게 대학 교육을 책임지겠다는 약속을 받을 수는 없지만 능력 부여의 요점은 분명하다. 이렇게 말해 보라.

"요즘 우리는 삶을 향상시키거나 더 빠른 속도로 의사소통할 수 있게 만드는 최신 장비에 대한 이야기를 많이 듣습니다. 하지만 이런 풍요 속에서 세상의 수많은 사람들과 그들의 삶이 얼마나 크게 변할 수 있는지 자주 잊곤 하죠."

말콤 포브스

포브스

- 창의력이 솟아나는 자기만의 환경을 만들어라
- 안주하지 말고 위험에 맞서라

창의력이 솟아나는 자기만의 환경을 만들어라

늙은 개에게도 새로운 재주를 가르칠 수 있다. 《포브스Forbes》의 발행인이었던 고故 말콤 포브스Malcolm Forbes는 말년에 두 가지 취미를 시작했다. 바로 기구 조종과 모터사이클 타기였다. 그는 이 취미생활을 무척 좋아했다. 모터사이클을 처음 시작했을 때 그는 쉰 살로 AARP American Association of Retired Persons(미국 은퇴자 협회-옮긴이)에 가입하기에도 늦은 나이였다.

어느 날, 모터사이클이 몹시 사고 싶었던 그의 운전기사 한 사람이 그에게 돈을 빌려 달라고 부탁했다. 포브스는 돈을 빌려 줄 여유가 충분했지만 거절했다. 오히려 너무 위험하다고 말하면서 모터사이클을 사지 못하도록 설득하려고 애썼다. 하지만 운전기사는 아랑곳하지 않고 결국 모터사이클을 샀다. 포브스는 운전기사의 모터사이클을 타본 후 완전히 매료되고 말았다. 이후 그는 자기 모터사이클을 사고

팔기를 반복했으며 모터사이클은 그의 열정의 대상이 되었다.

포브스는 모터사이클을 타는 동안 자연 환경을 접하고 감각을 고조시키며 사무실에서는 쉽게 산만해질 만한 문제에 더욱 초점을 맞추고 집중할 수 있었다. 그는 모터사이클을 타면서 업무의 난제에 대해 브레인스토밍을 하곤 했다. 그는 다음과 같이 말했다.

"한 가지 문제가 있다면 시속 70마일(약 113km)로 달리면서 수첩에 메모를 할 수 없다는 점이죠. 모터사이클을 멈출 무렵이면 환상적인 새로운 아이디어가 대개 바람과 함께 사라지지만 일부는 남아 있습니다."

그는 자신의 부하 직원 가운데 시속 70마일로 달리면서 물밀듯이 밀려드는 아이디어를 적기 어렵다는 사실을 알고 이런 일을 더 좋아했던 사람이 있었을지도 모른다고 넌지시 말한다.

⊙ CEO에게 배우는 커뮤니케이션의 기술

우리는 제각기 다른 방식으로 아이디어를 떠올린다. 완전히 침묵하면서 그 일에 완벽하게 초점을 맞추는 사람이 있는가 하면 조용한 음악을 듣는 사람도 있다. 말콤 포브스는 할리Harley를 타고 제한속도로 고속도로를 누빈다. 우리는 창의력을 한껏 발휘하고 당면 과제에 정신을 집중하게 하는 자기만의 방법이 있다. 이렇게 말해 보라. "사람들은 제각기 다른 방식으로 브레인스토밍에 접근합니다. 누구에게나 자기만의 방법이 있죠. 제 경우에는 말콤 포브스와는 달리 여러 가지 일을 합니다."

안주하지 말고 위험에 맞서라

말콤 포브스는 모터사이클과 기구 타기 같은 위험한 스포츠를 즐기는 사람이다. 그는 삶과 비즈니스에서 가장 큰 위험은 '지나친 경계'라고 말한다.

이는 그리 새삼스러운 말이 아니다. 비즈니스에서 위험을 회피하는 것은 실패하는 지름길이다.

그는 또 이렇게 말한다.

"기업이 지금껏 이런 식으로 일을 처리했으니 앞으로도 계속 그런 식으로 처리할 것이다."

그가 이렇게 말하는 시점에 도달하면 바로 그때 기업이 추진력과 방향을 잃는다는 것이다.

"그런 태도로는 절대 안전해질 수 없습니다. 펜실베이니아 철도 Pennsylvania Railroad 와 이리 운하 Erie Canal 의 소유주에게 물어보십시오."

그는 많은 돈을 모아 쥐고 있다고 해서 안전해지는 것은 아니라고 덧붙인다.

"돈을 움직이고 돌리는 것, 그것이 안전이죠."

◉ CEO에게 배우는 커뮤니케이션의 기술

이야기라기보다는 경고에 가까운 이 말에 포브스의 생각이 잘 표현되어 있다. 자사의 방식에 스스로 만족하는 기업은 결국 위험의 구렁텅이에 빠질 것이다. 이렇게 말해 보라.

"오래된 업무 처리 방식에 계속 의존한다면 결코 성장할 수 없습니다. 말콤 포브스는 안전이 돈을 돌리는 데 있다고 말합니다. 지당한 말입니다."

빌 게이츠

마이크로소프트

■ ■ ■

- 경쟁을 통해 동기를 부여하고 서로를 발전시켜라
- 확실한 회사의 비전을 세워라
- 적절한 타이밍을 노려라
- 성공을 부르는 매력적인 이름을 지어라

경쟁을 통해 동기를 부여하고 서로를 발전시켜라

형제자매 사이의 경쟁은 놀라운 부작용을 야기할 수 있다. 마이크로소프트^{Microsoft}의 창립자 빌 게이츠^{Bill Gates}가 회장을 맡고 있을 당시 그는 무모할 정도로 경쟁심이 많은 사람으로 유명했다.

빌 게이츠는 성장하면서 부모님이 자신과 누이들의 삶에 중대한 영향을 미쳤다고 말한다. 조부모님 또한 어린 시절부터 책을 읽는 습관을 길러 주고 좋은 성적을 받을 수 있도록 격려하면서 적극적으로 영향을 미쳤다. 뿐만 아니라 어린 나이라도 조언을 이해하고 감사해할 것이라고 여겨 일찌감치 어른들의 어려움에 대해 이야기하곤 했다.

빌 게이츠는 두 살 위인 누나와 자주 경쟁했다. 두 사람은 성적표에 A를 받을 때마다 25센트씩 받았다. 그는 한참 동안 형편없는 성적만 받았던 반면 누나는 매번 A를 받았다.

하지만 빌이 8학년이 되자 상황은 역전됐다. 그때부터 누나는 남

학생들을 의식하기 시작했으며 그 후부터는 예전처럼 좋은 성적을 받
지 못했다.

이 무렵 빌 게이츠의 평균 성적은 여름 학기 동안 2.2에서 4.0까지
올랐다. 그는 성적을 올릴 수 있는 방법을 알았고, 사람들이 자신을
평균 이하의 학생으로 생각하는 것을 원치 않았다.

⊙ **CEO에게 배우는 커뮤니케이션의 기술**

빌 게이츠의 경쟁자들은 지금쯤 그의 누나가 남학생들을 의식하지 않았으면 좋았을
것이라고 생각할지도 모른다. 이 일화는 어린 시절부터 경쟁심을 기르는 것과 같은
외부적인 사건이 사람들에게 변화의 동기를 부여할 수 있다는 사실을 보여 준다. 이
렇게 말해 보라.

"이미 잠재력을 갖추고 있는 사람이라도 이따금 동기를 부여할 수 있는 외적 사건이
일어나서야 비로소 그 능력을 발휘합니다. 빌 게이츠는 다음과 같은 재미있는 이야
기를 전합니다."

확실한 회사의 비전을 세워라

캐치프레이즈라고 해서 모두 똑같은 방법으로 만들어지지는 않는다. 1970년대 후반 마이크로소프트의 캐치프레이즈는 초창기 마이크로소프트에 관한 기사에서 비롯되었다. 그 기사의 내용은 '모든 책상과 모든 가정에 컴퓨터 한 대를 놓는 것'이 이 회사의 비전이라는 것이었다.

당시 컴퓨터는 무척 크고 엄청나게 비쌌으며 흔히 여유가 있는 대기업에서만 이용했다. 뿐만 아니라 오늘날의 소형 데스크톱, 랩톱, 그리고 핸드 헬드 장치의 전신이 된 이보다 작은 모델은 대개 극소수의 열렬한 팬들만 이용했다. 심지어 컴퓨터를 제조하며 빌 게이츠와 함께 성장한 디지털 이큅먼트의 전 대표인 켄 올슨^{Ken Olsen}조차도 사람들이 집에 컴퓨터를 두고 싶어 한다는 생각은 터무니없다고 여겼다.

하지만 빌 게이츠는 회사 내부에서 자사의 비전에 대해 이야기할 때 다음과 같이 말하곤 한다.

"모든 가정의 모든 책상 위에 …… 마이크로소프트 소프트웨어를 운영하는 컴퓨터."

그는 외부 관객들 앞에서는 마지막 부분을 빼곤 하지만, 마이크로 소프트 내부에서 연설할 때면 그 부분을 절대 빠뜨리지 않았다. 청중에 따라 다르게 말한 것이다.

여러분은 비전을 가질 수 있다. 그러나 그 비전의 의미는 사람들마다 제각기 다를 것이다.

⊙ CEO에게 배우는 커뮤니케이션의 기술

기업의 이름은 하나다. 하지만 기업의 비전에 대한 묘사는 그렇지 않으며 확실한 커뮤니케이션 과정에 중대한 요소가 될 수 있다. 이를테면 캐치프레이즈는 직원들은 물론 세상 사람들에게 자사의 핵심 개념을 전달하는 데 효과적이다. 그것은 사람들을 단합하는 슬로건이 될 수 있다. 이렇게 말해 보라.
"이 새로운 캠페인을 시작할 때 우리는 청중을 반드시 이해해야 합니다. 주주들의 관점은 제각기 다를 겁니다. 마이크로소프트 역사 초기에 빌 게이츠가 전한 이야기가 떠오르는군요."

적절한 타이밍을 노려라

그것은 스티커 쇼크(예상 밖의 비싼 가격으로 받는 충격-옮긴이)로 시작되었다. 40여 년 전 컴퓨터 가격은 어마어마했다. 빌 게이츠에 따르면 1970년대 초반 미니컴퓨터의 가격은 평균 1만~20만 달러였다. 일반 고객이 구입하기 힘든 가격이었다. 심지어 기업도 마찬가지였다.

빌 게이츠와 마이크로소프트의 공동 창립자 폴 앨런Paul Allen은 어느 날 인텔이 개발하던 4004라는 마이크로프로세서에 관한 애매모호한 기사를 읽었다. 두 사람은 프로세싱 능력이 기하급수적으로 증가하고 있으므로 가격이 떨어지는 것은 시간문제라고 판단했다.

1973년 무렵 8080칩이 소개되자 게이츠와 앨런은 '좋았어! 대부분의 미니컴퓨터보다 훨씬 좋군. 누군가 이 칩을 가지고 굉장한 일을 해낼 거야'라고 생각했다. 1974년 후반 《파퓰러 일렉트로닉스Popular Electronics》는 열렬한 컴퓨터광들을 위한 컴퓨터 키트 알테어Altair에 관한 커버스토리를 실었다. 게이츠와 앨런은 즉시 자신들의 예측이 맞아떨어졌음을 깨달았다. 각각 하버드와 워싱턴 주립대학교에 재학 중이던 게이츠와 앨런은 뉴멕시코의 제조업체에 연락해 새로운 기계를 위한 소프트웨어를 제조할 수 있는지 물었다. 이들의 노력은 주효했다. 신생 기업가들은 곧바로 컴퓨터를 위한 프로그램을 만드는 과정에 착수했다. 하지만 그들에게는 실제 컴퓨터조차 없었다. 게이츠에 따르면 그들의 고객은 이렇게 말했다고 한다.

"당신네들이 그냥 괴짜는 아닐지도 모르겠군요. 그런 질문을 한 사람은 지금껏 없었거든요."

빌 게이츠가 프로그램을 완성하는 데까지는 6주가 걸렸다. 그는 지금 메모리가 단 4KB에 지나지 않는 그 프로그램을 "십중팔구 내가 만든 가장 우스꽝스러운 소프트웨어"일 것이라고 표현한다.

⦿ CEO에게 배우는 커뮤니케이션의 기술

타이밍이 중요하다. 비단 코미디언에게만 그런 것은 아니다. 타이밍이 비즈니스의 성패를 가를 수 있다. 게이츠와 앨런은 적절한 순간을 기다리면서 업계의 최첨단 트렌드와 보조를 맞추었다. 더 빨랐다면 터무니없는 소리처럼 들렸을 것이고, 더 늦었다면 다른 누군가가 그 아이디어를 먼저 실행했을 것이다. 이렇게 말해 보라.
"사람들은 행운 같은 건 없다고 말합니다. 많은 사람들이 행운이라고 생각하는 것은 준비가 기회를 만나는 순간이죠. 우리는 두 가지를 모두 실천해야 합니다. 준비하고 기회를 창조해야 하죠. 빌 게이츠가 전한 이야기가 생각나네요."

성공을 부르는 매력적인 이름을 지어라

마이크로소프트의 공동 창립자 빌 게이츠와 폴 앨런은 상당히 오랫동안 창업 계획을 세웠다. 그들은 이미 첫 번째 고객인 뉴멕시코 주 앨버커키의 MITS^{Micro Instrumentation and Telemetry Systems}와 협력해 자사 컴퓨터 알테어의 소프트웨어를 개발하는 중이었다. 아직 학생 신분이었던 두 사람은 창립할 회사의 이름을 구상했다.

그들은 훨씬 어린 아이였을 때 온갖 회사 이름을 떠올려 보았다. 그중 하나는 '앨런 앤 게이츠^{Allen & Gates}'였다. 당시에는 문제가 없어 보였지만 이미지가 적절하지 않다는 사실을 곧바로 깨달았다. 그들이 창업하고 싶었던 것은 법률 회사가 아니라 최첨단 기술 기업이었기 때문이다.

빌 게이츠는 최초로 마이크로컴퓨터 소프트웨어를 취급하므로 '마이크로소프트'라는 이름이 적절하다고 생각했다.

“근사한 이름이라고 생각했죠.”

빌 게이츠에 따르면 두 사람은 그 이름이 수명이 길 것이라고 여겼다. 이름은 그들의 야심찬 계획을 고려할 때 무척 중요한 요소였다. 그들은 다음과 같이 생각했다.

‘앞으로 우리 회사는 커질 거야. 그러니까 거창한 이름을 지어야해. 마이크로소프트가 딱 제격이지.’

⊙ CEO에게 배우는 커뮤니케이션의 기술

셰익스피어는 장미는 장미라는 이름이 아니어도 향기로울 것이라고 말했다. 하지만 셰익스피어는 회사 이름을 지어본 적이 없다. 이름은 브랜드 이미지뿐 아니라 듣기에도 좋고 느낌도 좋아야 한다. 회사에서 어떤 이니셔티브의 이름은 그것을 받아들이는 데 큰 영향을 미칠 수 있다. ‘총수입을 12% 올리자!’라는 기치를 누가 따르겠는가. 그보다 ‘승리를 위한 준비’가 훨씬 듣기 좋을 것이다. 이렇게 말해 보라.
“이름을 어떻게 짓느냐에 따라 이 이니셔티브의 성공 여부가 달라집니다. 예를 들어 ‘앨런 앤 게이츠’라는 회사의 소프트웨어를 이용한 사람이 여기 몇 명이나 됩니까? 물론 아무도 없습니다. 이것은 훗날 마이크로소프트가 되는 회사에서 거부당한 이름이니까요. 빌 게이츠는 다음과 같은 이야기를 전합니다.”

칼 거스태커

다우 케미컬

■ ■ ■

- 어떤 평판이든 받아들여라
- 유머를 활용하라
- 3분 이내에 핵심적인 내용만 질문하라
- 일의 내용을 제대로 인식하라

어떤 평판이든 받아들여라

남의 입에 오르내리는 것보다 더 나쁜 일은 무엇인가? 바로 전혀 거론 되지 않는 것이다.

칼 거스태커^{Carl Gerstacker}의 재임 기간은 1960년대에 벌어진 베트남 전쟁과 맞물렸다. 이 시기는 미국 정치·경제의 격변기였다. 다우 케미컬^{Dow Chemical Company}은 당시 네이팜을 제조했는데, 이는 전쟁에서 정글을 헤쳐 나가기 위해 사용했던 화학 약품으로 이따금 치명적인 결과를 초래했다. 회사의 입장을 지지했던 사람들뿐만 아니라 회사 대표들이 가는 곳마다 항의 시위가 뒤따랐다. 들리는 바에 의하면 거스태커는 살해 위협까지 받았다고 한다.

그는 다우의 한 신입사원 모집자가 지원자를 찾아 캘리포니아의 어느 학교를 방문한 이야기를 전했다.

학생들은 다우의 신입사원 모집 담당자를 직접 보거나 회사에 반대 의사를 표명하기 위해 복도에 줄지어 서 있었다. 다우 모집자의 옆 부스에는 오늘날 셰브런^{Chevron}의 전신인 스탠더드 오브 캘리포니아 ^{Standard of California}의 신입사원 모집자가 있었다. 그를 보기 위해 줄을 선 학생은 아무도 없었다. 이 가엾은 남자는 서류 작업을 하다가 주위를 둘러보았지만 그의 부스를 찾는 학생은 아무도 없었다. 자신은 말 한 마디 건넬 학생도 없는데 다우 부스에는 학생들이 넘쳐 나는 모습에 그는 몹시 속이 상했다. 그래서 자리에서 일어나 복도로 걸어가서는 큰 소리로 이렇게 외쳤다.

"여러분, 다우 케미컬이 네이팜을 만드는 재료인 휘발유를 공급하는 회사가 우리 스탠더드 오브 캘리포니아라는 사실을 아셔야 합니다. 자, 저와 면담하고 싶은 분 없습니까?"

◉ CEO에게 배우는 커뮤니케이션의 기술

정당하거나 부당하거나 상관없이 기업은 이따금 대중의 비난을 받는다. 이 이야기는 나쁜 평판일지언정 전혀 평판이 없는 것보다 낫다는 것을 알려 준다. 이렇게 말해 보라.

"우리가 대중의 관심을 받으면 이따금 우리에게 반대하는 사람들과 맞서게 됩니다. 그래도 괜찮습니다. 이 나라는 민주주의 국가입니다. 하지만 나쁜 관심조차도 우리에게 유리하게 작용할 수 있다는 사실을 명심하세요. 다우 케미컬의 전 회장 칼 거스태커는 이렇게 이야기합니다."

유머를 활용하라

칼 거스태커는 전국적으로 여러 도시를 여행하면서 그가 '마벨 조크 Mabel joke'라고 표현한 똑같은 농담을 즐겼다. 그는 시카고, 로스앤젤레스, 피츠버그 할 것 없이 여행 목적지에 늦게 도착할 때면 곧장 잠자리에 들지 못했다. 따분해서 읽을거리를 찾다가 한번은 침대 옆 테이블에서 기디언 성경Gideon's Bible을 꺼냈다. 무심코 첫 페이지를 펼쳤는데 누군가가 써놓은 글귀가 눈에 띄었다.

'잠이 오지 않는다면 시편 23편을 읽어 보세요.'

그는 이렇게 조언을 해주다니 무척 친절하다고 생각하면서 그 페이지를 펼쳤다. 시편 23편에는 똑같은 사람이 그래도 잠이 오지 않는다면 고린도후서 13장으로 가라고 적은 글이 있었다. 그런 식으로 계속 진행되었다. 거스태커는 몇 페이지를 따라가다가 다음과 같이 생각했다.

'와, 이곳 사람들은 무척이나 친절하네. 여행객들을 이렇게까지 배려하다니!'

마침내 지시한 대로 다음 페이지를 펼쳤을 때 그는 전혀 다른 필체의 글을 발견했다.

'그런데도 아직 잠이 오지 않나요? 안녕하세요. 제 이름은 마벨이에요. 1234-5678로 전화하시면 제가 당장 갈게요.'

⊙ CEO에게 배우는 커뮤니케이션의 기술

칼 거스태커가 이 농담을 할 때마다 사람들은 박장대소를 한다. 우리는 청중이 유머를 이해하고 기분이 상하지 않게 조심해야 한다. 이렇게 말해 보라.
"저는 이 도시 사람들이 특히 친절하다고 전해 들었고 제가 직접 체험하기도 했습니다. 다우 케미컬의 전 회장이 전한 이야기가 떠오르네요. 그는 다른 도시를 여행하면서 저와 비슷한 생각을 했답니다."

3분 이내에 핵심적인 내용만 질문하라

언론의 자유는 민주주의의 초석이다. 그러나 인내심에는 한계가 있기 마련이다. 다우 케미컬이 네이팜 공급에 참여했다는 사실에 항의하는 시위가 이 회사의 연례 주주 총회에까지 확산되었다. 어느 해에는 시위자들이 회의장까지 난입해 그 자리를 연단으로 이용하는 사태까지 벌어졌다.

칼 거스태커는 반대자들의 언론의 자유를 전적으로 존중했다. 하지만 끝도 없이 계속되는 연설 때문에 업무를 진행할 수가 없었다. 학생 시위자들은 한 사람씩 마이크로 다가가 문제점을 지적하기보다는 두서없는 강의를 늘어놓기 시작했다. 거스태커는 모든 질문에 참을성 있게 대답하면서 자신이 직면한 가장 큰 문제는 그곳에 있을 권리를 가진 사람이 학생들이 아니라는 점을 밝혔다. 그 권리는 학생들이 자신의 주장을 펼쳤으니 회의를 진행할 수 있도록 예의바르게 행동하거나 아니면 쫓겨나야 한다고 생각하며 참고 있는 직원과 주주들의 몫이었다.

이 사건은 훗날 '거스태커의 규칙Gerstacker's Rule'이라고 불렸다. 질문하는 데 5분 이상 걸린다면 그것은 질문이 아니라 연설이다. 답변도 마찬가지다. 만일 어떤 질문에 답하는 데 5분 이상 걸린다면 그것 역시 답변이 아니라 연설이다. 다우 주주 총회에서 질문이나 답변을 할 때 시간제한을 초과하는 사람은 연단에서 쫓겨난다. 이후 시간제한은 3분으로 줄어들었다.

거스태커는 훗날 두 가지 유형의 학생들을 신중하게 구별했다고 밝혔다. 그는 모든 외부 의견을 차단하고 있는 것처럼 보이는 시끄러운 학생이 아니라 진정한 토론에 관심이 있는 사람들을 고용했다.

⊙ CEO에게 배우는 커뮤니케이션의 기술

모든 회사가 항의를 받지는 않지만 반대 의견에 부딪히는 회사도 있다. 자유 사회에서는 흔히 있는 일이다. 하지만 자유 사회라도 서로 합의한 교전 원칙이 존재해야 한다. 질문 시간을 몇 분 이내로 규정하는 '거스태커의 규칙'은 질문이 대화를 시작하려는 진지한 노력이 아니라 공적 낭비로 전락하는 공공 회의에서 효과적인 경험적 법칙이다. 이렇게 말해 보라.
"이는 논란의 여지가 많은 주제입니다. 따라서 지금부터 흔쾌히 질문을 받겠습니다. 하지만 다우 케미컬이 따르는 '3분 규칙'을 적용하고 싶습니다."

일의 내용을 제대로 인식하라

다우 케미컬 회장 칼 거스태커는 은퇴하고 수년이 지난 다음 당시 CFO(최고재무책임자)였던 로버트 카일Robert Keil에게 전화를 걸었다. 전 회장이 아니라 그 회사의 주주로서 궁금한 점을 묻기 위한 전화였다. 그는 다우의 최신 연례 보고서를 읽고 올해의 회사 대표 메시지에서 회사가 시작할 예정인 '비용 절감 대ᕁ프로그램great cost savings program'에 관해 언급했다는 사실을 눈여겨보았다.

거스태거는 CFO에게 이 프로그램을 실시하면서 왜 최고급 봉투에다 연례 보고서를 보내기 위해 한 부당 1달러 39센트를 지출했느냐고 물었다. 그는 "봉투를 쓰지 않으면 약 20센트로 이 일을 처리할 수 있다"는 사실을 이미 우체국에서 확인한 뒤였다.

비록 몇 센트에 지나지 않지만 잘못된 점을 인식하는 것은 매우 중요하다. 당황한 카일은 실수가 분명하니 알아보겠다고 전했다. 그런 다음 직원들에게 직접 쓴 쪽지를 최대한 저렴한 비용으로 발송하라고 지시했다.

⊙ CEO에게 배우는 커뮤니케이션의 기술

모순되는 사소한 세부 사항이 눈에 띄지 않을 것이라고 생각하지 마라. 여러분이 전한 메시지와 무언가 어긋나거나 여러분이 말만 번지르르하게 할 뿐 행동하지 않는 것처럼 보인다면 각오하라. 영향력이 큰 누군가가 눈여겨 볼 수 있다. 이렇게 말해 보라. "우리는 일관성을 잃지 않도록 주의를 기울여야 합니다. 어떤 말을 해 놓고 다른 곳에서 그와 정반대로 행동하면 안 되죠. 다우 케미컬의 전 CEO에 대한 이야기가 생각나는군요."

루이스 거스너

IBM

- - -

- 모니터에서 눈을 떼고 최대한 간단하게 전달하라
- 누가 대장인지 기억하라
- 너무 좋은 조건은 일단 의심하라
- 치열하게 경쟁하라
- 핵심 요소에 초점을 맞추어라

모니터에서 눈을 떼고 최대한 간단하게 전달하라

이따금 단순한 의사소통 방식이 가장 효과적일 때가 있다. 첨단 기술은 잊고 그냥 일어나서 말하라. 루이스 거스너Louis Gerstner는 IBM의 CEO로 부임하고 한참이 지난 뒤 중요한 회의에 참석했다. 이 회의는 당시 불안하던 메인프레임 분야의 팀원들이 모인 자리였다. 팀원들이 계속 기대 이하의 성과를 거둔다면 전체 회사의 운명이 위기에 처할 수 있었기에 무척 중요한 회의였다.

당시 회의는 대개 파워포인트의 전신인 프레젠테이션 시스템을 이용하고 있었다. IBM 내부에서는 이를 '포일foils'이라고 불렀다. 발표자는 내용을 충분히 이해했으나 이미 포일에 있는 사소한 세부 사항을 반복하고 있었다.

발표자가 두 번째 슬라이드로 넘어갈 즈음 거스너는 자리에서 일어나 프로젝터 쪽으로 걸어갔다. 그리고 놀랍게도 프로젝터를 꺼버렸다. 화면에는 아무것도 보이지 않았다. 지켜보던 사람들은 잠시 어안이 벙벙한 표정으로 아무 말도 못했다. 그때 거스너가 발표 중이던 IBM 직원을 보며 최대한 정중하게 말했다.

"여러분이 일하는 분야에 대해 이야기합시다."

직원은 잠자코 이 말에 따랐다. 이 사건은 시간대를 넘나들며 전자우편을 통해 회사 전역에 마치 산불처럼 퍼졌다.

핵심은 분명했다. 회장은 슬라이드를 보기보다 그 부서가 직면한 문제를 '실질적으로' 논의하고 싶었던 것이다. 거스너는 솔직하게 해당 분야의 문제를 논의한 덕분에 이후 업무에 관한 중대한 결정을 내릴 수 있었다. 만약 거스너가 현재 상태에 이의를 제기하며 명확성을 요구하지 않았다면 그런 결과를 얻을 수 없었을 것이다.

⊙ **CEO에게 배우는 커뮤니케이션의 기술**

이야기를 최대한 간결하게 전달하라. 그렇지 않으면 발표하면서 내용만 잔뜩 전달하는 데 그치기 쉽다. 설득력 있게 이야기를 전달하고, 시각 자료는 메인이벤트가 아니라 이를 뒷받침할 수단으로 이용하라. 만일 여러분의 회사가 파워포인트 때문에 파산할 위험에 처했다면 다음과 같이 말문을 열어라.
"오늘 저는 진정한 대화를 나눌 수 있도록 슬라이드는 최대한 줄이겠습니다. 지금 우리에게는 진정한 대화가 더 필요하니까요. 이에 관한 IBM의 이야기가 떠오르네요."

누가 대장인지 기억하라

1993년 IBM의 경영을 맡은 직후 루이스 거스너가 직면한 큰 도전 중 하나는 자기 영역을 지키기에 급급한 직원들로 구성된 자사의 구조를 조정하는 일이었다. 그의 목표는 무엇이었을까? 회사를 진정으로 세계적이고 투명한 고객 중심 조직으로 탈바꿈시키는 것이었다. 이는 결코 호락호락한 과업이 아니었다.

거스너는 상부의 통제권을 주장하는 한편, 지나치게 공격적으로 전진한다면 빅 블루Big Blue(컴퓨터 업계에서 IBM을 부르는 별명 또는 별칭-옮긴이)를 침몰시킬 것이라고 수차례 말했다. 그는 어떻게 해서든 전진했지만 대개 하부에서 저항을 받았다. 그러던 중 유럽 출장에서 우연히 그곳 직원들이 자사의 해외 전자우편을 받지 못한다는 사실을 알게 되었다. 그는 회사가 나아갈 방향에 대한 자신의 비전을 개설하기 위해 그동안 전자우편을 이용했다. 그런데 직원들이 그의 메시지를 애초부터 받지 못한다면 어떻게 본사에서 일으키려는 변화를 이해할 수 있겠는가.

그는 유럽 지사의 대표에게 유럽 IBM의 직원들이 어째서 그의 메시지를 받지 못하느냐고 물었다. 대표는 거스너의 전자우편이 유럽에 있는 그의 직원들에게 적절치 못하며 번역하기도 어렵다고 답했다. 거스너는 나중에 그를 미국 본사로 불러 모든 직원은 IBM에 소속되어 있으며 본사 CEO의 집무실에서 전달하는 회사의 커뮤니케이션을 앞으로 차단하지 말라고 못을 박았다. 유럽 대표는 그러겠다고 순순히 동의했지만 전적으로 따르지는 않았다. 결국 그는 훗날 회사를 떠났다. 유쾌하지는 않지만 통제권을 주장하기 위해 필요한 경험이었다.

⊙ CEO에게 배우는 커뮤니케이션의 기술

이따금 사람들에게 누가 월급을 주는지 정확히 일깨워야 한다. 루이스 거스너의 사례처럼 전 계열사에 메시지를 보낼 만큼 CEO에게 중요한 일이라면 본사의 활동을 방해하는 일은 무척 위험하다. 이렇게 말해 보라.

"회사 전체에, 모든 직원에게, 그리고 상부에서 하부로 우리의 비전을 전달해야 합니다. 조직의 모든 구성원은 고위 경영진에게 리더십을 기대합니다. 회사가 향하고 있는 방향을 명확히 알리는 신호를 기대합니다. IBM의 루이스 거스너에 관한 이야기가 생각나는군요."

너무 좋은 조건은 일단 의심하라

멋진 방어나 일말의 회의를 결코 과소평가하지 마라. 루이스 거스너는 자신의 경력을 돌아볼 때 IBM에서 거둔 성공은 대부분 그가 성사시킨 거래뿐만 아니라 성사시키지 못한 거래에서 비롯되었다고 고백한다. 그는 특히 투자 은행들이 중대한 사실을 숨긴 채 별과 달을 따 주겠다고 약속하며 수많은 기회를 제시할 때 거래에 실패했다.

그중 주목할 만한 한 가지 에피소드가 있다. 한 은행가가 대규모 컴퓨터 제조 회사를 인수할 계획을 들고 그를 찾아왔다. 멋진 계획처럼 보였다. 시장이 무척 반길 게 틀림없었다. 그 거래의 임원용 요약 보고서는 이 회사를 인수할 경우 IBM의 주가가 앞으로 몇 년 동안 천정부지로 치솟을 것이라고 예측했다. 이런 계획을 누가 반대하겠는가.

하지만 거스너는 회의적이었다. 그는 예측 결과를 상세하게 설명한 부록을 면밀히 살펴보았다. 놀랍게도 그는 거래를 체결했을 때 IBM

의 수익이 실제로 사라질 수 있다는 사실을 발견했다. 거스너는 회사 CFO에게 이 문제에 관해 은행가에게 물어보라고 요청했다. 은행가는 CFO에게 투자 분야에서 그 문제는 그리 중요하지 않으며 어쨌든 진행해야 한다고 답했다. 그렇게 간단하다면 얼마나 좋겠는가. 결국 거래는 성사되지 않았다.

이런 문제를 빈틈없이 비판적으로 생각하는 것이 CEO의 임무다. 통계적으로 볼 때 합병은 대부분 실패한다. 적절한 질문을 던짐으로써 여러분이 거둔 모든 성공을 순식간에 무너뜨릴 수 있는 실수를 미연에 방지할 수 있다. 여러분이 핵심을 주의 깊게 보지 않는다면 누가 그리 하겠는가.

⊙ CEO에게 배우는 커뮤니케이션의 기술

흔히 세부 사항이 발목을 잡는다. 서류상으로는 그럴듯하지만 왠지 마음이 내키지 않는 합병이라면 더욱 그렇다. 이 이야기는 여러분이 무언가가 믿기지 않을 만큼 근사해 보일 때 중요한 질문을 하고 악마의 대변자 역할을 해야 한다는 것을 설명한다. 이렇게 말해 보라.

"신중한 편이 좋습니다. 그러면 적어도 돈을 잃는 일은 없을 겁니다. 특히 누군가 여러분에게 위험보다 보상이 많은 프로젝트에 동참하라고 제안할 때 중요한 질문을 해야 합니다. 중요한 질문을 한 덕분에 큰 실수가 될지도 모르는 일을 미연에 방지했던 IBM의 이야기가 떠오르는군요."

치열하게 경쟁하라

첫인상이 중요하다. 루이스 거스너는 400명이 넘는 자사 고위 경영진과의 첫 만남에서 센세이션을 불러일으키고 싶었다. 그는 자신이 전임자와는 다를 것이라는 사실을 입증하고, 변화를 일으키는 한편 내부 갈등보다는 경쟁에서 이기는 일에 초점을 맞추도록 직원들에게 일종의 긴박감을 고취시켜야 했다. 상황은 실제로 긴박했다. 성장일로의 산업에서 IBM은 시장 점유율을 절반가량 잃은 상태였다. 고객 만족도 조사에서도 형편없는 순위를 기록했다. 심지어 이미 사라진 기업보다도 뒤처졌다.

거스너는 IBM이 익숙하지 않은 일을 시도하기로 결정했다. 이 문제를 개인적인 문제로 만들었던 것이다. 그는 발표에서 '빅 블루'의 추락을 조롱하며 IBM에 대해 부정적인 발언을 일삼는 경쟁 회사 CEO들의 모습을 보여 주었다.

거스너는 참석자 전원이 머리가 아니라 마음으로 경쟁에 초점을 맞추어야 한다고 말했다. 그리고 자신이 취임한 이후 직원들이 IBM을 향한 그들의 열정을 담아 수천 통의 전자우편을 보냈지만 경쟁에 대한 열정을 전하는 전자우편은 한 통도 없었다고 덧붙였다. 거스너는 직원들이 경쟁의 압박감을 느끼고 머리가 아니라 마음으로 상대를 이겨야 한다고 말했다. 마치 경쟁자가 그들의 집에 침입해 자녀와 손자들의 학자금을 강탈해 가는 것처럼 생각해야 한다고 표현했다.

이 연설은 효과가 있었다. 새 CEO의 메시지는 명백했다. 거스너는 현상에 만족하지 않았다. 더 오랫동안 살아남고 싶은 사람들은 스스로 마음속에 불을 지펴야 한다.

⊙ CEO에게 배우는 커뮤니케이션의 기술

기업이 경쟁자를 물리치는 일보다 내부 문제에 지나치게 초점을 맞춘다면 아무리 IBM 같은 대기업이라도 흔들릴 것이다. 이렇게 말해 보라.

"우리는 지금 어려운 상황에 직면해 있습니다. IBM에 취임했을 당시 루이스 거스너 또한 엄청난 도전에 직면했죠. 그의 회사에는 투지가 부족했습니다."

만일 여러분의 회사가 비슷한 상황에 처한다면 이 같은 연설을 하면서 거스너와 같은 테크닉을 사용할 수 있다. 적절히 이용하면 직원들의 강력한 동기 요인이 될 것이다.

핵심 요소에 초점을 맞추어라

루이스 거스너는 1990년대 중반 직원들이 어떻게 해서든 지키려는 자신의 구역에서 벗어나 좀 더 통합적인 고객 중심으로 기업 문화를 대대적으로 변화시키기 시작했다. 하지만 몇 년이 지난 후 그런 노력이 도무지 진전이 없다는 사실을 깨달았다. 전혀 예상치 못한 상황은 아니지만 어떻게든 손을 써야 했다.

많은 직원이 거스너의 주도하에 시작된 변화에 동조했지만 대개 지적 연습 수준에 그치고 말았다. 즉 머리로는 새로운 문화를 생각하지만 몸으로는 오래된 문화에 따라 행동한 것이다. 거스너는 이를 다음과 같이 적절하게 표현했다.

"사람들은 여러분이 '기대하는expect' 일이 아니라 '조사하는inspect' 일을 합니다. 그렇기 때문에 부득이 결과를 가늠하는 새로운 방식을 만들어야 했지요."

거스너는 실질적이고 영향력이 큰 변화를 일으키기 위해 그의 메시지를 단순하게 전달해야 했다. 어느 날 그는 한 직원과 대화를 나누었다. 그 직원은 거스너의 말을 모두 기록했다. 목록에 적은 일은 20여 가지에 달했다. 그러자 직원은 거스너에게 이렇게 말했다.

"전 못합니다. 저는 그리 뛰어난 사람이 아니에요. 대체 사람들에게 무엇을 원하시는 겁니까?"

거스너는 잠시 생각한 다음 자신의 메시지에서 절대적으로 중대한 핵심을 전했다.

"승리하기, 실천하기, 그리고 팀."

훗날 이 세 가지는 새로운 문화의 본질이 되었다. '승리'란 세상을 경쟁적인 곳으로 보아야 한다는 의미다. 경쟁자들은 늘 여러분의 밥을 빼앗아 먹기 위해 한켠에 도사리고 있다. '실천'이란 속도와 훈련에 초점을 맞추어야 한다는 의미다. 분석 마비는 더 이상 용납될 수 없다. 더 재빨리, 더 단호하게 실천하라. '팀'은 가장 간단한 요소다. 하나의 IBM으로서 움직여라.

IBM은 이 세 요소를 연간 계획에 포함시켰다. 그 결과 직원들은 자신의 목표를 성취하기 위해 앞으로 1년 동안 할 조치를 목록으로 작성해야 했다. 공약空約 또한 용납하지 않았다. 이 분야의 성패가 실적과 가변 성과급을 결정했다.

⊙ CEO에게 배우는 커뮤니케이션의 기술

IBM은 리더를 양성하고 싶었지만 회사가 전달한 메시지에 명확한 초점이 없었다. 거스너는 한 직원과의 우연한 만남을 계기로 자신의 메시지에서 핵심만 요약했다. 이는 문화의 변화 과정을 계속하고 추진력을 잃지 않기 위해 회사에 반드시 필요한 요점이었다. 이렇게 말해 보라.

"기업에는 직원들이 결코 성취할 수 없다고 여기는 '해야 할 일의 목록'이 아니라 이해할 수 있는 비전을 갖춘 목표가 필요합니다. 관리자들은 직원들이 목표를 이해하고 이를 성취할 것이라는 현실적인 기대를 품는 일과 관련된 이야기가 무척 많습니다. 루이스 거스너는 다음과 같은 이야기를 전합니다."

앤디 그로브

인텔

∎ ∎ ∎

- 새로운 환경에 유연하게 적응하라
- 잘못된 것은 과감히 버려라
- 새로운 변화를 두려워하지 마라
- 단호하게 결정을 내려라
- 현장 관리자의 조언을 들어라

새로운 환경에 유연하게 적응하라

역경을 극복하는 문제에 대해 이야기해 보자.

헝가리 이주민으로 인텔Intel CEO이자 회장을 지냈던 앤디 그로브 Andy Grove는 다른 사람들보다 혹독한 역경을 겪었다. 그는 어린 시절 제2차 세계대전을 겪었고, 공산주의 체제하에서 성장했다. 하지만 그는 치열한 경쟁 분야의 유명 기업에서 정상의 자리에 올랐다.

그는 미국에 도착한 지 얼마 지나지 않아 영주권을 얻었다. 그의 미래는 밝아 보였다. 그러나 한 가지, 이름이 문제였다. 그는 앤디라는 자신의 이름을 좋아했다. 나무랄 데 없는 이름이었다. 하지만 사람들은 대부분 그의 성인 '그로프Grof'를 '그러프Gruff'로 발음했다. 그가 전달하고 싶은 이미지와는 사뭇 거리가 멀었다.

얼마 후 그로브는 친구들에게서 어떤 헝가리 사람이 본명을 발음이 비슷한 미국식 이름으로 바꾸었다는 이야기를 들었다. 그래서 자기 이름도 미국식으로 바꾸기로 결정했다. 처음에는 끝에다 'e'를 붙여서 'Grofe'로 만들었다. 이 이름을 읽은 한 친구는 '그로페이'처럼 들린다며 그다지 마음에 들어 하지 않았다.

그래서 그는 'Grove'라고 쓰고 미국 친구에게 보여 주었다. 그 친구는 "바로 그거야!"라고 말했다. 완벽했다. 이제 미국 시민이 되면 정식으로 이름을 바꿀 수 있었다. 그는 미국 시민이 되기를 기다리는 동안 한 가지 이름만 써야 한다는 말을 듣고 바로 미국식 이름을 선택했다. 그리고 부모님께 보낼 편지에 다음과 같이 끝맺었다.

'이제 Grove가 될 아들 앤디 드림.'

⊙ CEO에게 배우는 커뮤니케이션의 기술

미국은 이주민의 나라다. 역경을 헤치고 성공한 앤디 그로브의 이야기는 감동적이다. 새로 정착한 나라에 적응하려고 노력하며 적절한 미국식 이름을 찾았던 그의 이야기는 사람들에게 아메리칸 드림이 아직 살아 있음을 일깨우기에 효과적이다. 이렇게 말해 보라.

"올바른 결정을 내리기까지 융통성을 발휘해야 할 때가 있습니다. 새로운 환경에 적응하는 과정이라면 더욱 그렇죠. 앤디 그로브의 이야기가 생각나네요."

잘못된 것은 과감히 버려라

1980년대 일본은 여러 분야에서 미국의 지배권에 도전하고 있었다. 반도체 산업도 예외가 아니었다. 일본은 1985년 무렵 결국 세계 시장 점유율에서 미국을 물리쳤다. 일본을 직접 방문한 사람들은 일본인들이 메모리 칩 연구 개발에 층 전체를 할애한다는 소식을 전해 왔다. 게다가 일본 경쟁 제조업체의 자본까지 가세한 터라 인텔과 같은 소규모 회사에는 무척 위협적이었다.

인텔은 우연히 일본 경쟁 제조업체의 영업부에 보낸 메모를 손에 넣었다. 거기에는 이렇게 쓰여 있었다.

'10% 점유율을 확보하라. …… AMD와 인텔의 소켓을 찾아라. …… 그들의 가격보다 10% 낮게 책정하라. …… 필요하면 다시 10%를 낮추어라. …… 이길 때까지 중단하지 마라.'

1985년 중반 무렵 상황은 버티기 어려울 지경으로 치달았다. 다양한 조치를 취했음에도 일본 경쟁 제조업체들이 가격과 품질, 그리고 제품 구성 면에서 그들을 앞지르는 것 같았다. 내부 논쟁이 끊이지 않았고 시간이 갈수록 상황은 악화될 뿐이었다. 그때 그로브는 인텔의 전설적인 회장 고든 무어^{Gordon Moore}를 찾아갔다.

"만일 우리 두 사람이 해고되어 이사회에서 신임 CEO를 영입한다면 그는 어떻게 할까요?"

"메모리 칩 분야를 접겠지."

그로브는 잠시 생각한 다음 이렇게 말했다.

"그럼 당신과 내가 나갔다가 다시 돌아와 그 일을 하면 안 되나요?"

이후 실제로 그런 일이 벌어졌다. 그들은 말 그대로, 그리고 비유적으로 문밖으로 걸어 나갔다가 살아남기 위해 필요한 변화를 일으키기로 결심하고 다시 돌아온 것이다.

⊙ CEO에게 배우는 커뮤니케이션의 기술

앤디 그로브는 한 기업이 더 이상 물러설 수 없는 지점에 있을 때 이른바 '전략적 변곡점^{Strategic Inflection Point}'에 도달했다고 말한다. 근본적인 변화가 필요하다. 그러지 않으면 생존이 위태롭다. 여러분의 회사가 이런 지점에 이르지 않기를 바라지만 만일 그런 일이 일어난다면 이 이야기가 가장 효과적일 것이다. 이렇게 말해 보라.

"여러분, 상황이 좀처럼 호전되지 않고 있습니다. 우리는 큰 타격을 입었고 결단을 내릴 때가 왔습니다. 인텔의 앤디 그로브는 회사가 그 어느 때보다 힘겨운 도전에 직면했을 때 고든 무어를 만났습니다."

새로운 변화를 두려워하지 마라

제대로 '끝내기'는 어렵다. 앤디 그로브는 인텔이 메모리 칩 비즈니스에서 물러나기로 결정하기가 무척 어려울 것이라고 판단했다. 하지만 인텔은 발표만 남았을 뿐 이미 그런 결정을 내린 상태였다. 앤디 그로브는 지역 관리자들과 저녁을 먹기 위해 인텔의 한 지사를 방문했다. 메모리 비즈니스에 대한 논쟁이 이미 한창이었다. 누군가 이 상황을 바로잡기 위한 계획이 있는지 물었을 때 그로브는 '애매모호하면서 부정적인' 답변을 했다. 곧바로 한 사람이 달려들었다.

"그러니까 메모리 비즈니스가 없는 인텔이 된다는 뜻인가요?"

그로브는 잠시 멈추었다가 침을 삼키고 한마디 했다.

"그렇습니다."

그러자 장내는 아수라장이 되었다.

왜 그런 반응이 일어났을까? 그것은 바로 그로브가 인텔의 종교적인 교리라고 표현했던 요소 때문이었다. 첫째, 메모리는 인텔 기술의 원동력이었다. 둘째, 살아남으려면 완벽한 제품 라인이 필요했다. 만찬 토론이 계속되었다. 그로브는 어쩌면 그 분야에서 물러나려면 갑작스러운 중단보다 점진적인 단계가 필요할지 모른다고 생각했다. 마침내 결정이 내려졌다.

'일회용 반창고를 재빨리 떼버리고 고통을 최소화하라.'

이제 가장 어려운 부분이 남았다. 고객에게 인텔이 메모리 비즈니스에서 물러난다는 사실을 알리는 일이었다. 그런데 놀랍게도 고객의 반응은 앤디가 묘사했듯이 '큰 하품'이었다. 대부분의 고객은 이미 예상하고 있었고, 일부 고객은 "정말 오래 걸렸군요"라고 말하기도 했다. 확실히 예측하지는 못했지만 그로브가 얻은 교훈은 단순했다.

'어떤 결정을 해야 할 때, 감정적으로 관계가 없는 사람들은 반드시 해야 할 일을 더 빨리 파악한다.'

⊙ CEO에게 배우는 커뮤니케이션의 기술

항상 이런 일이 일어난다. 외부 세계는 훨씬 객관적으로 여러분 회사가 처한 곤경을 볼 수 있다. 내부 사람들은 대개 불가피한 변화라 할지라도 변화에 당연히 저항하고 타성에 젖어 결정을 뒤로 미룬다. 이렇게 말해 보라.
"나는 이 변화가 우리에게 세상의 종말처럼 보일 것이라고 생각합니다. 하지만 모든 사람들에게 세상은 그렇게 보이지 않는다는 사실을 전하고 싶군요. 인텔의 앤디 그로브는 다음과 같은 이야기를 전합니다."

단호하게 결정을 내려라

시장은 우유부단함을 싫어한다. 직원들도 마찬가지다. 지속적인 자율성 원칙에 따라 관리하는 편보다는 어떤 식으로든 명확한 지시를 내리는 편을 더 좋아한다.

앤디 그로브는 다른 회사와의 합작을 고려하며 한 고위 경영자와 접촉한 적이 있었다. 이 경영자는 합작에 열광하는 듯했지만 다른 한편으로는 합작을 성공시키기 위한 일을 할 때면 거의 '마비된' 상태처럼 보였다.

그가 합작할 예정인 회사의 CEO와 만난 뒤 며칠이 지났을 때였다. 언론은 자사와 인텔이 취하는 방향을 지지한다는 그 CEO의 발언을 인용 보도했다. 희소식에 고무된 그로브는 신문에서 그 기사를 오려내 직원들 앞에서 흔들며 이제 합작 사업을 진행한다고 말했다.

하지만 다음 날 그 신문은 철회 기사를 실었다. 전날 보도된 내용은 큰 오해였으며 두 회사는 협력하지 않는다는 내용이었다. 그로브는 실망감을 접으면서 이 경험에서 한 가지 교훈을 얻었다.

리더는 하룻밤 사이에 방향을 바꿔서는 안 된다. 항상 한 방향으로 이끌고 헌신해야 한다. 언론에서는 더욱 그렇다. 그는 다음과 같이 말한다.

"상사의 애매모호한 태도 탓에 마케팅이나 영업 담당 관리자가 농락당한다면 어떤 기분일지 잠시 생각해 보십시오. 스스로 맴을 돌고 있는 것 같은 리더를 계속 따르고 싶겠습니까?"

⊙ CEO에게 배우는 커뮤니케이션의 기술

여러분의 직원들은 단호함을 원한다. 직원들이 보기에 결정을 내리지 못하는 상사만큼 나쁜 것은 없다. 어떤 방향으로 향할지 명확히 제시하지 않는 것보다는 100% 동의하지 않을지언정 결정을 내리는 편이 더 낫다. 이렇게 말해 보라.
"나는 언론을 이용한 관리를 믿지 않습니다. 단호하게 결정해야 합니다. 결정을 내린 다음에는 그 결정을 지키고 모두 참여해야 하죠. 앤디 그로브는 다음과 같은 이야기를 전합니다."

현장 관리자의 조언을 들어라

레이더 스크린의 삑삑거리는 움직임은 여러분에게 무언가를 알린다. 그로브의 '전략적 변곡점(한 기업이 생존하기 위해 극적인 변화를 감행해야 하는 교차점)'은 모든 증거가 제시되었을 때만 도달할 수 있다. 하지만 기업이 현실을 보려 하지 않는다면 곤경에 처하는 것은 물론 내부 토론을 거쳐 변화를 직시하고 그에 따라 행동해야 한다는 사실도 깨닫지 못할 것이다.

그로브는 고위 경영진이 직원들의 예측에 귀를 기울여야 한다고 말한다. 카산드라는 고대 그리스 신화에 등장하는 여사제로 트로이의 몰락을 예견했다. 당시에는 아무도 그녀의 말을 믿지 않았다. 하지만 그녀의 경고는 사실로 판명되었다.

비즈니스의 경우 여러분이 주의를 기울여야 할 예언은 대부분 판매 조직의 중간 관리자들에게서 나타난다. 왜 그럴까? 그들은 흔히

'실제' 세상에서 불어오는 변화의 바람을 가장 먼저 맞는 사람이기 때문이다.

그들이 트립 와이어(폭발물에 연결되어 건드리면 폭발하는 가는 철선-옮긴이)로 제격인 또 다른 이유가 있다. 나쁜 소식은 중간 관리자에게 개인적으로 영향을 미친다. 예컨대 형편없는 제품으로 판매 실적이 저조하면 그들은 커미션을 받지 못한다. 이것은 그들에게 심각한 문제다. 만일 여러분이 그들의 조언을 구하고 있다면 그들은 정확한 소식을 전함으로써 여러분을 구제할 것이다.

그로브 역시 인텔의 한 관리자로부터 전자우편을 받았다. 아시아 태평양 지역의 관리자였던 그는 그로브에게 그들의 시장 위치에 영향을 미칠 수 있는 소식을 전해 주었다. 이때 그들의 위치란 비즈니스를 전반적으로 파악하는 그로브보다 경쟁에 더 가까운 관리자의 위치를 말한다. 그로브는 다음과 같이 설명한다.

"저는 현장에서 일하는 사람들이 보낸 메시지의 분위기에 나타난 변화를 존중하게 되었습니다."

이 경험으로 그는 현장 관리자가 보낸 소식을 더욱 신중하게 따르기로 결심했다. 그 소식에 주의를 기울이지 않았다면 결국 문제가 심각해진 다음 조사를 실시해야 했을 것이다.

⊙ **CEO에게 배우는 커뮤니케이션의 기술**

비즈니스는 액셀러레이터나 브레이크 가운데 어느 한 가지로 규정할 수 없다. 여러분에게는 둘 다 모두 필요하다. 좋은 소식만 전달하려는 사람들보다는 비즈니스 일선에 더욱 가까운 사람들에게 더 세심한 주의를 기울여야 한다. 이렇게 말해 보라.

"이 회사의 고위 리더로서 우리가 일선에서 일하는 사람들에게 주의를 기울이지 않는다면 훨씬 뒤처지고 말 겁니다. 그렇습니다. 저는 낙관주의자이고, 우리 회사의 앞날을 희망적으로 생각합니다. 하지만 나쁜 소식을 받아들일 수 있는 현실주의자이기도 합니다. 앤디 그로브는 다음과 같이 말합니다."

혹은 중간 관리자들을 고무시키려면 이렇게 말할 수도 있다.

"여러분은 이 회사의 일선에 계시는 분들입니다. 좋든, 나쁘든 상관없이 상사에게 소식을 전해야 합니다. 그렇지 않으면 그들은 어떤 방법으로도 소식을 들을 수 없을 겁니다."

리 아이아코카

크라이슬러

- - -

- 불공평한 일도 받아들여라
- 판매 후까지 고객을 책임져라
- 진정한 팀워크를 이루어라
- 이익에 따라 융통성 있게 움직여라
- 더 크게 보고, 한발 앞서 생각하라
- 연습하고 또 연습하라
- 개인적인 원한을 쌓거나 편을 가르지 마라
- 남들보다 빠르게 대응하라
- 노력 없이 공짜를 바라는 마음을 버려라
- 솔선수범과 희생정신으로 협력을 이끌어내라

불공평한 일도 받아들여라

삶이 언제나 공평한 것은 아니다. 리 아이아코카^{Lee Iacocca}는 이를 분명히 깨달았다. 그는 크라이슬러를 지휘하기 전에 포드에서 해고당한 일을 포함해 삶의 불공평함에 대해 할 이야기가 무척 많다. 그는 불공평한 일이 일어날 수 있으며, 그래도 세상은 별 탈 없이 돌아간다는 사실을 일찌감치 깨달았다.

아이아코카는 6학년 때 학교 순찰대의 대장이 되고 싶었다. 미식축구 팀의 쿼터백처럼 특별한 지위가 부여되고, 심지어 유니폼까지 있었던 그 자리가 몹시 탐이 났다. 그는 그 자리를 얻기 위해 열심히 노력했지만 22 대 20이라는 간발의 차이로 다른 아이에게 지고 말았다.

결과에 몹시 낙담한 아이아코카는 주말에 친구들과 영화를 보러 갔다. 그런데 그의 앞에 있던 반 친구가 돌아보며 선거에서 지다니 멍청하다고 놀려댔다. 아이아코카가 이유를 묻자 그 친구는 선거 투표

수가 마흔두 표였으나 학급 학생은 서른여덟 명뿐이라고 설명했다.

"셈도 못하니?"

결국 아이아코카의 상대가 투표함에 부정표를 집어넣은 것으로 드러났다. 자신에게 유리하도록 부정을 저지른 것이다. 화가 난 아이아코카는 학교에 등교하자마자 선생님을 찾아가 부정선거라는 사실을 전했다. 하지만 풍파를 일으켜 창피를 당하고 싶지 않았던 선생님은 아무런 조치를 취하지 않고 선거 결과를 그대로 방치했다.

아이아코카는 다음과 같이 말한다.

"그 사건은 내게 큰 영향을 미쳤습니다. 삶이 언제나 공평하지는 않다는 교훈을 처음으로 얻게 해주었습니다."

⊙ CEO에게 배우는 커뮤니케이션의 기술

행운이 언제나 여러분이나 여러분의 회사에 일어나지는 않는다. 삶은 이따금 불공평하다. 우리는 마음이 쓰라리지만 꾹 참고 넘어가야 한다. 그럴 때 이렇게 말해 보라.
"이 거래가 성사되지 않아 모두들 얼마나 실망했는지 잘 압니다. 정말 불공평한 거래였습니다. 하지만 삶이 그렇듯이 사업을 하다 보면 이런 일이 비일비재합니다. 불공평에 대한 이야기라면 누구에게도 지지 않는 아이아코카의 어린 시절 이야기가 생각나는군요."
이 일화를 이용해 사람들에게 수치를 신중하게 살펴야 한다는 사실을 익살스럽게 일깨울 수 있다.
"계산을 정확히 하세요!"

판매 후까지 고객을 책임져라

리 아이아코카는 사회 초년병 시절에 어느 판매왕을 알게 되었다. 그의 이름은 머리 케스터^{Murray Kester}로 펜실베이니아 윌크스배러의 판매 부장이었다. 우연찮게도 당대의 유명 코미디언 헤니 영맨^{Henny Youngman}과 관계가 있었다.

케스터는 고객에게 동기를 부여하는 것은 물론 판매 사원들에게 동기를 부여하고 훈련시키는 일에 관한 한 프로였다. 예컨대 그는 자동차를 판매하고 한 달쯤 지나면 모든 고객에게 전화를 걸었다. 그러고는 고객보다 고객의 친구들이 자동차에 대해 어떻게 생각하는지 묻곤 했다.

그의 논리는 단순했다. 고객에게 자동차에 대해 어떻게 생각하는지 물으면 고객은 의심을 품는다. 심지어 자동차에 무슨 문제가 있다고 생각할지도 모른다. 하지만 친구들의 반응을 물으면 고객은 친구들이 자신의 자동차에 대해 얼마나 멋지다고 말하는지를 전할 확률이 높다.

왜 그럴까? 혹여 친구들이 미온적인 반응을 보이거나 마음에 들지 않는다고 말하더라도 고객은 곧바로 자신의 실수를 인정하지 않는다. 그는 마음속으로 자동차를 구매한 것이 적어도 지금은 올바른 결정이었다고 합리화한다.

첫 번째 장애물이 없어지면 케스터는 고객에게 자동차를 좋아한 친구들의 이름과 전화번호를 알려 줄 수 있는지 물었다. 그들 또한 자동차를 구매할 수 있는 고객이기 때문이다.

아이아코카는 이렇게 말한다.

"이 사실을 기억하십시오. 집, 자동차, 주식, 채권 등 무언가를 구매하는 사람은 누구나 실수를 저질렀을지언정 몇 주 동안에는 자신의 결정을 합리화합니다."

◉ CEO에게 배우는 커뮤니케이션의 기술

이것은 사실상 인간의 본성이다. 어떤 사람이 상품을 구매한 뒤 후회한다면 구매한 직후가 아니라 한참 지난 뒤에 후회하기 시작할 것이다. 어떤 종류든 상관없이 구매한 직후 고객은 대개 자기 입장을 고수하며 옳은 결정이었다고 고집한다. 이때 관계를 돈독하게 만들어야 한다. 이렇게 말해 보라.
"판매 과정은 고객이 상점을 나섰다고 끝나지 않습니다. 판매 후 활동이 고객의 충성심을 확보하는 데 중요합니다. 리 아이아코카가 자동차 회사 임원이 된 초창기에 언급했던 이야기가 생각나네요."

진정한 팀워크를 이루어라

전설적인 인물에게 조언을 듣는 행운은 날마다 얻을 수 있는 것이 아니다. 리 아이아코카는 전설적인 미식축구 코치이자 개인적으로도 친한 빈스 롬바르디Vince Rombardi와 함께 저녁을 먹었다. 아이아코카는 저녁 식사를 하는 동안 롬바르디에게 팀을 승리로 이끄는 비결이 무엇이냐고 물었다. 미식축구 역사상 가장 유능한 코치로 손꼽히며 슈퍼볼 트로피 이름의 장본인인 롬바르디라면 분명 비결이 있을 터였다.

그는 전설적인 경력을 쌓는 동안 자신의 팀에 어느 누구보다도 많은 승리를 선사했다. 그는 우선 모든 선수들에게 게임의 기본 요소와 각자 맡은 포지션에 충실해야 한다는 것을 가르친다고 대답했다. 그런 다음 팀으로 경기하는 법과 자제력을 가르친다고 했다.

롬바르디는 이런 요소를 모두 갖춰도 꾸준히 경기에서 승리하지 못하는 팀이 많다고 덧붙였다. 그 차이는 세 번째 요소, 즉 다른 팀원들에 대한 생각에서 비롯된다. 팀원들은 서로 아껴야 한다. 모든 선수가 다른 선수의 안녕을 생각해야 한다. 다른 사람들이 각자 임무를 다할 수 있도록 자신의 역할에 충실해야 한다. '공동체 정신^{team spirit}', '단결심^{esprit de corps}' 등 어떻게 표현해도 상관없다. 중요한 것은 이런 태도가 큰 성과를 거둔다는 사실이다.

아이아코카는 비즈니스도 마찬가지라고 말한다. 다른 사람들과 원활하게 협력하고 그들이 자신의 임무를 수행하도록 돕는 사람들이 기업에서 승진한다. 그러지 않은 사람들은 승진하지 못한다.

"아무리 유능한 중역일지라도 제가 그들의 평가서에서 가장 보기 싫어하는 한 가지 요소가 있습니다. 그것은 바로 이런 문구입니다. '다른 사람과 협력해서 일하기 어려워한다.' 이는 제게 죽음의 키스나 다름없습니다."

⊙ CEO에게 배우는 커뮤니케이션의 기술

팀에는 '나'가 존재하지 않는다. 팀이 성공적으로 임무를 수행하려면 모든 팀원이 자신의 임무를 이해하고 자제력을 발휘해야 한다. 팀 플레이어는 반드시 동료들의 업무를 돕기 위해 노력해야 한다.

"어떤 사람도 완벽할 수 없다. 하지만 팀은 완벽할 수 있다."

이렇게 말해 보라.

"우리는 유능한 개인의 집합체가 아니라 팀으로서 협력해야 합니다. 자동차 산업의 가장 위대한 경영자로 손꼽히는 한 사람이 역사상 가장 위대한 미식축구 코치로 불리는 사람과 공동체 정신에 대해 나누었던 이야기가 떠오릅니다."

이익에 따라 융통성 있게 움직여라

정당의 충성심은 바뀔 수 있다.

리 아이아코카는 크라이슬러가 1979년 미국 연방 정부에서 받은 지급 보증이 공화당 정부였다면 가능하지 않았을 것이라고 믿었다. 자서전에서 회상했듯이 그가 더 어리고 가난했던 대공황 시절 그의 가족은 민주당원이었다. 민주당이 어려운 시기에 그들과 같은 사람들 편이라고 생각했기 때문이다.

하지만 공황기 전후의 호시절에 그들은 공화당원이었다. 공화당은 자신들이 열심히 일해서 번 돈을 정부에 세금으로 지불하기보다는 보유할 수 있도록 도우리라는 생각 때문이었다.

아이아코카는 성인이 되어서도 다시 한 번 비슷한 변화를 선택했다. 그는 포드에 근무하면서 만사가 순조로울 때는 철저한 공화당원이었다.

하지만 형편없이 추락하던 크라이슬러의 지휘권을 맡았을 때는 민주당원이 되었다. 그는 민주당이 일자리를 잃을 지경에 처한 수천 명의 직원들에게 더 많은 관심을 보이고 회사를 회생할 수 있도록 기회를 주는 실질적인 방식을 택했다고 생각했다.

흔히 사람들은 자신에게 유리한 쪽에 투표한다.

⊙ CEO에게 배우는 커뮤니케이션의 기술

기업은 이익을 토대로 모든 성향의 정당과 협력해야 한다. 이렇게 말해 보라. "정치는 까다로운 문제입니다. 하지만 그들이 우리의 최대 이익을 고려하는지 여부에 따라 모든 성향의 정계 인물과 협력해야 한다는 사실을 명심하십시오. 여러분에게는 어떤 정치적인 신념이 있을 것입니다. 그래도 괜찮습니다. 하지만 지금 우리는 회사의 이익을 가장 먼저 생각해야 합니다. 크라이슬러의 아이아코카가 전한 이야기가 생각나네요."

더 크게 보고, 한발 앞서 생각하라

1978년 크라이슬러의 회장으로 취임하기 전에 리 아이아코카는 포드에서 경력을 쌓았다. 그의 가장 큰 성공작은 지금까지 1960년대의 포드 무스탕Ford Mustang이었다. '성공만큼 성공을 보장하는 것은 없다'는 말처럼 그의 성공은 놀라웠고, 그의 타이밍은 더할 나위 없이 적절했다.

멋진 외관과 혁신적인 라인을 갖춘 무스탕은 몇몇 시장에서 동시에 인기를 끌었다. 그것은 업무든 여가 활동이든 어떤 상황에서도 당당하게 운전할 수 있는 디자인의 걸작이었다.

이런 속담이 있다.

'더 좋은 쥐덫을 만들어라. 그러면 세상이 당신의 집까지 향하는 길을 낼 것이다.'

아니나 다를까, 그런 상황이 벌어졌다. 무스탕이 전국적으로 판매를 시작한 첫날 전시장은 북새통을 이루었다.

시카고의 한 대리점은 자동차를 보기 위해 밖에서 기다리던 사람들이 밀고 들어오는 바람에 부득이 문을 잠가야 했다. 텍사스 주 갈런드의 한 대리점에서는 진열된 자동차 한 대를 고객 열다섯 명이 서로 사겠다고 아우성이었다. 결국 그 모델을 사기 위해 수표 잔고를 확보하고 자기 자동차에서 잠을 자면서 밤을 보낸 남자 고객이 승자가 되었다. 시애틀에서는 한 트럭 운전사가 진열장에 있는 신형 무스탕의 독특한 외관에 정신이 팔려 전시장으로 돌진한 일도 있었다.

몇 주가 지났을 때는 수요량을 충족시키기 위해 두 번째 공장을 열어야 했다. 사업에서 흔히 표현하듯, 그것은 즐거운 비명이었다.

⊙ CEO에게 배우는 커뮤니케이션의 기술

크게 틀 밖에서 생각하라. 무스탕은 당시 디트로이트^{Detroit}에서 생산하는 일반적이고 전통적인 디자인과는 확연히 달랐다. 아이아코카는 크게 생각하고, 도박을 걸고, 그리고 승리했다. 대중의 반응은 이런 유형의 사고방식이 엄청난 보상을 받을 수 있다는 증거가 되었다. 이렇게 말해 보라.

"여러분, 시장이 결국 우리의 성패를 결정할 겁니다. 하지만 두각을 나타내려면 남달라야 합니다. 이미 똑같은 제품에 익숙해져 주의력이 점점 짧아지고 있는 고객의 관심을 끌어야 합니다. 리 아이아코카가 모든 기록을 갱신한 포드 무스탕을 출시하면서 거둔 성공이 떠오르는군요."

연습하고 또 연습하라

연습한다고 항상 완벽해지는 것은 아니다. 그렇다고 지름길을 택하는 것은 너무 위험하다. 크라이슬러의 전 회장 리 아이아코카는 자동차 산업에 몸담았던 초기 포드의 영업 차장으로 근무했다. 1956년 포드는 속도나 성능보다는 자동차의 안전성을 향상시키기로 결정했다. 이 회사는 특히 사고가 발생할 경우 탑승자들을 보호할 수 있는 대시보드의 안전 패딩에 자신이 있었다. 포드는 2층 건물에서 패딩에 계란을 떨어뜨려도 깨지지 않고 튀어 오르는 동영상을 대리점에 보내기도 했다. 이때는 비디오카세트, 인터넷, DVD가 등장하기 전이었다.

사상 최고의 마케터인 아이아코카는 이 아이디어가 무척 마음에 들었다. 그는 이 메시지를 소비자에게 전달하기 위해 영업 사원들에게 동영상을 보여 주기로 했다. 하지만 쇼맨 기질이 있던 아이아코카는 좀 더 극적으로 메시지를 전달하기 위해 자신이 직접 시연하기로 했다. 그는 1,000명이 넘는 영업 사원이 참석한 가운데 바닥에 패브릭 조각 몇 장을 놓은 채 계란 한 판을 들고 사다리 꼭대기로 올라갔다. 발사! 패브릭에서 벗어난 첫 번째 계란은 바닥에 부딪혀 산산조각이 났다. 두 번째 계란은 사다리를 잡고 있던 사람의 어깨에 맞고 튀어 올랐다가 다시 바닥에 떨어졌다. 세 번째와 네 번째 계란은 목표 지점에 떨어졌지만 충격을 이기지 못해 깨지고 말았다. 마침내 다섯 번째 계란이 패브릭에 떨어졌지만 말짱했다. 이 최후의 성공으로 아이아코카는 기립박수를 받았다.

그는 얼굴이 계란 범벅이 되었지만 두 가지 교훈을 얻었다. 첫째, 다시는 영업 회의에서 계란을 사용하지 않겠다. 둘째, 다시는 공개 행사에 연습도 없이 참석하지 않겠다. 연설을 하든 기발한 홍보 행위를 하든 연습하고, 연습하고, 또 연습함으로써 대중 앞에서 실패할 확률을 줄여야 한다.

⊙ CEO에게 배우는 커뮤니케이션의 기술

이 재미있는 이야기는 회사를 대표해 공개 석상에 참석할 경우 발표 내용을 철저히 준비해야 한다는 사실을 일깨워 준다. 이렇게 말해 보라.
"나는 이것이 효과적이기를 바랍니다. 리 아이아코카의 자서전에서 이런 묘기가 실패했다는 이야기를 읽은 기억이 납니다."
이렇게 얘기할 수도 있다.
"모든 것을 철저히 마무리하고 시작할 준비가 되었다고 100% 확신이 들 때 비로소 밖으로 나가 대중과 이야기해야 합니다."

개인적인 원한을 쌓거나 편을 가르지 마라

헨리 포드 2세^{Henry Ford II}가 리 아이아코카를 포드에서 해고한 이야기는 소설의 한 대목처럼 흥미롭다. 포드 창립자의 손자로 할아버지의 이름을 물려받은 헨리는 개인적인 이유로 아이아코카에게 등을 돌렸다. 뿐만 아니라 아이아코카의 편이라고 생각되는 모든 사람을 몰아냈다.

포드 홍보 담당 이사는 한밤중에 헨리 포드 2세의 전화를 받았다. 포드는 홍보 이사가 솔직하게 아이아코카를 좋아한다고 답하자 당신은 해고됐다고 말하며 돌연 전화를 끊어버렸다. 나중에 그 명령은 철회되었지만 그것은 포드가 아이아코카에게 품은 개인적인 적대감이 몹시 깊었음을 나타내는 증거였다.

그것이 끝이 아니었다. 다른 동료들은 아이아코카의 삶에서 완전히 사라졌다. 해고된 지 4년쯤 지났을 때 포드의 비행기 수석 승무원은 아이아코카의 아내와 연락한다는 이유로 강등되었다. 포드에서 만난 예전 친구들은 아이아코카 아내의 장례식에도 참석하지 않았다. 아이아코카는 십중팔구 그들이 해고당할까 두려워 연락할 수 없을 것이라고 생각했다. 그러나 이사회 임원들의 행동은 도무지 이해할 수 없었다. 포드가 이사회 임원들에게 자신과 아이아코카 중 어느 편에 충성할 것인지 밝히라고 말했을 때 그 결과는 불을 보듯 뻔했다. 아이아코카는 패배했다.

훗날 한 칼럼니스트는 헨리 포드 2세를 '60살 된 미성년자'라면서 '아이아코카 같은 사람의 일자리가 안전하지 않다면 과연 당신의 일자리는 안전한가?'라고 썼다. 아이아코카는 자서전에서 다음과 같이 말한다.

"아버지는 '세상을 떠날 때 진정한 친구 다섯 명이 있다면 그것은 네가 훌륭한 삶을 살았다'는 뜻이라고 항상 말씀하셨죠. 저는 불현듯 그 말의 의미를 깨달았습니다."

⊙ CEO에게 배우는 커뮤니케이션의 기술

비즈니스 세계에서는 우정을 쌓기가 어려울 수 있다. 제 역할을 못하는 경영진이 끼어든다면 기대하지 마라. 이 일화는 회사에서 쫓겨나더라도 직장 사람들을 어떻게 다루어야 하는지를 보여 준다. 이렇게 말해 보라.

"회사에서 가장 바람직하지 못한 것은 사람들이 편을 가르고 감시하는 파괴적인 분위기입니다. 아이아코카가 포드에서 해고될 때 일어났던 일이 생각나는군요."

남들보다 빠르게 대응하라

크라이슬러의 CEO로 부임할 당시 리 아이아코카는 더 많은 것을 원했다. 그는 자사의 마케팅 부서가 그리 마뜩지 않았다. 마케팅 지향적인 경영자였던 그는 당시 크라이슬러와 일하던 두 광고 대행사, 영 앤 루비컴Young & Rubicam과 BBDO를 케년 앤 에크하르트Kenyon & Eckhardt로 교체하기로 결정했다.

아이아코카는 그동안 비밀로 지켜오던 1억 5,000만 달러 상당의 조치를 1979년 3월 뉴욕 시의 한 기자회견에서 발표했다. 이는 당대 기업 광고계에서 일어난 최대의 변화로 손꼽혔다. K&E를 선택한 것은 자신이 포드에 근무하던 당시 그 대행사가 수행했던 창조적인 업무 때문이었다. 아이아코카는 거래를 성사시키기 위해 K&E에게 회사 업무에 좀 더 깊이 관여할 기회를 제공한다는 약속과 5년 계약을 제안했다. 광고업계에서는 전무후무한 일이었다.

그는 새로운 대행사가 대부분 그렇듯이 마지막 순간에 개입하기보다는 자동차를 생산하는 과정에 깊이 관여한다면 더욱 창조적인 결과를 얻을 거라고 생각했다. K&E는 이 과정의 초반부에 최고의 조언을 제시했다.

특히 신형 자동차의 이름을 짓는 과정에 제시한 조언은 더욱 훌륭했다. 그들은 과거 닷지Dodge 트럭에 이용했던 숫양의 상징을 다시 쓰기로 결정했다. K&E가 실시한 조사에서 고객들은 튼튼하고 믿을 만한 트럭을 원하는 것으로 나타났다. 숫양은 그런 특성을 전달하기에 충분했다. 덕분에 크라이슬러는 고객의 마음을 사로잡았다.

아이아코카는 새로운 체계의 또 다른 최고의 장점은 속도라고 말한다. 어느 목요일 오후 4시에 크라이슬러는 고객들에게 새로운 금리를 제공하기로 결정했다. 광고 대행사는 즉시 촬영을 시작했고, 금요일 오전 5시에 광고가 완성됐다. 토요일 무렵 그 스폿광고는 이미 방송되고 있었다. 어떤 기업의 기준으로도 믿을 수 없을 만큼 빠른 속도였다.

⊙ CEO에게 배우는 커뮤니케이션의 기술

크라이슬러는 광고 대행사를 재빨리 교체한 덕분에 1970년대 후반에 인상적인 효과를 거두었다. 이렇게 말해 보라.

"디지털 시대에 마케팅에 관한 한 우리는 빠른 속도로 대응해야 합니다. 30여 년 전, 리 아이아코카는 72시간이 채 되지 않는 동안에 광고를 제작하고 방송에 내보냈습니다. 디지털화 덕분에 이 모든 일이 한층 쉬워진 지금보다 수년 전에 말입니다. 그는 그 당시의 이야기를 이렇게 전합니다."

노력 없이 공짜를 바라는 마음을 버려라

리 아이아코카는 크라이슬러를 파산에서 구하기 위해 노력하는 동안 당시 대통령이던 로널드 레이건^{Ronald Reagan}에게 '자유의 여신상-엘리스 아일랜드 100주년 기념 위원회^{the Statue of Liberty-Ellis Island Centennial Commission}' 회장을 맡아달라는 부탁을 받았다. 그는 디트로이트에서 할 일이 무척 많았지만 그 직책을 이탈리아에서 미국으로 이주한 그의 부모님을 기리는 일로 여기고 흔쾌히 수락했다.

"우리 부모님은 갓 이주한 신출내기였습니다. 영어도 몰랐고 이곳에 도착했을 때 무엇을 해야 할지도 몰랐죠. 두 분은 가진 것도 없었습니다. 엘리스 아일랜드는 내 존재의 일부입니다. 장소 자체보다는 엘리스 아일랜드가 상징하는 것과 그 힘겨웠던 경험 때문이죠."

아이아코카는 수많은 미국인들이 이 나라 이주민들의 후손이며, 한층 어려웠던 시대에 조상들이 했던 희생에 큰 빚을 지고 있다고 말한다. 그의 어머니는 대공황 시절 동안 등교하는 아들에게 점심값을 주기 위해 실크 공장에서 일하면서도 불평 한마디 하지 않았다. 아이아코카는 '자유의 여신상'이 자유의 궁극적인 상징이라면, 엘리스 아일랜드는 미국 이주민들이 경험한 진정한 현실이라고 말한다. 이 땅에 이주한 조상들이 했던 희생의 본보기를 생생하게 간직하며 존중한다면 미래는 그리 두렵지 않을 것이라 생각했다. 아이아코카는 이렇게 말한다.

"지난 50년의 세월은 우리에게 옳고 그름의 차이와 오직 노력만이 성공하며 공짜 점심 따위는 존재하지 않는다는 사실을 가르쳤습니다. 생산적인 사람이 되어야 합니다. 그것이 이 나라를 위대하게 만드는 가치들입니다."

⊙ CEO에게 배우는 커뮤니케이션의 기술

미국을 독특한 나라로 만든 가치관과 전 세계의 이주민들이 미국에 이끌리는 이유는 무엇일까? 그것은 '하들리 워킹hardly working(일하지 않는)'이 아니라 '하드 워크hard work(노력)'이다. '할 수 없다는 패배주의Can't do defeatism'가 아니라 '할 수 있다는 낙관주의Can do optimism'이다. 그렇다. 이따금 사람들을 일깨워야 한다. 이렇게 말해 보라.
"미국은 진정으로 위대한 나라입니다. 하지만 번영과 안락함을 누리는 동안 우리는 이따금 어떻게 우리가 이곳까지 왔는지 잊습니다. 그것은 예정된 것이 아닙니다. 힘들게 얻은 것입니다. 리 아이아코카가 자신의 자서전에서 이를 묘사한 대목이 생각납니다."

솔선수범과 희생정신으로 협력을 이끌어내라

압박감에 대해 이야기해 보자. 리 아이아코카에 따르면 크라이슬러를 파산에서 구하기 위한 대대적인 노력은 마치 전쟁을 방불케 했다. 그는 이 전쟁에서 회사를 살리고 직원 수천 명의 일자리를 위험에 빠뜨리지 않는 책임을 맡은 4성 장군이었다. 결코 사소한 임무가 아니었다.

미국 의회가 1979년 채무 보증 법안Loan Guarantee Act을 막 통과시킬 무렵 아이아코카는 그때껏 거둔 성공에 안주하지 않고 대외적인 싸움을 계속했다. 그는 리더십이란 말이 아니라 행동으로 이끄는 일이라고 생각했다. 그래서 크라이슬러가 난항을 계속하는 동안 자신의 보수를 연봉 1달러로 내리기로 결정했다. 희생하기 위해서가 아니라 모범을 보이기 위해서였다. 그는 그때서야 비로소 노동조합장의 눈을 마주 보고 직원들을 어떻게 도울 생각인지 물을 수 있었다. 그는 이렇게 말한다.

"저는 직원들과 공급업체들이 '이처럼 모범을 보이는 사내라면 믿고 따를 수 있겠구나'라고 생각하기를 바랐습니다."

그는 이것을 '희생의 평등함equality of sacrifice'이라고 부른다.

"만일 모든 사람이 평등하게 고통받는다면 여러분은 전체를 움직일 수 있습니다."

그러려면 자신의 책임을 회피하며 공짜로 얻어먹는 사람이 없도록 만들어야 한다. 그러지 않으면 전체가 무너질 것이다. 그는 이것을 부유한 숙부에게 대출을 받고 갚을 수 있다는 사실을 증명하는 가족에 비유한다.

얼마 지나지 않아 다른 사람들이 아이아코카의 진심을 알아보고 협력하겠다고 나섰다. 프랭크 시나트라Frank Sinatra, 밥 호프Bob Hope, 펄 베일리Pearl Bailey 등 당시 연예계의 전설적인 인물들이 도움을 자청했다. 시나트라는 크라이슬러의 광고를 찍었고 빌 코스비Bill Cosby는 2,000명의 직원들 앞에서 공연을 했다. 그 밖의 여러 사람들이 동참했다. 누구도 동전 한 닢 요구하지 않았다.

아이아코카가 말했듯이 결국 크라이슬러를 구한 것은 정부 대출이 아니라 수백 명에 이르는 사람들의 크고 작은 희생적인 행위였다. 하지만 아이아코카는 일을 계속 진행하고 사람들에게 자신과 명분이 진심임을 납득시키기 위해 솔선수범해야 했다.

아이아코카는 가장 암담한 시절에 고전을 면치 못하던 크라이슬러를 지휘했다. 여러분의 회사가 이처럼 어려운 시기를 겪는 일은 없기를 바란다. 회사의 다른 직원들을 위해 솔선수범하고 희생하는 그의 이야기는 특히 여러분이 이와 비슷한 조치를 고려할 경우 무척 효과적이다. 이렇게 말해 보라.

"지금은 어려운 시기입니다. 우리 모두 희생해야 합니다. 하지만 제가 제 몫의 희생을 감수하지 않는다면 여러분에게 희생을 요구할 수 없겠지요. 회사가 파산 위기에서 허덕이는 동안 리 아이아코카가 했던 일이 떠오르네요."

스티브 잡스

애플

. . .

- 다른 사람에게 공을 돌려라
- 때로는 이성보다 육감을 따르라
- 자신의 일을 사랑하고 실패를 극복하라
- 자기 내면의 소리를 따르라
- 불가능하다고 말하지 마라
- 철저히 준비하고 무대에 올라라
- 쉽고 인상적인 브랜드 이름을 지어라

다른 사람에게 공을 돌려라

비정통적인 관리 스타일로 널리 알려진 애플Apple의 창립자 스티브 잡스Steve Jobs는 그의 실무 테크닉 덕분에 전설적인 인물이 되었다. 그는 종종 어떤 직원의 사무 공간으로 들어와 자리에 앉고는 그 직원이 하고 있던 업무를 장난삼아 한다. 그리고 개발 중인 프로그램의 기술적인 측면에 대해 완벽한 지식을 갖추진 않았지만 프로젝트를 개선할 방법을 제안하곤 했다. 그런 다음 사라졌다가 한참이 지나서야 다시 나타났다.

직원들은 금세 상황을 파악했다. 그런 과정이 잡스가 새로운 아이디어를 떠올리도록 만들기 위해 그들이 치러야 하는 게임임을 깨달은 것이다. 만일 그들의 아이디어가 잡스가 한 번도 생각지 못했던 것이라면 그 아이디어를 제안하는 작전을 썼다. 물론 그가 처음에는 십중팔구 아이디어를 거부할 것이라는 사실을 꿰뚫고 있었다. 그다음에는 기다리면 됐다. 그러면 잡스는 여지없이 나중에 다시 돌아와 모든 사람에게 자신이 이미 거부한 아이디어와 비슷한 훌륭한 아이디어를 제시하곤 했다. 효과적인 아이디어라면 무엇이든 가리지 않았다. 어떤 직원은 잡스가 자신만의 '현실 왜곡장*reality distortion field*'을 가지고 있다며 우스갯소리를 하기도 했다. 하지만 그들은 이처럼 인정에 인색한 잡스의 태도를 이해했다.

그는 대개 어떤 아이디어에 대해 깊이 생각한 끝에 그것이 '자신의' 아이디어라고 만족할 정도까지 발전시켰다. 다른 사람들은 이 게임을 재빨리 파악했지만 잡스가 이 게임을 계산했는지, 아니면 의도하지 않은 것인지를 알아챈 사람은 아무도 없었다. 어느 쪽이든 그런 아이디어에서 비롯된 최종 결과물은 개발 방식과 무관하게 항상 훌륭했다.

⊙ **CEO에게 배우는 커뮤니케이션의 기술**

고객에게 훌륭한 아이디어를 제시했다는 공을 돌려라. 어떤 사람들은 직접 아이디어를 만든 다음에야 비로소 진정으로 믿는다. 잡스의 직원들은 재빨리 게임을 이해하고, 그에게 화를 내기보다는 미리 잡스의 행동을 예측하면서 그들에게 유리한 방향으로 게임을 진행했다. 이렇게 말해 보라.

"여러분이 원하는 것을 얻는 방법은 한 가지만이 아닙니다. 가장 직접적인 경로가 최선의 방법이 아닐 때도 있죠. 알다시피 비즈니스에서는 심리가 큰 역할을 담당합니다. 스티브 잡스의 이야기를 전해 드리죠."

때로는 이성보다 육감을 따르라

스티브 잡스는 그리 유복한 가정에서 태어나지 않았다. 잡스가 누렸던 모든 부와 명예를 생각하면 그 자리에 이르기까지 그가 극복했던 역경을 상상하기 어려울 것이다.

미혼모였던 그의 생모는 아들을 입양시켰다. 한 노동자 부부가 그를 거두었지만 그들 역시 아들을 대학까지 보낼 만큼 경제적으로 여유롭지 못했다. 잡스는 캘리포니아의 리드 칼리지^{Reed College}에 입학했지만 졸업하지 못했다. 얼마 되지 않는 대학 생활을 하는 동안에도 기숙사에 들어갈 돈이 없어서 친구들 방의 바닥에서 잠을 자야 했다. 예치금을 받기 위해 콜라 병을 회수하며 생계를 유지했다. 그리고 7마일(약 11km)을 걸어가야 하는 헤어 크리슈나^{Hare Krichna} 사원에서 매주 일요일에만 근사한 식사를 할 수 있었다.

잡스는 대학을 중퇴한 뒤에도 학교 강좌를 계속 듣기로 결심했다.

필수 과목을 억지로 듣고 싶지 않았던 터라 흥미가 있는 강좌만 들었다. 그중 한 가지가 리드 대학이 강세를 보이던 서체 강좌였다. 그곳에서 그는 활판술의 모든 것을 배웠다. 훗날 이 기술은 그가 매킨토시Macintosh를 구상할 때 도움을 주었다. 매킨토시는 폰트의 아름다움과 다양성 면에서 다른 컴퓨터와는 확연히 달랐다. 그 이후 이 특성을 모방한 제품이 쏟아졌다. 만일 잡스가 학교를 중퇴하지 않았다면 자신의 본능에 따라 일하면서 시장에서 두각을 나타낼 초기 제품의 아이디어를 떠올릴 수 없었을 것이다. 잡스는 다음과 같이 말한다.

"앞을 보면서 점을 연결할 수는 없습니다. 뒤를 보아야 연결할 수 있죠. 따라서 우리는 장차 그 점들이 연결될 것이라고 믿어야 합니다. 자신의 육감, 인생, 숙명 등 무엇이든 그것을 믿어야 하죠. 이런 접근 방식은 한 번도 저를 실망시킨 적이 없답니다."

⊙ CEO에게 배우는 커뮤니케이션의 기술

척박한 환경에서 성공한 비즈니스 리더는 많다. 스티브 잡스도 예외가 아니다. 그는 자신의 본능을 믿고 열정에 따랐다. 다른 기업의 사람들도 마찬가지일 것이다. 판매, 회계, 마케팅, R&D, 공급 사슬 관리 등 자신이 하는 일에 열정을 느끼지 못한다면 최고의 성과를 거두지 못할 것이다. 이렇게 말해 보라.

"이따금 여러분은 적절한 일에 적절한 사람들을 배치할 때 육감에 따라야 합니다. 마법 공식 따위는 존재하지 않습니다. 스티브 잡스가 전한 이야기가 떠오르네요."

자신의 일을 사랑하고 실패를 극복하라

1985년 애플의 창립자이자 매킨토시 컴퓨터를 설계한 스티브 잡스는 서른 살에 일자리를 잃었다. 애플 이사회는 잡스의 비전이 더 이상 회사와 어울리지 않는다고 판단했다. 천재 기업인이었던 사람이 하루아침에 실업자가 된 것이다.

잡스는 스스로 공공의 실패자라고 생각했다. 그는 데이비드 패커드David Packard와 밥 노이스Bob Noyce를 포함한 이전 세대 기업인들에게 사과했다. 몇 달 동안 어떻게 해야 할지 갈피를 잡지 못했다. 그러다 중요한 사실을 깨달았다. 비록 한 회사에서 거부당했지만 자신이 가장 원했던 일에 대한 사랑은 잃지 않았다는 사실이었다.

훗날 잡스는 지난날을 돌이켜보면서 자신이 설립한 회사에서 해고된 일이 일생일대의 최고 사건이었다고 말한다. '성공의 무거움이 다시 시작하는 가벼움으로 대체'되었기 때문이다.

"그것이 제 인생에서 가장 창조적인 시기로 진입할 자유를 주었습니다."

이후 5년 동안 그는 훗날 〈토이 스토리〉, 〈몬스터 주식회사〉 같은 히트작을 제작한 영화 스튜디오 픽사Pixar에서 일했다. 그러다가 컴퓨터 워크스테이션을 만드는 넥스트NeXT를 거쳐 마침내 애플에 재입성했다. 그의 귀환은 미국 비즈니스계에서 가장 유명하고 성공적인 제2장으로 마무리되었다.

잡스는 한 대학교의 졸업식 연설에서 이렇게 말했다.

"그것은 쓰디쓴 약이었습니다. 하지만 환자에게는 약이 필요하다고 생각합니다. 위대한 업적을 이루는 유일한 길은 여러분이 하고 있는 일을 사랑하는 것뿐입니다. 아직까지 그것을 찾지 못했다면 계속 찾으십시오. 그 자리에 안주하지 마십시오."

⦿ CEO에게 배우는 커뮤니케이션의 기술

일자리를 잃는 것을 좋은 말로 표현할 방법은 없다. 해고는 힘겹고 불공평하며 결코 유쾌한 일이 아니다. 하지만 어떤 사람에게는 성공하기 위해 반드시 필요한 변화의 촉매제가 될 수 있다. 기업도 마찬가지다. 자사가 가장 잘하는 일에 초점을 맞추어야 한다. 이따금 어떤 사업에서 실패하면서 자신들이 택할 올바른 길을 깨달아야 한다. 이렇게 말해 보라.

"모든 사업이 잘되지는 않습니다. 일도 마찬가지죠. 하지만 우리가 깨달아야 할 교훈은 개인과 마찬가지로 기업은 항상 자사의 열정, 그러니까 자사가 잘하는 일을 따라야 한다는 사실입니다. 이와 관련된 이야기로 스티브 잡스가 생각나는군요."

자기 내면의 소리를 따르라

이 세상에서 여러분의 시간은 유한하다. 그러니 그 시간을 최대한 활용하라. 스티브 잡스는 결승선을 항상 주시하면서 나머지 인생을 바라보는 것이 어쩌면 풍요롭고 성취감을 얻는 삶을 영위할 최선의 방법일 것이라고 말한다.

잡스는 마흔여덟의 나이에 죽음과 맞닥뜨렸다. 2003년 췌장암이라는 진단을 받은 것이다. 일반적으로 치료가 불가능한 병이었다. 의사들은 앞으로 살날이 3~6개월 남았다고 통보하면서 집으로 돌아가 주변을 정리하고 최악의 상황에 대비하라고 조언했다. 그러고는 그날 밤 내시경을 이용해 그의 소화관을 타고 내려가 위와 장을 거친 다음 췌장의 세포를 조금 떼어냈다. 잡스는 전체 과정이 진행되는 동안 진정제를 맞고 있었다.

훗날 그는 아내에게서 의사들이 현미경으로 샘플 세포를 관찰하다가 흐느끼기 시작했다는 말을 전해 들었다. 그것은 '기쁨'의 흐느낌이었다. 잡스의 췌장암은 치료할 수 있는 유형인 것으로 판명되었다. 이후 잡스는 수술을 받았고 결과는 성공적이었다.

죽음과의 만남은 잡스에게 엄청난 영향을 미쳤다.

"여러분의 시간은 유한합니다. 그러니 다른 사람의 삶을 살면서 낭비하지 마십시오. 원리원칙에 갇혀 있지 마십시오. 자기 내면의 목소리가 다른 사람의 의견에 파묻히게 방치하지 마십시오. 그리고 무엇보다 자신의 마음과 직관에 따를 용기를 내십시오. 그것은 여러분이 무엇이 되고 싶은지 이미 알고 있습니다. 다른 모든 것은 부차적인 것에 지나지 않습니다."

⊙ CEO에게 배우는 커뮤니케이션의 기술

다양한 분야에 종사하는 리더들은 하나같이 자기 내면의 목소리를 따르라고 조언한다. 이는 분명 주의를 기울일 만한 조언이다. 이따금 사람들은 죽음과 맞닥뜨린 후 그 내면의 목소리가 하는 말을 정확히 깨닫고 그대로 따른다. 이렇게 말해 보라.
"어떤 최선의 조언은 쓰라린 경험에서 비롯됩니다. 스티브 잡스는 암 진단을 받고 인생관이 어떻게 바뀌었는지 다음과 같이 이야기합니다."

불가능하다고 말하지 마라

애플의 혁신적인 디자인은 소비자의 마음을 사로잡은 것은 물론이고 여러 가지 놀랄 만한 성과를 거두었다. 하지만 이 회사가 제시한 모든 디자인이 협력적이고 따뜻하며 온화한 노력의 결실은 아니었다. 일부 디자인은 회사가 불가능해 보이는 도전을 제시하고 직원들이 상사를 만족시키겠다는 일념으로 목표를 성취하기 위해 노력을 아끼지 않은 결과로 탄생했다. 1980년대 초반 매킨토시를 개발하는 과정이 그러했다. 디자인 회의에 참석한 스티브 잡스는 큰 소리를 내며 테이블에 전화번호부를 내던졌다.

"매킨토시를 이 정도 크기로 만들어야 합니다. 더 크면 안 됩니다. 고객들은 더 큰 것을 용납하지 않을 겁니다."

또한 폭이 아니라 길이가 더 긴 제품을 원한다고 덧붙였다. 그러고는 이 상황을 믿지 못하겠다는 표정의 직원들을 뒤로한 채 발걸음을 돌려 나갔다. 어떤 사람들은 불가능한 일이라고 말했다. 결코 해낼 수 없는 일이었다. 컴퓨터를 작동시키는 전자제품을 그 정도 크기에 끼워 맞출 수는 없었다.

그 자리에 있던 모든 사람은 잡스가 '안 된다'를 답변으로 받아들일 사람이 아니라는 사실을 알고 있었다. 그런 직접적인 명령은 전혀 여지를 주지 않는 데다 좌절감까지 안겨 준다. 하지만 예전보다 사람들을 더 열심히 노력하게 고무하고 난국에 대처할 동기를 부여해 준다. 그들은 결국 기술적인 난점을 극복했다. 곧 친숙하고 상징적이며 수직적인 스타일의 기계가 소개됐다. 이후 그 제품은 거의 변하지 않았다.

목표를 세우는 것은 훌륭하다. 도전적인 목표는 더욱 훌륭하다. 사람들에게는 그들의 안전지대를 크게 벗어나게 만드는 확고한 자극이 필요하다.

⊙ **CEO에게 배우는 커뮤니케이션의 기술**

불가능해 보이는 과제를 받으면 한자리에 안주하기보다는 난국에 대처하는 편이 더 효과적이다. 어렵지만 구체적인 목표가 전혀 목표가 없는 편보다 낫다. 이렇게 말해 보라.

"기업이 한자리에 머물러서는 결코 발전할 수 없습니다. 매번 한계를 초월해야 발전할 수 있죠. 사람들은 이따금 상부의 강력한 요구가 있어야 안전지대에서 벗어나 진정으로 혁신하기 시작합니다."

철저히 준비하고 무대에 올라라

쇼맨십은 일의 한 요소이다. 가장 성공한 사업가로 손꼽히는 스티브 잡스는 또한 비즈니스 세계에서 유능한 대중 연설가다. 관객의 주의를 사로잡는 재주로 유명한 '타고난' 연설가다. 이를테면 직원들은 제품 출시 행사에서 리허설 계획을 세우고 그에게 연설문을 건네지만, 잡스는 리허설에 나타나지 않거나 연설문을 읽지 않기 일쑤였다.

그는 기술 담당 직원들과 함께 시간을 보냈다. 그리고 제품을 어떤 식으로 발표하고 싶은지, 어떤 조명 신호를 이용할 것인지, 그리고 타이밍이 적절하려면 어떤 식으로 쇼를 진행해야 하는지 알려 주었다. 그에게는 이른바 '소프트웨어가 연출 기법과 만나다' 혹은 '할리우드가 실리콘 밸리와 만나다'로 표현할 만한 방식이 효과적이다. 그러면 관객은 그의 한마디 한마디에 주의를 기울인다.

하지만 누구나 알다시피 아무리 훌륭하게 세운 계획이라도 틀어

질 때가 있다. 잡스와 같은 위치에 오른 사람이라도 예외가 아니다.

잡스가 애플의 첫 레이저 라이터Laser Writer를 소개하는 무대에 섰을 때였다. 그는 프린터의 작동 방법을 보여 주려는 순간, 보내기 버튼을 누르고 의기양양한 표정을 지었다. 하지만 '아무 일도' 일어나지 않았다. 아무 소리도 나지 않았다. 프린트는 전혀 작동하지 않았다. 그러나 잡스는 흰 재킷을 입은 기술자들이 갑자기 무대 뒤에서 나타난 다음에도 전혀 주춤하지 않고 계속 말하면서 관객의 주의를 끌었다. 기술자들은 열심히 문제에 대처했고, 마침내 바로잡아 무대 밖의 어둠 속으로 사라졌다. 마치 아무 일도 없었던 듯이 이야기를 계속하던 잡스는 정확히 멈추었던 대목으로 돌아왔으며 쇼는 계속되었다. 인상적이었다. 그렇게 침착하게 위기에 대처하는 사람은 그리 많지 않다.

⊙ CEO에게 배우는 커뮤니케이션의 기술

발표를 할 예정이라면 '철저하게' 준비하는 것이 바람직하다. 연습하고, 연습하고, 또 연습하라. 하지만 아무리 철저히 준비해도 일어날 수 있는 불가피한 문제에 대비해야 한다. 문제가 발생하더라도 재치 있게 관객을 여러분 편으로 만들어라. 이렇게 말해 보라.

"이제 제가 이곳에서 기술적으로 가장 재능이 있는 사람이 아님을 처음으로 인정해야겠군요. 다음부터는 이런 일이 없기를 바라지만 가장 훌륭한 사람에게도 이 같은 문제가 일어날 수 있다는 사실을 뼈저리게 느낍니다. 스티브 잡스조차도 기술적인 난점에 부딪힌 적이 있었죠."

쉽고 인상적인 브랜드 이름을 지어라

'덜시머Dulcimer'라는 전자 장치에 대해 들어본 적이 있는가? 십중팔구 없을 것이다. 예전에 애플에서 일한 적이 없다면, 아니 그때 일한 적이 있다고 해도 이것이 지금껏 가장 상징적인 장치로 손꼽히는 제품, 즉 아이팟iPod의 암호명이라는 사실을 몰랐을 것이다.

제품의 이름이 성패를 좌우한다. 적어도 마케팅 분야에서는 그렇다. 제품의 이름을 짓는 일은 언제나 간단하지 않다. 하지만 이 특별한 경우에서는 비교적 쉬웠다. 잡스가 이미 '1,000곡의 노래를 호주머니에'라는 문구를 결정했기 때문이다. 그러나 미래의 제품명에 굳이 음악을 언급할 필요는 없었다.

잡스는 제품의 이름을 정하기 위해 여러 가지 방안을 논의하면서 대상을 연결하는 중추가 되겠다는 자사 전략을 되풀이해서 언급했다. 논의 과정 중에 한 사람이 중추의 궁극적인 예는 우주선이 될 것이라고 말했다. 스탠리 큐브릭^{Stanley Kubrick}의 고전 영화 〈2001: 스페이스 오디세이^{2001: A Space Odyssey}〉의 한 장면처럼 더 작은 우주선(팟)을 타고 모선을 떠났다가 다시 돌아오는 것이다.

그들은 몇 가지 이름을 색인 카드에 적었다. 잡스는 카드를 차례로 훑어보면서 두 더미로 나누었다. 한 더미는 일단 합격, 다른 한 더미는 불합격이었다. '아이팟'이라는 카드가 등장했을 때 그는 어떤 결론을 내렸을까? '불합격'이었다. 그것은 불합격된 이름 대열에 합류되었다. 잡스는 다른 사람의 의견을 물었다. 한 사람이 불합격 더미로 다가가서 '아이팟' 카드를 꺼냈다. 그 직원은 중추라는 비유를 고려할 때 이 이름이 가장 적합하다고 설명했다. 게다가 기억하기도 쉬웠다.

잡스는 회의를 마친 후 '아이팟'과 몇 가지 다른 이름을 대내외적으로 시험했다. 훗날 밝혔듯이 그는 아이팟이라는 이름이 마음에 들었다. 기억에 남고 발음하기 좋다는 점은 접어 두더라도, 다른 큰 장점은 직접적으로 장치를 묘사하지 않는 이름이라 기술이 발전해도 바꿀 필요가 없다는 사실이었다.

아이러니하게도 알고 보니 애플은 이미 예전에 고려했으나 포기한 인터넷 키오스크에 '아이팟'이라는 이름을 상표 등록해둔 상태였다. 애초에 자사가 그 이름을 소유하고 있다는 사실을 몰랐던 사람이 많았다. 물론 회사의 왼손이 하는 일을 오른손이 항상 아는 것은 아니다. 하지만 그들은 창조성을 토대로 계속 전진했던 것이다.

⊙ CEO에게 배우는 커뮤니케이션의 기술

이는 특히 제품의 이름을 짓는 일처럼 창조성의 중요성에 대해 이야기할 때 이용하기 좋은 일화다. 이 사례의 중추처럼 주된 상징을 명심하고 출발점으로 삼아라. 뿐만 아니라 이 일화를 이용해 회사의 왼손이 하는 일을 오른손이 항상 아는 것은 아닐지언정 이따금 회사에 행운이 찾아올 수 있다는 사실을 보여 줄 수 있다. 이렇게 말해 보라.

"우리의 신제품 ○○○의 이름을 짓는 일이 얼마나 어려운지 압니다. 믿을 수 없겠지만 아이팟이라는 이름도 처음에는 스티브 잡스에게 퇴짜를 맞았답니다."

클라우스 클라인펠트

알코아

■ ■ ■

- 최고의 인재를 모아 팀을 만들어라
- 변명하지 마라
- 결실을 맺는 고성과 팀을 구성하라

최고의 인재를 모아 팀을 만들어라

오늘날 그 어느 때보다 개방된 시장에서 우리는 진정한 하나의 세계 경제 속에 살고 있다. 인재 시장 역시 그렇다.

알코아^{Alcoa}의 회장 겸 CEO 클라우스 클라인펠트^{Klaus Kleinfeld}는 세계적이고 다문화적인 현대의 비즈니스를 잘 알고 있다. 독일 브레멘^{Bremen} 출신인 그는 독일 전자 및 전기 공학 대기업인 지멘스 AG를 지휘한 후에 세계 최대의 알루미늄 생산업체이자 미국 비즈니스의 아이콘인 알코아를 이끌었다.

현대 비즈니스의 세계적인 특성을 설명하는 일화로 그가 미국에서 아이슬란드 피야달^{Fjardaal}에 위치한 알코아의 공장으로 출장을 갔던 일을 꼽을 수 있다. 최고위 리더들을 태운 회사 전용기는 캐나다의 한 알코아 공장을 방문한 후 다시 출발해 오후 4시 무렵 레이캬비크^{Reykjavik} 공항에 착륙했다. 아이슬란드 출입국 관리 직원은 활주로로 걸어가 이 '미국' 비행기의 승객들이 내리는 모습을 흐릿한 눈빛으로 지켜보았다.

비행기에서 첫 번째로 내린 사람이 노르웨이 여권을 제시했다. 두 번째와 세 번째 사람은 오스트레일리아와 캐나다 여권을 각각 보여 주었다. 네 번째 사람은 오스트레일리아 여권을, 그리고 다섯 번째인 클라인펠트는 독일 여권을 제시했다. 마지막으로 여섯 번째 사람이 미국 여권을 제시했다. 알코아 기술부서의 대표로 영국과 독일에서 초기 경력을 쌓았던 사람이었다. 인도 출신인 그의 이름은 모하메드 자이디Mohammed Zaidi였다. 그들은 모두 알코아 경영진의 구성원이었다.

클라인펠트가 말했듯이 "인재는 현대의 유일한 경쟁력"이다. 전 세계에서 가장 훌륭하고 똑똑한 인재를 발견했다면 남보다 빨리 움직여야 한다. 오늘날 인재는 자신을 가장 필요로 하는 곳에 가며 전 세계 어느 곳에서든 달려온다.

⊙ CEO에게 배우는 커뮤니케이션의 기술

비즈니스에서 지속 가능한 경쟁력을 원하는 관리자와 경영자는 그들의 '사람들'을 믿어야 한다. 오늘날 비즈니스는 과거 어느 때보다 세계화되었다. 따라서 성공하려면 세계 전역에서 높은 실적을 거둘 팀을 구성하고 그들의 다양한 경험과 관점을 활용해야 한다. 이렇게 말해 보라.

"알코아의 클라우스 클라인펠트는 비행기를 타고 아이슬란드로 출장을 떠났습니다. 이 이야기는 오늘날 미국 회사가 얼마나 세계화되었는지를 보여 줍니다. 이는 그의 개인적인 격언인 '어떤 사람도 완벽할 수 없다. 하지만 팀은 완벽할 수 있다'를 입증하는 이야기입니다."

변명하지 마라

독일 출신의 알코아 회장 겸 CEO 클라우스 클라인펠트는 훗날 미국 알루미늄 대기업과 독일 최대 전기 공학 회사인 지멘스 AG를 지휘할 운명인 사람처럼 보이지 않았다. 그의 부모님은 냉전 시대에 서독의 자유를 찾아 공산국가 동독을 탈출했다. 엔지니어였던 그의 아버지는 클라인펠트가 겨우 열 살이었을 때 심장마비로 세상을 떠났다. 클라인펠트는 홀로된 어머니를 돕기 위해 동네 슈퍼마켓에서 물품관리원으로 일했다.

"힘든 시기였지만 그때부터 저는 살면서 하루도 빠짐없이 일했습니다. 일하지 않는 삶은 상상도 할 수 없었습니다."

어느 날 그는 학교 숙제를 미처 끝내지 못하고 일을 하러 나갔다. 그는 착실한 학생이었지만 그 과제에서 좋은 성적을 받지 못했다. 클라인펠트는 수업이 끝난 뒤 선생님을 찾아가 방과 후에 하는 일 때문에 과제를 마치지 못했다고 설명했다. 선생님은 잠자코 듣더니 단호하게 말했다.

"클라우스, 우리는 모두 똑같은 양의 시간을 가지고 있단다. 너는 그것을 다른 식으로 쓰기로 선택했고, 너의 우선순위를 정했지. 내가 네 선택에 동의하지 않는다는 사실을 분명하게 밝히는 것이 네 선생님으로서 나의 의무란다. 그리고 너는 네 자신이 내린 선택의 결과를 받아들이는 법을 배워야 해."

클라인펠트는 이후에도 그 교훈을 잊지 않았다.

하루는 24시간이다. 여러분이 어떤 사람이든 이 시간을 적절히 이용하고 자신의 행동에 책임을 지는 일은 여러분의 소관이다.

<h3>⊙ CEO에게 배우는 커뮤니케이션의 기술</h3>

우리는 모두 하루에 똑같은 양의 시간을 가지고 있다. 우리가 그 시간을 어떻게 이용하는지가 관건이다. 변명 따위는 잊어라. 책임을 지려고 노력해라. 이 일화를 이용해서 우리가 내린 결정에는 결과가 따르며, 어떤 고난을 겪더라도 우리의 행동에 책임을 져야 한다는 교훈을 얻은 어떤 성공한 CEO의 이야기를 전할 수 있다. 이렇게 말해 보라.

"대개 참작할 수 있는 상황이 있습니다. 하지만 변명은 그리 오래가지 않습니다. 일찌감치 그 교훈을 얻은 한 성공한 CEO의 이야기를 전해 드리죠."

결실을 맺는 고성과 팀을 구성하라

클라우스 클라인펠트는 알코아의 CEO로 취임하기 훨씬 전에 독일의
지멘스에서 근무했다. 그는 특히 자신이 속한 한 컨설팅 집단의 역량
에 깊은 인상을 받았으며, 한 가지 흥미로운 현상을 발견했다. 컨설팅
집단의 일부 팀원들은 비록 분석력은 뛰어났으나 자사에 이렇다 할
영향력을 미치지 못하고 있었다. 다른 팀들은 분석력이 그만큼 예리
하지 못했지만 그럼에도 고객들의 비즈니스를 올바른 방향으로 성공
적으로 변화시켰다.

클라인펠트는 다음과 같이 회상한다.

"저는 두 가지 사실을 깨달았습니다. 첫째, 영향을 미치기 위해 전
제되어야 할 두 가지 조건이 있습니다. 사람들이 여러분의 아이디어
를 지지하도록 만들려면 사회적 기술뿐만 아니라 분석이 필요합니다.
둘째, 한 개인이 큰 성공을 거두기 위해 필요한 모든 기술을 갖추고

있는 일은 드물죠. 하지만 다양한 기술을 갖춘 사람들의 집단이 같은 목표를 세우고 함께 나아가도록 이끈다면 큰 성공을 거두는 것은 물론 개인에 대한 모든 기대를 훌쩍 뛰어넘을 겁니다. 그들은 '어떤 사람도 완벽할 수 없다. 하지만 팀은 완벽할 수 있다'는 사실을 진정으로 경험할 겁니다."

클라인펠트는 사람들이 팀워크의 장점을 경험하고 회사가 그 결실에서 이익을 얻을 때 어떤 일이 일어날 수 있는지 직접 목격했다. 사람들은 곧바로 팀 신봉자로 변한다. 클라인펠트는 이렇게 말한다.

"일단 그들이 이런 일을 경험하면 고성과 팀을 창조하고 전심전력을 다하는 일에 중독됩니다."

◉ CEO에게 배우는 커뮤니케이션의 기술

"팀에 '나'란 존재하지 않는다"는 그저 진부한 문구가 아니다. 팀으로 일하는 것에는 확실히 여러 가지 장점이 있다. 어떤 사람은 수리에 밝지만 대인관계에서는 수줍음이 많을 수 있다. 그런가 하면 문화 변화 면에서는 최고지만 프로젝트 관리에는 서툰 사람이 있다.

오늘날 비즈니스는 너무나 복잡해서 한 개인이 모든 일을 완벽하게 수행하기 위해 필요한 기술을 모두 갖추기는 어렵다. 따라서 고성과 팀을 구성하고 공통의 목표를 성취하도록 만드는 것이 성공의 비밀 병기가 될 것이다. 이렇게 말해 보라.

"현대 비즈니스에 론 레인저^{Lone Ranger}(미국 TV, 영화 등에 나오는 서부극 주인공)는 필요 없습니다. 우리가 필요한 것은 팀을 이루어 가장 훌륭한 성과를 거둘 수 있는 사람들입니다. 그것이 오늘날 성공의 비결이죠. 알코아의 CEO는 이와 관련된 멋진 이야기를 전합니다."

자크 내서

포드 자동차

∎ ∎ ∎

• 문제가 없다면 바꾸지 마라

문제가 없다면 바꾸지 마라

포드 자동차Ford Motor Company의 전 CEO 자크 내서Jacques Nasser는 한 기업이 자사 브랜드 정체성을 파악하는 일이 얼마나 중요한지 알고 있다. 포드 고객 조사부서의 일부 직원들은 포드 익스플로러 모델의 그릴 모양을 바꾸기로 결정했다. 내서는 이 결정에 회의적이었지만 그 팀은 실험을 계속했다.

어느 주말, 그 팀은 100여 명의 고객을 초대했다. 클립보드로 무장한 고객들은 약 열다섯 가지 그릴을 비교하고 자신의 의견을 적었다. 그들은 각 그릴을 세심하게 관찰하고 자신이 받은 인상을 기록했다. 그런 다음 서로의 의견에 대해 논의하고 결과를 도표로 작성했다. 그 결과 기존의 포드 익스플로러 그릴이 낙승했다.

이 결과에 놀라지 않은 사람은 자크 내서뿐이었다. 그 그릴은 포드 브랜드 핵심의 한 요소였으며, 내서가 생각하기에 이 같은 실험보다 더 긴박한 문제와 사업에 중대한 다른 일이 있었다. 직원들은 회사의 브랜드 정체성과 고객과의 관계를 이해해야 했다. 아울러 매력적인 공식이라면 고치지 말아야 했다.

⊙ CEO에게 배우는 커뮤니케이션의 기술

자크 내서는 고칠 필요가 없다면 바꾸지 말라고 지적한다. 만일 기업의 브랜드 핵심처럼 중요한 요소라면 특히 그렇다. 효과적인 것을 바꾸기보다는 다른 일에 시간을 투자하는 편이 더 효과적이다. 이 일화를 이용해 형편없는 아이디어를 거부하거나 중단시킬 수 있다. 이렇게 말해 보라.

"저는 우리가 지금 더 중요한 도전에 초점을 맞추어야 한다고 생각합니다. 포드 자동차 회사의 이야기가 떠오르네요. 그들은 무언가를 바꾸기 위해 노력했지만 결국 그것이 원래 올바른 공식이었음을 깨달았죠."

인드라 누이

펩시코

■ ■ ■

- 직장과 가정의 균형을 유지하라
- 솔직한 모습을 보여라
- 최선을 다하고 남들보다 더 노력하라
- 변화를 꿈꾼다면 설득하라

직장과 가정의 균형을 유지하라

가족은 하나로 뭉친다. 펩시코^{PepsiCo}의 CEO 인드라 누이^{Indra Nooyi}는 회사를 일종의 대가족으로 생각한다는 사실을 거듭 강조했다. 남부 인도의 중산층 가정 출신인 그녀로서는 당연한 생각일 것이다. 모든 사람이 이 생각에 동의한다. 그녀는 직장과 가정의 적절한 균형을 찾는 일이 개인은 물론 기업에도 중요하다고 말한다. 가장 똑똑한 최고의 인재를 유치하고 싶다면 이 사람들에게 회사 밖의 생활도 있다는 사실을 고려해야 한다.

인드라 누이는 어떻게 펩시코 직원들이 회사에 아이들을 데리고 올 수 있도록 허용했는지에 대해 전한다. 당시 아홉 살이던 그녀의 딸은 학교에서 집으로 돌아오면 이따금 엄마와 함께 있고 싶었다. 그래서 오후 5시쯤 회사에 찾아와 엄마와 함께 앉아 있었다. 누이가 몹시 바쁠 때면 다른 중역들에게 가서 이야기할 시간이 있는지 살펴보곤

했다.

한번은 펩시코의 고위 경영자이자 공동 창립자로 당시 여든한 살이었던 돈 캔들Don Kendall의 집무실에 들렀다. 누이의 딸은 그에게 이야기를 나눌 시간이 있는지 물었고, 그는 그렇다고 대답했다. 그러자 그녀는 엄마가 집에서 하는 말과 행동을 모조리 이야기했다. 다른 사람도 아닌 회사의 창립자에게 말이다.

누이는 딸이 자신의 개인적인 가정생활을 '폭로했다'는 사실에 당황스러웠다. 하지만 이 다정한 대화 덕분에 캔들은 누이의 일상생활을 진심으로 이해하게 되었다. 물론 어린 친구를 사귈 기회도 얻었다. 누이는 이렇게 전한다.

"중요한 것은 여러분 주변의 환경을 육아에 도움이 되도록 만드는 일입니다."

⊙ CEO에게 배우는 커뮤니케이션의 기술

대부분의 기업에서 직장과 가정의 균형은 중요한 문제다. 이 사랑스러운 일화는 최고경영자조차도 직장과 가정의 균형이라는 문제를 겪으며 그 균형을 맞추는 일에 융통성을 발휘해야 한다는 사실을 설명하기에 적합하다. 이렇게 말해 보라.
"회사에 필요한 일류 인재를 유치하려면 직원들의 직장과 가정의 균형 문제에 더욱 주의를 기울여야 합니다. 펩시코의 인드라 누이가 전하는 매력적인 이야기가 떠오르네요."

솔직한 모습을 보여라

인드라 누이는 펩시코의 대표가 되기까지 혹독한 역경을 극복했다. 그녀는 삼진아웃 상태에서 미국 기업계에 입성했다고 말한다. 첫째, 그녀는 여성이었다. 둘째, 이주민이었다. 셋째, 유색인종이었다. 하지만 그녀는 이런 역경에도 굴하지 않고 성공했고, 이후로도 더 많은 성공을 거두었다.

그녀는 남부 인도의 첸나이^{Chennai}라는 도시의 중산층 가정에서 성장했다. 어린 시절 그녀는 야심과 추진력이 대단한 아이였다. 그 결과 마침내 혼자 힘으로 예일 대학교 MBA 과정에 들어갔다. 미국으로 유학을 왔을 때도 그녀에게는 안전망이 없었다. 그녀는 예일 대학교에 재학하는 동안 사실상 무일푼이었다. 낙제한다면 다음 비행기로 귀국해야 할 판이었다. 그러다 코네티컷의 한 회사에서 접수원 면접 기회를 얻었다. 그녀는 50달러를 모으기 위해 자정부터 새벽 5시까지 힘겹게 일했다. 처음으로 면접 때 입고 갈 정장을 사기 위해서였다.

간신히 정장을 샀지만 그녀는 낯선 새 옷이 불편했다. 그 면접에서는 일자리를 얻지 못했다. 얼마 후 그녀는 담당 교수에게 조언을 구했다. 그는 어떻게 답했을까?

"자네답게 옷을 입게. 그리고 본인에게 편안한 것을 지키게나."

누이는 다음번 면접에서 인도의 전통 사리를 입었고 드디어 일자리를 얻었다. 그녀의 복장이 어떤 영향을 미쳤는지는 확실히 알 수 없지만 그녀의 태도에는 십중팔구 영향을 미쳤다. 자신의 모습에 편안해 하는 모습이 면접관에게 자신감 있게 보였던 것이다. 그때부터 그녀는 담당 교수의 조언을 마음속 깊이 간직했다. 그녀는 본연의 모습을 지키고 소신에 따르기로 결심했다.

"저는 제 모습이 무척 편안합니다. 기업 세계에서 활약하기 위해 굳이 미국인이 될 필요는 없죠."

⦿ CEO에게 배우는 커뮤니케이션의 기술

그녀는 예일 대학교에 입학했다. 하지만 면접 때 입고 갈 정장을 사기 위해 자정부터 새벽 5시까지 일하는 학생은 많지 않을 것이다. 역경을 극복하고 본연의 모습이 되기로 결심한 인드라 누이의 이야기는 감동적이며, 모든 사람에게 전할 수 있는 성공담이다. 이렇게 말해 보라.

"비즈니스에서 성공을 거두는 한 가지 비결은 최선을 다하고 자기 본연의 모습을 보이겠다는 용기를 갖는 일입니다. 사람들은 여러분이 본연의 모습을 보일 때 그것을 알아보고 여러분을 존중할 겁니다. 펩시코의 인드라 누이의 이야기가 생각나는군요."

최선을 다하고 남들보다 더 노력하라

분명 그녀는 경쟁 유전자를 물려받았을 것이다. 인드라 누이는 평생 열심히 일하고 성취하는 데 너무 익숙해져 열심히 일하지 않으면 불안하다고 말한다.

인도에 있는 그녀의 가족은 그녀에게 어렸을 때부터 업무 윤리를 강하게 심어 주었다. 특히 그녀의 할아버지는 "인생에서 중요한 것은 성적뿐"이라고 말하며 엄격하게 대했다.

그녀의 학급은 매달 말 성적을 매기고 그 결과에 따라 등수를 정했다. 그녀는 성적표가 나오는 날이면 할아버지가 결과를 확인하기 위해 대문 앞에서 기다리곤 했다고 한다.

"만일 학급에서 3등 안에 들지 못하면 집으로 돌아오는 길에 자살하는 편이 나을 겁니다. 아니면 할아버지 손에 죽을 테니까요."

이따금 언니가 그녀보다 등수가 더 높았다. 그러면 그녀는 더 열심히 노력했다.

한번은 누이가 록 스타나 운동선수가 되고 싶다고 말하자 할아버지는 이렇게 대답했다.

"당치 않은 소리 마라. 더 열심히 공부해야 한다."

할아버지의 말씀은 그 이후에도 그녀의 뇌리에서 지워지지 않았다. 그녀가 가족에게서 배운 다른 교훈은 최대한 철저하게 일하고 옆 사람보다 더 잘해야 한다는 것이었다.

"누구도 실망시켜서는 안 됩니다. 나와 함께 일하는 사람들은 '인드라라면 죽어가면서도 일을 끝낼 것이다'라고 말할 겁니다. 저는 다른 식으로 일하는 방법을 모르거든요."

⊙ CEO에게 배우는 커뮤니케이션의 기술

자신이 하는 일에 절대적으로 완벽할 필요는 없지만, 옆 사람보다 더 열심히 노력해야 한다. 여러분의 회사가 정상에 머무는 데 이바지하려면 최선을 다하고 한층 더 노력해야 한다. 이렇게 말해 보라.

"더 나아지기 위해 노력하는 태도를 칭찬하고 격려해야 합니다. 모두 최선을 다하고 좀 더 노력해야 합니다. 펩시코의 인드라 누이는 아주 어린 나이부터 성공해야 한다는 압박감을 배웠답니다."

변화를 꿈꾼다면 설득하라

그녀를 'MBA 생존자'라고 불러도 좋을 것이다. 인드라 누이가 수년 전 예일 경영 대학원에 재학할 당시의 이야기다.

예일 경영 대학원에서는 학생들의 리더십 자질을 파악하기 위한 한 가지 방편으로 학생들을 소집단으로 나누어 사막이나 북극에서 조난당한 상상을 하라고 요구했다. 그런 다음 그들의 '생존'을 도울 열 가지 물품을 제시했다. 하지만 학생들은 이 가운데 다섯 가지만 선택할 수 있다. 따라서 함께 우선순위를 매기고 협력해야 한다. 교수들은 학생들이 협력할 때 거울 뒤에서 지켜보며 집단 역학을 관찰하고, 그들이 팀으로서 문제를 어떻게 해결하는지에 주목한다.

누이는 대학 재학 시절 가장 소중한 경험으로 이 실습을 꼽는다. 그녀는 이 연습에서 다른 사람들의 지지를 얻고 자신의 비전을 공유하는 방법을 배웠다. 첫 번째 단계는 관련자들의 모든 관점을 이해하는 한편 더 좋거나 새로운 비전을 시도하고 수립하는 일이다. 이때 핵심은 무엇일까? 바로 커뮤니케이션이다.

"언제나 커뮤니케이션이 중요합니다. 오버커뮤니케이션이라고 주장하는 사람도 있을 겁니다."

아랫단계의 관리자들을 설득하면 변화를 일으킬 수 있다.

"그들은 다른 사람들에게 그 메시지를 전달하죠. 그러면 머지않아 이 움직임이 뿌리를 내립니다."

하지만 모든 사람이 참여하지는 않는다. 그녀는 약 10%가 변화에 저항하고, 이따금 새로운 방향의 희생자가 될 것이라고 말한다. 그렇지만 회사를 떠난 사람들 가운데 많은 수가 훗날 그 결정을 후회하며 그중 일부는 되돌아온다.

⊙ CEO에게 배우는 커뮤니케이션의 기술

커뮤니케이션은 효과적인 리더십의 핵심 요소다. 이 사례는 리더라고 해서 직원들에게 협력을 강요할 수 없다는 사실을 일깨울 때 매우 효과적이다. 기업의 구성원들을 커뮤니케이션을 통해 설득해야 한다. 이렇게 말해 보라.
"변화는 쉽지 않습니다. 그저 사람들이 참여하기를 바라기만 해서는 그들이 변화를 수용하지 않을 겁니다. 우리의 요점을 되풀이해서 열심히 전달해야 하죠. 펩시코의 인드라 누이가 전한 이야기가 떠오르네요."

데이비드 패커드

휴렛패커드

■ ■ ■

- 끊임없이 배우고 도전하라
- 적재적소에 직원들을 배치하라
- 격식보다 자유롭게 소통하라
- 전적으로 직원들을 신뢰하라
- 무리하게 인수 합병하지 마라
- 스스로 존경받는 리더가 되라
- 관료주의에서 벗어나라
- 부분을 토대로 전체를 바라보라

끊임없이 배우고 도전하라

휴렛패커드^{Hewlett-Packard Company}의 공동 창립자 데이비드 패커드^{David Packard}와 빌 휴렛^{Bill Hewlett}은 훗날 캘리포니아의 실리콘 밸리를 창조했다는 공을 널리 인정받았다. 이는 미국의 가장 큰 경제적 성공담으로 손꼽히며 지금도 첨단 기술 성장의 엔진 역할을 하고 있다. 두 사람은 팰로 앨토^{Palo Alto} 애디슨 가^{Addison Avenue}의 차고를 개조한 작업실에서 일하며 미국이 첨단 기술 시대를 선도하는 데 일조했다.

데이비드 패커드는 자사가 처음으로 소비 시장에 진출한 이야기를 전한다. 그들은 당시 'HP 35'라는 핸드헬드 계산기를 제조하기 시작했다. 그러나 계산기를 개발하는 과정이 호락호락하지 않은 데다 새로운 배송 경로를 확보해야 했다.

HP는 그때까지만 해도 기본적으로 고객이 주문한 제품을 생산했다. 그러나 이 신제품에는 효과적인 시스템이 아니었다. HP의 엔지니

어 빌 테리Bill Terry는 전자제품 부문을 보강할 계획이었던 샌프란시스
코 메이시 백화점으로 출장을 갔다. 테리는 관리자에게 제품을 보여
주고 일단 관심을 끈 다음 고객 주문과 배송에 대해 이야기했다. 그러
자 관리자는 테리의 눈을 똑바로 쳐다보며 이렇게 말했다.

"젊은이가 이해를 못하나 본데, 나는 매장에 없는 것은 어떤 물건
도 팔지 않소."

아뿔싸. 패커드가 전했듯이 그렇게 해서 HP는 소비자 시장에 처
음으로 첫발을 내디뎠다. 그때부터 진열장을 채울 준비를 하고 자사
제품을 소비자의 손까지 전달하는 새로운 방법에 적응해야 했다.

⊙ CEO에게 배우는 커뮤니케이션의 기술

대기업이라도 처음에는 아기처럼 아장아장 걸어야 한다. 이 이야기는 기업과 직원들
이 가파른 학습 곡선을 올라야만 완벽한 잠재력을 발휘할 수 있다는 사실을 일깨우
기에 효과적이다. 이렇게 말해 보라.
"이것은 우리에게 낯선 분야입니다. 하지만 이미 성공한 기업을 포함해 어떤 기업이
든 자신들이 모든 것을 알지는 못하며 배워야 한다는 사실을 인정해야 합니다. HP
의 데이비드 패커드는 다음과 같은 이야기를 전합니다."

적재적소에 직원들을 배치하라

적임자들을 고용하라. 그러면 그 결과에 깜짝 놀랄 것이다. 데이비드 패커드는 효율성을 극대화하고 성공을 거두려면 반드시 해당 업무에 가장 유능한 사람들을 고용해야 한다고 말한다. 그런 다음 그들을 배려하고 존중하며 그들의 성과를 인정해야 한다. 사람들이 최선을 다할 수 있는 적절한 환경을 조성하는 것이 관건이다. 패커드의 비즈니스에서는 세부 사항이 특히 중요하다. 세부 사항을 파악하면 질 좋은 제품과 불량품을 구분할 수 있다.

어느 날 패커드는 'MBWA^{Management By Walking Around}(순회 관리)'라는 관리 철학을 따르며 기계 공장을 둘러보던 중 우연히 플라스틱 금형을 만들고 있는 기계공을 만났다. 기계공은 제품을 마무리하며 마지막 손질을 하는 듯했다. 패커드는 무심코 제품을 손가락으로 문질렀다. 그러자 기계공이 "내 주형에서 손 떼시오!"라고 버럭 화를 내며 패커드를 나무랐다. 이 상황을 보고 당황한 관리자는 기계공을 질책하면서 상대가 누군지 모르냐고 훈계했다. 기계공은 "상관없소"라고 쏘아붙였다.

패커드는 전혀 화내지 않고 기계공이 옳다고 말했다. 기계공은 중요한 임무를 맡고 있었고, 패커드가 제대로 임무를 수행하면서 자부심을 느끼는 사람을 방해한 것이다. 그는 좀 더 신중해야 했다.

⊙ CEO에게 배우는 커뮤니케이션의 기술

창조적인 기업에서 직급은 결과와 자신의 일에 대한 자부심보다 중요하지 않다. 데이비드 패커드의 이야기는 우수한 '목표 관리Management By Objective'와 '조직도 관리Management By Organization Chart'의 차이를 일깨우기에 적합하다. 이렇게 말해 보라. "여러분이 회사에 가치를 부가하지 않는다면 회사의 직함이 그다지 의미가 없다는 사실을 명심해야 합니다. 전문가들을 믿어야 합니다. 데이비드 패커드는 이런 이야기를 전합니다."

격식보다 자유롭게 소통하라

HP에는 창립 초기에 인력 자원 부서가 없었다. 믿기 어렵겠지만 빌 휴렛과 데이비드 패커드는 처음 18년 동안 인력 자원 부서를 만들지 않고 HP를 운영했다.

훗날 회사가 눈부시게 성장하면서 어쩔 수 없이 변화했지만, 그동안 그들은 이 부서의 필요성을 느끼지 못했다. 패커드가 밝혔듯이 그가 인사 관리자에게 특별한 반감이 있었던 것은 아니었다. 다만 그런 부서가 노사 관계를 돈독히 유지하는 데 방해가 될 것이라고 생각했기 때문이다.

패커드가 말하는 HP만의 또 다른 특성은 개방적이고 격식을 차리지 않는 커뮤니케이션이다. HP에서는 다소 형식적인 인사말을 건네기보다 언제나 이름을 부른다. 조직도는 관리의 필요한 특성이기는 하지만 한 직원이 자신의 업무를 완수하는 과정에는 아무런 역할을 하지 못한다.

패커드에 따르면 HP는 직원들이 '조직도의 선이나 박스보다는 일반 상식에 따라' 서로 의사소통하기를 바란다. 패커드는 직원 개개인이 각자 맡은 업무를 완수하기 위해 "가장 믿음직한 원천에서 정보를 구해야 할 것"이라고 말한다.

⊙ CEO에게 배우는 커뮤니케이션의 기술

이것은 HP에 창립 후 거의 20년 동안 인력 자원 부서가 없었다는 사실만으로 연설에서 언급하기에 충분할 만큼 특이한 이야기다. 이런 회사는 그리 많지 않다. 오늘날 커뮤니케이션은 계층 구조가 아니라 목적을 토대로 삼아야 한다. 이렇게 말해 보라. "우리는 조직도에 따라 움직이기보다는 임무를 완수하는 일에 초점을 맞추어야 합니다. 믿기 어렵겠지만 HP는 창립한 후 거의 20년 동안 중요한 부서를 만들지 않고 운영했습니다."

전적으로 직원들을 신뢰하라

데이비드 패커드는 사회생활을 시작한 초기에 제너럴일렉트릭^{GE}에서 근무했다. 패커드에 따르면 GE는 당시 직원들이 회사 재산을 가져가면 돌려주지 않을 것이라고 여기며 재산을 지키는 데 혈안이 되어 있었다. 이 정책은 패커드 같은 혁신과 개조의 전문가들에게 특히 힘들었다. 회사의 다양한 도구를 몇 시간 동안 비공식적인 실험에 이용해야 했기 때문이다.

회사가 재산을 철저하게 관리할수록 직원들은 오히려 장비를 가져가고 싶은 충동이 생겼다. 그리고 실제로 가져가는 직원도 있었다. 심지어 여러 직원이 살고 있던 한 집에는 다락방에 '빌린' 장비들이 너무나 많아 그 집에서 스위치를 켜면 밖에 있는 가로등이 희미해질 지경이었다.

그와 빌 휴렛은 HP를 설립할 무렵 이런 규칙을 무시하기로 작정했다. 그런 속내를 눈치챈 사람은 없는 듯했다.

한번은 휴렛이 주말에 어떤 작업을 하기 위해 현미경을 가지러 회사 창고에 들렀다. 그러나 장비 보관소는 잠겨 있었다. 열쇠가 없었던 그는 빗장을 부수고 문을 연 다음 다시는 장비 보관소를 잠그지 말라는 쪽지를 남겼다.

그는 장비 접근 권한을 주지 않는다면 혁신의 잠재력을 가로막는 것은 물론이고 신뢰가 부족하다는 의미이므로 그런 원칙은 중단해야 마땅하다고 생각했다.

⊙ CEO에게 배우는 커뮤니케이션의 기술

전문가들과 함께 일하면서 그들을 믿을 수 없다면 사람을 잘못 고용했다는 뜻이다. 이 이야기는 서로 신뢰가 없을 때 전문가들이 반항한다는 사실을 일깨우기에 효과적이다. 이렇게 말해 보라.

"이 회사는 신뢰를 토대로 세워졌습니다. 우리는 모두 전문가들이며, 우리가 진행하는 이 새로운 변화에 여러분이 적응할 것이라고 믿습니다. 데이비드 패커드가 전하는 이야기가 생각나는군요."

무리하게 인수 합병하지 마라

데이비드 패커드는 다른 회사를 매입한 수많은 회사들이 굶주림이 아니라 소화불량으로 죽었다고 우스갯소리를 하면서, 자신과 공동 창립자 빌 휴렛은 HP를 재벌로 만들고 싶지 않았다고 말한다.

두 사람은 1950년대 후반에 처음으로 캘리포니아 주 패서디나Pasadena의 한 회사를 인수했다. 이것은 훌륭한 결정이었다. 훗날 이 창립자는 HP의 경영 이사회 임원으로 활약했다. 이는 HP가 새로운 시장에 진입해 제품을 확장하도록 도운 여러 인수 가운데 첫 번째였다.

하지만 모든 인수가 효과적인 것은 아니었다. 대개 기업 문화의 차이가 걸림돌이 되었다.

HP는 1960년대 중반 오토다이내믹스Autodynamics라는 회사를 인수했다. 오토다이내믹스는 초음파 에너지를 이용해 금속의 결함을 발견하는 장비를 만들었다. 이 중 한 제품의 이름이 '무스탕'이었다. 그들은 장비의 한가운데에 당시 신모델이었던 포드 무스탕의 금속 자동차 배지를 떼어다 놓고 마치 자기들 것인 양 내세우려 했다.

패커드가 생각하기에 그것은 떳떳한 성공이 아니었다. 결함이 있는 장비는 물론이고 그들이 따라야 할 계약서의 내용도 마찬가지였다. HP는 계약을 이행했으나 8개월 후 그 공정은 완전히 중단되었다.

⊙ CEO에게 배우는 커뮤니케이션의 기술

성장하는 회사는 대부분 인수를 하거나 인수를 고려하곤 한다. 하지만 결혼과 마찬가지로 모든 인수가 '그리고 행복하게 살았답니다'라는 식으로 끝나지는 않는다. 사전에 한두 가지 경고를 하는 것이 훌륭한 조언이 될 수 있다. 이렇게 말해 보라. "우리는 다른 회사를 인수하는 일에 관심이 있습니다. 하지만 이곳에 계신 모든 분에게 대부분의 합병이 실패한다는 사실을 기억하라고 경고합니다. 데이비드 패커드는 HP가 인수했던 한 회사에 대해 흥미로운 이야기를 전합니다."

스스로 존경받는 리더가 되라

존경은 주어지는 게 아니라 획득하는 것이다. 데이비드 패커드는 빌 휴렛과 함께 세운 작은 신생 기업이 훨씬 큰 기업으로 성장하는 모습을 지켜보면서 팀워크를 당연시하지 않았다고 말한다.

조직은 '관리되어야' 한다. 그들은 자기네 회사가 단기 계약으로 사람들을 영입했다가 임무를 완수하면 내보내는 임시 고용 조직이 되기를 원치 않았다. 그래서 훨씬 장기적으로 생각하며, 헌신적이고 안정된 노동력에 초점을 맞추었다.

그들은 이 과정에서 직원들 중에 관리 잠재력을 갖춘 사람들을 발굴했다. 한번은 어떤 직원을 기계 공장의 관리자로 승진시켰다. 패커드와 휴렛은 그를 훌륭한 직원으로 생각했다. 때문에 승진시키는 것이 타당하며 당사자에게도 좋은 일이라고 판단했다.

그러나 며칠 후 새로 임명된 그 관리자는 패커드를 만나기 위해 집무실을 찾아왔다. 그는 자신의 새 직책을 수행하기가 쉽지 않다고 말했다. 그러면서 패커드가 공장에 와서 팀원들에게 자신이 그들의 상사라고 확실히 못 박아 줄 수 있냐고 물었다. 패커드는 그를 보며 이렇게 말했다.

"내가 그 일을 해야 한다면 당신은 그들의 상사가 될 자격이 없습니다."

⊙ CEO에게 배우는 커뮤니케이션의 기술

부하 직원들에게 상사를 정해 준다고 해서 그 상사가 직원들에게 존경을 받는 것은 아니다. 존경은 획득해야 한다. 직원들은 스스로 자신이 믿고 따를 수 있는 사람을 결정한다. '리더'가 통제권을 행사하기 위해 다시 그 위 상사를 찾아가야 한다면 이미 상황은 종료된 셈이다. 이렇게 말해 보라.
"관리자는 강압으로 이끌 수 없습니다. 솔선수범하며 부하 직원들의 신뢰를 얻어야 합니다. 데이비드 패커드는 이런 이야기를 전합니다."

관료주의에서 벗어나라

확장하는 것은 또한 수축할 수 있다. 대다수 고도성장 기업들처럼 휴렛패커드는 회사가 성장함에 따라 부서, 전담반, 위원회, 심의회 등을 여러 단계로 나누었다. 이런 방식은 흔히 신속하게 변화해야 하는 컴퓨터 사업의 주요 플레이어인 휴렛패커드에서 곧바로 악몽으로 변했다. 즉시 내려야 하는 중대한 결정이 관료주의적인 무기력 탓에 몇 주, 때로는 몇 달 동안 보류됐다. 컴퓨터 분야에 진출한 지 얼마 되지 않은 터라 대응에 필요한 결정을 신속하게 내리지 못했다.

이런 현상은 곧바로 회사의 다른 부분에 영향을 미치기 시작했다. 그들은 문제에 대처하기 위해 결정에 초점을 맞추고 컴퓨터 관련 활동을 조정할 목적으로 컴퓨터 비즈니스 실행 위원회Computer Business Executive Committee를 설립했다. 그러나 이 역시 효과가 없었다.

마비 상태는 악화되기만 했고, 3년 전만 해도 70달러였던 주가는

1990년대 말 25달러로 떨어졌다. 이 무렵 패커드와 휴렛은 모두 은퇴했지만 완전히 물러난 상태는 아니었다. 다행히 회사의 개방 정책 덕분에 그들은 마비 상태로 고전하고 있는 회사 직원들과 접촉할 수 있었다.

그들의 조언은 단순했다. 관리 단계의 수를 줄이고, 신임 CEO를 영입하며, 컴퓨터 비즈니스 실행 위원회를 해체하라는 것이다. 또한 맡은 업무를 계획하고 스스로 결정을 내릴 운영 단위의 재량권을 확대했다.

그 결과 회사의 융통성이 제고되었고, 3년 후 분권화의 효과가 나타나기 시작했다. 고객들은 반응을 보였다. 1993년 무렵 주가는 두 배로 뛰어 70달러를 회복했다.

⊙ CEO에게 배우는 커뮤니케이션의 기술

관료주의는 모든 회사의 적이다. 특히 신속하게 변화해야 하는 회사에서는 더욱 그렇다. 불변의 요소는 오직 변화뿐이라고 일컬어지는 컴퓨터 분야만큼 신속하게 움직여야 할 산업도 드물다. 운 좋게도 HP는 이 문제를 확인하고 바로잡은 후 생존했다. 이렇게 말해 보라.

"관리자로서 우리는 도전을 극복하기 위해 위원회를 설립하지 않고 직원들에게 결정을 내릴 권한을 부여하는 것이 수많은 당면 과제의 해답임을 인정해야 합니다. 우리는 지금 해결책을 실천하고 있습니다. 데이비드 패커드는 휴렛패커드에 대해 이렇게 이야기합니다."

부분을 토대로 전체를 바라보라

우리의 발목을 잡는 것은 언제나 세부 사항이다. 데이비드 패커드는 경력을 쌓기 시작할 무렵 GE에 근무할 때 일어난 한 가지 사건에 대해 이야기한다.

1930년대에 그가 근무하던 부서에서는 진공관이 골칫거리였다. 번번이 품질 조사에서 불합격했다. 결국 패커드에게 근본 원인을 찾으라는 임무가 주어졌다. 패커드는 상황을 더 정확하게 파악하기 위해 많은 시간을 공장에서 지내며 전체 과정을 되짚어 보았다. 확인 결과 제조업체에서 제공한 제품 제조법 설명서가 대부분 정확하지 않았다. 그는 생산 직원들과 함께 그 문서를 다시 써서 적절한 설명서를 만들었다. 이런 노력 덕분에 이후 생산된 단관은 검사에 합격했다.

패커드는 몇 년이 지난 후에도 빌 휴렛과 함께 HP의 관리 정책을 개발할 때면 이 사건을 떠올렸다. 그들은 이 사례를 바탕으로 '순회 관리MBWA'를 채택했다.

"저는 품질을 위해서는 모든 세부 사항에 세심하게 주의를 기울이며, 조직의 모두가 맡은 임무를 훌륭하게 수행하는 한편 설명서에만 의존하지 않고 개인이 직접 참여해야 한다는 사실을 배웠습니다."

⊙ CEO에게 배우는 커뮤니케이션의 기술

중요한 것은 작은 것들이다. 관리자들은 멀리서 방관하거나 손 놓고 있지 말고 자신의 공장에서 일어나는 모든 일을 파악해야 한다. 이렇게 말해 보라.

"우리는 품질을 유지해야 할 필요성을 강조합니다. 하지만 여기 모인 모든 개개인이 직접 참여하지 않는다면 품질 문제는 해결되지 않을 것입니다. 데이비드 패커드는 다음과 같은 이야기를 전합니다."

래리 페이지

구글

▪ ▪ ▪

· 끊임없이 생각하고 창조하라

끊임없이 생각하고 창조하라

구글Google은 장난으로 시작되었다. 공동 창립자 래리 페이지Larry Page는 스탠퍼드에 재학하던 시절 검색 엔진을 만들겠다는 의도도 없이 월드 와이드 웹World Wide Web의 링크를 모으기 시작했다. 그는 특히 어떤 페이지들이 연결되는지 궁금했다.

1990년대 중반에는 그리 흔한 일이 아니었다. 그는 이것이 논문 주제가 될 수도 있고 재미도 있을 거라고 생각했다. 억만장자가 되리라고는 꿈에도 생각지 못했다.

우선 스탠퍼드 대학교 홈페이지에 링크된 사람을 찾는 일부터 시작했다. 당시에는 약 1,000개의 링크가 있었다. 문제는 모든 결과를 분류하고 적절한 링크를 확인하는 일이었다.

그는 그다지 관련이 없는 정보를 제외하고는 당초 예상과 그리 다르지 않은 결과를 얻었다. 간단히 말해 수천 개의 링크라는 바다에

빠진 대신 본인이 예상했던 상위 10위의 결과를 얻었다. 그는 이렇게 생각했다.

'이것 참 흥미로운 걸. 정말 효과적이야. 이것을 검색에 이용해야겠어.'

이때부터 그는 세르게이 브린과 함께 머지않아 업계의 황금률이 될 검색 엔진을 만들기 시작했다. 나머지 이야기는 굳이 말할 필요가 없으니 생략하겠다.

⊙ CEO에게 배우는 커뮤니케이션의 기술

특정한 방향을 생각하지 않고 무작위로 한 실험에서는 무수히 멋진 아이디어가 등장한다. 아마 자유로움 때문일 것이다. 또한 큰 기대를 걸지 않았기 때문일 것이다. 이렇게 말해 보라.

"나는 우리가 대단한 해결책을 제시할 수 있기를 바랍니다. 여러분이 좀 더 창조적인 방향으로 생각하도록 돕기 위해 역사상 위대한 많은 아이디어가 어떤 문제를 해결하려다가 다른 분야의 기회를 만들어내면서 등장했다는 사실을 언급하지 않을 수 없네요. 어떤 경우에는 이 같은 과정이 수십억 달러의 가치에 이르는 기업을 탄생시키기도 했습니다. 구글의 창립자 래리 페이지가 전한 이야기가 떠오르는군요."

T. 분 피켄스

BP 캐피털 매니지먼트

■ ■ ■

- 주어진 기회를 최대한 활용하라
- 될 때까지 노력하라
- 검소함을 습관화하라
- 회사의 주인이 누구인지 잊지 마라
- 겉모습으로 판단하지 마라
- 고객의 심리를 적절히 이용하라

주어진 기회를 최대한 활용하라

BP 캐피털 매니지먼트^{BP Capital Management}의 CEO이자 억만장자 에너지 자본가 T. 분 피켄스^{Thomas Boone Pickens}는 2007년 손자의 고등학교 졸업식에서 연설을 해 달라는 부탁을 받았다. 그는 연설을 시작할 무렵 이미 사람들이 한 가지 생각을 하고 있다는 사실을 알았다.

'언제 이 사람이 연설을 끝낼까? 점심 먹으러 가야 하는데.'

관객의 주의를 사로잡을 이야기가 필요했다. 피켄스는 관객에게 이렇게 말했다.

"여러분은 지금 기회를 잡기에 가장 좋은 위치에 있습니다. 그 위치에 있을 수 있다면 저는 무엇이든 마다하지 않고 바꾸겠습니다."

그러면서 걸프스트림^{Gulf Stream} 제트기와 6만 에이커(약 240km²)에 이르는 목장 등 자신의 긴 자산 목록을 나열했다. 그리고 조심스럽게 다음과 같이 덧붙였다.

"그런데 한 가지 함정이 있습니다. 만일 거래에 응한다면 여러분은 일흔아홉 살이 되고 대신 나는 다시 열여덟 살이 되어야 합니다."

관객들이 관심을 보였다. 하지만 거래에 응한 사람은 아무도 없었다. 피켄스는 그것이 자신에게는 근사하지만 어린 졸업생들에게는 불쾌한 거래였을 것이라고 말한다. 그는 나이를 바꿀 수 없다는 사실을 알고 있다. 때문에 차선책은 아무리 나이가 많더라도 항상 적극적으로 참여하는 것이라고 생각한다. 인생은 제2장, 제3장, 심지어 제4장을 맞이할 가치가 있다.

한번은 어떤 기자가 피켄스에게 왜 젊은이들에게 기회를 주고 물러나지 않느냐고 물었다. 그는 그런 식의 고정관념은 잘못된 것이라고 말했다.

"누구나 발전할 수 있습니다. 열심히 일하고 주어진 기회를 활용하기만 하면 되죠."

⊙ CEO에게 배우는 커뮤니케이션의 기술

피켄스가 구체적으로 밝히지 않았지만 그가 관객과 내기했을 때 십중팔구 장내는 쥐 죽은 듯이 조용했을 것이다. 어마어마한 부를 제시했지만 아무도 자신의 젊음, 그리고 각자의 삶 앞에 놓인 기회와 그것을 맞바꾸려 하지 않았다. 기회는 미국의 핵심적인 약속이다. 항상 성공하지는 못하겠지만 적어도 기회가 있다. 이렇게 말해 보라. "이따금 사람들은 기회가 우리에게 얼마나 큰 힘을 주는지 곧잘 잊어버립니다. T. 분 피켄스가 했던 이야기가 생각나네요."

될 때까지 노력하라

흔히 2장이 1장보다 더 재미있다. T. 분 피켄스는 누구보다도 멋진 인생의 제2장을 누렸다. 1996년 피켄스는 석유 비즈니스에서 상당한 수익을 거둔 이후 BP 캐피털 에너지 펀드를 설립했다. 하지만 그는 인가 선물 신탁 운영자가 되려면 미국 선물 협회National Futures Association 시험에 합격해야 했다. 이 무렵 그는 사업을 시작한 상태였고, 그의 트레이더 두 명이 한 번 만에 시험에 합격했다.

'시험이 어려워 봤자 얼마나 어렵겠어?'

피켄스는 맹렬히 공부하고 시험을 보러 갔다. 시험장의 한 젊은이가 그를 알아보고는 시험장에 무슨 일로 왔냐고 물었다. 그리고 피켄스 같은 사람이라면 시험을 잘 보는 것은 물론이고 그 주제에 관한 책도 쓸 수 있을 것이라며 농담했다. 피켄스는 여섯 시간 내내 시험을 보았다. 첫 번째 부분에서는 합격했지만 나머지 두 부분은 불합격이었다. 그는 결국 면허를 얻지 못했다. 이후 그는 두 배로 노력했다. 개인 교사를 고용해 공부하고 두 번째로 시험을 봤지만 역시 불합격이었다.

그의 준비 기간은 예상보다 훨씬 더 길어졌다. 이제 세 번째로 시험을 보러 갔다. 이번에는 친구의 조언대로 계산기를 가져가지 않았다. 어쨌든 직장에서 암산을 하는 데 익숙한 그였다. 시험을 시작하기에 앞서 교사에게 하루 종일 시험을 보아도 되느냐고 물었다. 그동안 피켄스가 두 번이나 낙방하는 모습을 지켜봤던 교사는 또다시 불합격하면 캔자스시티에 위치한 본부에 물어보겠다고 대답했다. 피켄스는 시험을 치르고 시험지를 제출한 다음 기다렸다. 교사는 얼굴에 환한 미소를 지으며 이렇게 알려 주었다.

"캔자스시티에 연락할 필요가 없겠네요. 합격입니다."

⊙ CEO에게 배우는 커뮤니케이션의 기술

겸손에 대해 이야기하자. 1996년 무렵 T. 분 피켄스는 이미 수많은 비즈니스 잡지의 표지를 장식하는 석유 분야의 유명 인사였다. 그런데 생소한 분야에 뛰어들어 필요한 자격증을 획득하는 데 실패했다. 하지만 계산기를 포기해서였는지, 아니면 끈기 덕분이었는지 그는 마침내 합격했다. 이렇게 말해 보라.

"이따금 인생의 제1장에서 큰 성공을 거둔 사람에게조차도 인생의 제2장은 그리 호락호락하지 않습니다. T. 분 피켄스의 이야기가 떠오르는군요."

검소함을 습관화하라

T. 분 피켄스에게는 행운의 부적 같은 신발이 있다. 그는 항상 검소함을 몸소 실천하며 자랐고 이후로도 그 특성을 잃지 않았다. 그의 할머니는 전등을 끄지 않는 그를 꾸짖고 전기세 청구서를 보여 주며 그의 실수 때문에 얼마나 돈이 들었는지 확인시켰다. 그는 이후부터 방을 나설 때면 습관적으로 전등을 껐다.

피켄스가 오래전부터 지금까지 간직하는 물건으로 1964년 비엔나에서 구입한 비싼 롤렉스^{Rolex} 시계, 1959년에 산 새 모양의 은색 환약 상자, 그리고 1957년에 사서 밑창을 갈았던 페니 로퍼가 있다.

이 중에서 로퍼는 몇 년 전 캘리포니아의 한 프리웨이에서 잃어버릴 뻔했던 터라 더 각별했다. 당시 그는 가족과 휴가를 가던 중이었다. 그는 스테이션왜건의 지붕에 짐을 묶어 두었다. 그런데 그만 깜박잊고 케이스의 지퍼를 채우지 않았다. 불현듯 백미러로 뒤를 돌아보았을 때 프리웨이 위에 사방으로 흩어져 있는 그의 옷가지들이 눈에 띄었다. 재빨리 사태를 알아차린 피켄스는 도로 옆에 자동차를 세웠다. 자동차들이 휙휙 지나가고 있었다. 그곳으로 걸어 들어갈 만한 상황은 아니었다. 그는 아내에게 두 번만 왕복하면 물건을 모두 주워 올 것 같다고 말했다. 아들은 아버지가 자동차에 치일까 두려워하며 땅바닥에 앉아 있었다. 피켄스는 냅다 달려 나가 신발을 포함해 최대한 많은 물건을 주웠다. 그리고 다시 짐을 꾸린 다음 길을 떠났다. 그는 지금도 그 신발을 가끔 신는다.

"이따금 그 신발이 행운을 안겨 준다고 생각합니다. 그래서 상황이 좋지 않을 때면 그 신발을 신는답니다."

⊙ **CEO에게 배우는 커뮤니케이션의 기술**

작은 개인 용품이든 주주들의 몫인 수십억 달러의 돈이든 상관없이 매의 눈으로 여러분의 돈을 감시하는 것은 결코 나쁜 습관이 아니다. 사업가들 중에는 행운을 안겨 주는 개인적인 부적을 가지고 있는 이가 적지 않다. 이렇게 말해 보라.
"저는 검소함이 미덕이라고 생각합니다. 대단히 성공한 사업가와 기업은 매우 검소하게 생활하고 조직을 운영하죠. T. 분 피켄스가 전한 이야기가 기억나네요."

회사의 주인이 누구인지 잊지 마라

배당금은 주주들에게 음악과도 같다. T. 분 피켄스는 몇 년 전 들었던 한 경쟁 석유 회사에 대한 이야기를 전한다. 회사 창립자의 가족인 한 임원이 연간 배당금을 높이라고 제안했다. 그러나 CEO의 의견은 달랐다. CEO는 이사회에서 다음과 같이 답변했다.

"지금 제정신입니까? 왜 우리가 모르는 사람들에게 거금을 줘야 합니까?"

피켄스가 밝혔듯이 이는 1970년대와 그 이전 주주들에 대한 미국 기업계의 전형적인 태도였다. 비록 피켄스의 회사인 메사^{Mesa}의 운영 상태는 양호했지만 지난 18년 동안과는 달리 석유 보유량을 보충하기가 점점 어려웠다. 회사를 성장시키고 싶었으나 석유를 찾을 기회는 점점 줄어들었다.

분명 탐사와 개발 예산을 크게 증가시켜야 했다. 하지만 그로 인해 이윤율은 점점 떨어졌다. 그래서 앞으로 2년 동안 계속 석유 보유량을 유지하지 못하면 다른 방식을 찾거나 이 분야에서 손을 떼겠다고 말했다. 그때 다음과 같은 생각이 떠올랐다.

'메사의 규모를 줄이고 일부 보유량을 로열티 신탁으로 주주들에게 제공할 수 있다. 그러면 회사가 소유한 석유와 가스 보유량이 줄어들어 보충 보유량을 얻기가 비교적 쉬울 것이다.'

다시 말해 회사의 규모는 작아지지만 주주 가치는 오히려 증가할 터였다. 아니나 다를까, 로열티 신탁 소식을 발표했을 때 메사의 주가는 주당 54달러로 치솟았다. 몇 달 후 신탁이 승인되었을 때 주가는 86달러에 이르렀다.

훗날 이 조치는 다른 회사들 사이에서 하나의 트렌드가 되었다. 피켄스는 실제 회사의 주인이 누구인지 잊지 않았다.

⦿ CEO에게 배우는 커뮤니케이션의 기술

언뜻 보면 모순인 것 같지만 주가를 높이기 위해서는 이따금 회사의 일부를 제거해야 한다. 보유량이 고갈되면서 주가가 곤두박질치는 모습을 지켜본 피켄스의 주주들에게 이는 현명한 조치였다. 이렇게 말해 보라.
"우리 회사의 가치는 사실 성장하기보다는 제거함으로써 한층 더 커집니다. T. 분 피켄스는 몇 년 전 자신의 석유 회사인 메사에 관해 이와 비슷한 이야기를 전합니다."

겉모습으로 판단하지 마라

회사의 규모가 크다고 운영 상태가 훌륭하다는 의미는 아니다. 혹은 비전이 있다는 의미도 아니다. T. 분 피켄스에 따르면 사실 정반대인 경우가 많다. 그는 직원의 수를 토대로 회사를 판단할 수 없다고 주장한다. 이를테면 고위 경영진과 영업 분야의 거리가 더 멀고 크게 분리될수록 그 거리로 인해 자기만족에 빠지고 창의적인 에너지가 약화될 가능성이 높다. 피켄스는 항상 직원이 부족한 상태로 회사를 운영했다. BP 캐피털도 마찬가지다.

그는 BP의 한 젊은 직원 데이비드 미니^{David Meaney}의 이야기를 전한다. 미니는 대학 졸업반 때 주식 거래에 손을 댔다. 그는 재정학사 학위를 따고 세일즈 및 포트폴리오 트레이더로 7년 동안 일한 후 에너지 관련 헤지 펀드로 옮기고 싶었다. 그래서 BP의 성공 사례를 전해 듣고 이 회사에 이력서를 제출했다.

미니는 면접 때 BP 캐피털의 팀에 입사할 수 있기를 간절히 바란
다고 밝혔다. 면접관 마이클 로스^Michael Ross는 "우리 회사에 트레이더
는 저 한 명뿐입니다"라고 말했다. 그러자 미니가 이렇게 물었다.

"이 회사가 45억 달러의 헤지 펀드를 관리하는데 트레이더가 한
명뿐이라고요?"

결국 미니는 고용되었다. 그 결과 트레이더의 수는 두 배로 증가해
어마어마하게도 두 명이 되었다. 실제로 규모가 전부는 아니다.

⊙ CEO에게 배우는 커뮤니케이션의 기술

이따금 작은 것이 더 아름답다. 하지만 그런 한편 비율이 맞아야 한다. 수천 명의 직
원이 아니라 소수의 인재들이 업무를 처리할 수 있다면 더욱 바람직하다. 이렇게 말
해 보라.
"그렇게만 하면 생산성이 높아지기라도 하는 듯이 직원들을 많이 고용해야 한다고
주장하는 사람이 있습니다. 그러나 행정 절차와 관리자의 단계를 증가시킨다고 항
상 문제가 해결되지는 않습니다. 조직이 단순해도 아무런 문제가 없는 회사도 있죠.
한 가지 이야기가 떠오르네요. T. 분 피켄스는 자사의 45억 달러 상당의 헤지 펀드
트레이더에 대해 다음과 같이 이야기합니다."

고객의 심리를 적절히 이용하라

T. 분 피켄스는 언제나 어느 쪽으로 바람이 불고 있는지 아는 것처럼 보인다. 석유 기업가였던 그는 풍력 발전 분야에 진출한다고 발표하면서 화제가 되었다. 그의 고향인 텍사스는 막대한 석유를 보유하고 있는 것은 물론이고 텍사스에서 북쪽으로 캐나다 국경까지 이어지는 미국의 이른바 바람길^{wind corridor}의 일부이기도 하다. 특히 텍사스 팬핸들^{Panhandle}은 바람의 상태로 유명하다.

피켄스에 따르면 640에이커(약 2.6km²)의 면적을 5~10개의 풍력 발전 터빈으로 유지할 수 있으며, 각 터빈은 지주들에게 로열티로 연간 1만~3만 달러를 제공한다. 인구가 점점 줄어들고 있는 텍사스 지역에서 이 정도 수입이라면 계속 머물 수 있는 멋진 인센티브가 될 수 있다. 그러면 지역 경제 발전에 자극제가 될 것이다.

하지만 지주들이 자기 소유의 땅을 임대할 것이라는 보장이 필요했다. 아울러 많은 사람에게 대규모 투자가 효과가 있을 거라고 설득해야 했다. 피켄스는 약 200명의 사람들을 만났다. 그중 일부는 채수권을 위해 맺었던 거래 때문에 피켄스를 이미 알고 있었다. 피켄스는 이제 그들의 바람을 팔라고 설득해야 했다. 그는 노골적으로 밝히지는 않았지만 사람들에게 약간의 반反심리학을 이용했다.

피켄스는 회의를 시작하면서 만일 자신이 땅 주인이라면 자기 땅에 풍력 발전 터빈이 들어서는 것을 원치 않을 것이라고 말했다. 누군가 "이유가 뭔가요?"라고 물었을 때 그는 "보기 흉하니까요"라고 대답했다. 그러자 앞줄에 있던 한 사람이 다음과 같이 말했다.

"전 잘 모르겠습니다. 당신에게는 보기 흉할지 모르지만 내게는 돈처럼 보이네요!"

이 말에 사람들은 크게 웃었다. 그다음부터는 판매가 순조롭게 진행됐다.

⊙ **CEO에게 배우는 커뮤니케이션의 기술**

사적 이익에 직접적으로 영향을 미치는 반심리학을 이용해 저항에 대처하는 편이 유리할 때가 있다. 피켄스는 님비^{NIMBY} 현상에 따라 터빈이 아름답지 않다는 주장을 인정하면서 논의의 핵심을 미학에서 다른 관심사로 옮겼다. 이렇게 말해 보라.
"논의의 핵심을 이 공장의 위치를 정하는 일로 옮겨야 합니다. 이 공장은 건축학적인 아름다움으로 상을 받지는 못할 겁니다. 하지만 일자리를 창출하겠죠. T. 분 피켄스가 풍력 발전 터빈을 설치하기 위해 지주들에게 땅을 임대하도록 설득하면서 했던 이야기가 기억납니다."

짐 시네걸

코스트코 홀세일

- 직접 행동으로 모범을 보여라

직접 행동으로 모범을 보여라

말보다 실천이 중요하다. 코스트코 홀세일^{Costco Wholesale Corporation}의 공동 창립자이자 CEO인 짐 시네걸^{Jim Sinegal}은 지금껏 받은 몇몇 훌륭한 조언은 사실 전통적인 의미에서 '조언'이 아니었다고 말한다.

그는 젊은 시절 어느 할인 매장에서 이사로 일하며 창립자인 솔 프라이스^{Sol Price}에게 배웠다. 시네걸에 따르면 그는 솔선수범하는 최고의 교사였다. 심지어 저녁을 먹은 다음에도 창고에 다시 들러 독수리 같은 눈으로 모든 것을 살피며 통로를 걸어 다녔다.

그러다가 바닥에 떨어진 쓰레기가 눈에 띄면 주웠다. 뒤집어진 물건이 있으면 똑바로 세웠다. 진열이 고르지 못하면 바로잡았다. 사람들이 미처 신경 쓰지 못한 문제가 있으면 주의를 기울이도록 조치를 취했다. 무엇보다 사람들이 행동하고 솔선수범하면서 배울 수 있도록 직접 모범을 보였다.

시네걸은 그 교훈을 잊지 않았다. 그는 코스트코의 CEO가 된 이후 항상 매장을 걸어 다니며 직원들에게 일상적인 업무에 관해 묻곤 한다.

진정으로 유능한 관리자가 되려면 말보다 행동으로 솔선수범하는 훌륭한 스승이 되어야 한다.

⊙ CEO에게 배우는 커뮤니케이션의 기술

어린 시절의 훌륭한 습관은 훗날 도움이 된다. 이 이야기는 최고의 리더들이 말만 하기보다는 솔선수범한다는 사실을 보여 준다. 상품 진열 같은 사소한 세부 사항에 주의를 기울이는 것은 그리 대단한 일처럼 보이지 않는다. 그러나 다른 사람들이 그 본보기를 따름으로써 널리 확대되어 결국 회사 전체를 이롭게 한다. 이렇게 말해 보라. "일상생활에서 그렇듯이 비즈니스에서 중요한 것은 사소한 것들입니다. 예컨대 코스트코의 대표는 사회 초년병 시절에 이 교훈을 얻었죠."

도널드 트럼프

트럼프 오거니제이션

- - -

- 자신만의 새로운 길을 개척하라
- 직접 앞에 나서라
- 끈기를 갖고 신중히 선택하라
- 몸소 부딪쳐 비용을 아껴라

자신만의 새로운 길을 개척하라

반드시 부전자전인 것은 아니다. 세계적인 부동산 재벌 도널드 트럼프 Donald Trump는 아버지가 활약하던 부동산 분야에 진출했지만 그의 발자취를 따르지 않았다. 그의 아버지인 프레드 트럼프 Fred Trump는 뉴욕 시 외곽 전역에 저소득층과 중산층을 위한 주택을 지었다. 도널드 트럼프는 부동산 사업을 좋아했으나 아버지가 활약하던 부동산 시장의 몇 가지 단점은 탐탁지 않았다.

그는 한 일화에서 아버지의 사업이 와튼 경영 대학원을 갓 졸업한 자신과는 다소 맞지 않았다고 전한다. 아버지에게 갓 고용된 젊은 도널드는 집세 수금원들과 동행하라는 임무를 받았다. 그 일을 하면서 문 앞에 서서 문을 두드리지 말아야 한다는 사실을 배웠다. 대신 안전을 고려해 최악의 경우 손만 다치도록 문 옆에 서야 했다.

또 그의 마음에 들지 않았던 것은 이윤이 낮다는 점이었다. 그래서 최대한 지출을 줄여야 했다. 이를테면 아버지가 짓는 건물에는 황갈색 벽돌보다 조금 싸다는 이유로 붉은 벽돌을 썼다. 디자인에 신경 쓰지 않고 여기저기서 몇 달러를 절약하면 수익이 달라질 수 있었다. 훗날 트럼프의 아버지는 맨해튼 57번가와 5번가에 있는 트럼프 타워를 방문했다. 트럼프는 가장 비싼 청동색 태양광 유리를 사용했다. 아버지는 건설 현장을 보면서 도널드에게 이렇게 말했다.

"저 빌어먹을 유리는 안 쓰면 안 되니? 4, 5층 정도까지만 유리를 쓰고 나머지는 일반 벽돌을 써라. 아무도 올려다보지 않을 테니 말이다."

그것이 바로 전환점이었다. 아버지는 아들에게 몇 달러를 아끼는 방법을 조언했지만 아들은 더 고상한 꿈을 좇아 올바른 결정을 내렸음을 확신했다. 트럼프는 값비싼 재료를 쓰면 아버지가 거래했던 사람들과 다른 부류의 사람들이 입주해서 이윤이 더 많아질 거라고 판단했다. 아버지의 조언은 감사했지만 그는 계속 다른 길을 걸었다.

⊙ CEO에게 배우는 커뮤니케이션의 기술

시대는 변하고 세대의 야심 또한 변한다. 도널드 트럼프는 비록 아버지의 사업을 이었지만 아버지가 직면했던 모든 문제들까지 그대로 물려받는 대신 다른 길을 개척했다. 이렇게 말해 보라.

"우리 회사의 고객은 고급 시장에 있으니 우리가 그곳으로 옮겨가야 합니다. 또한 그곳에는 높은 이윤이 존재하죠. 도널드 트럼프가 그의 아버지, 프레드에 대해 전한 이야기가 떠오릅니다. 그는 아버지를 따라 부동산 비즈니스에 진출했지만 전혀 다른 길을 걸었습니다."

직접 앞에 나서라

원하는 답변을 얻지 못했는가? 그럼 다음 단계로 넘어가라. 도널드 트럼프는 뉴욕 시의 그랜드 센트럴 터미널 옆에 위치한 쓰러져 가는 코모도어 호텔을 매입하려고 했다. 트럼프는 하얏트의 한 중역과 임시 조항으로 가득한 거래를 두고 협상 중이었다. 그는 자신만만했지만 끝내 거래를 성사시키지 못했다. 재협상을 시작하고 합의를 했지만 똑같은 실패를 되풀이했다. 마침내 하얏트의 고위인사로 트럼프와 친분이 있던 사람이 당시 풋내기 부동산 개발업자였던 트럼프에게 우호적인 조언을 했다. 제이 프리츠커^{Jay Pritzker}를 만나라는 것이었다. 트럼프의 소식통에 따르면 프리츠커의 가족은 호텔 체인의 이권을 쥐고 있었고 프리츠커가 실제 회사 운영자였다. 트럼프는 이렇게 말한다.

"최고 권력자 밑에 있는 모든 사람은 직원이다. 그 직원들은 당신과의 거래를 성사시키기 위해 전력으로 애쓰지 않을 것이다."

직원은 임금 인상이나 보너스를 위해서는 싸우겠지만 상사의 심기를 거스르는 일은 결코 하지 않는다. 그는 십중팔구 솔직한 소견을 상사에게 제시하지 않을 것이다. 당신의 눈에는 그가 열의를 다하는 것 같지만 상사에게 사례를 보고할 때 그 열의는 순식간에 사라질 것이다. 이런 직원에게는 모험을 걸 만한 가치가 없다.

트럼프는 전화기를 집어 들고 프리츠커에게 직접 전화를 걸었다. 시카고에서 뉴욕으로 가는 중이었던 프리츠커는 트럼프에게 만나자고 제안했다. 트럼프는 공항까지 나가 프리츠커를 마중했다. 그들은 뉴욕에 머무는 동안 이야기를 나누었고 서로에 대한 존경심은 점점 커졌다. 얼마 지나지 않아 거래가 성사됐다. 트럼프는 호텔을 지었고, 하얏트가 관리했으며, 두 사람은 평등한 파트너가 되었다. 만일 트럼프가 직접 나서서 최고경영자를 만나지 않았다면 이런 일은 절대 불가능했을 것이다.

⊙ CEO에게 배우는 커뮤니케이션의 기술

곧장 꼭대기로 가는 것이 효과적일 때가 있다. 트럼프는 적절한 정치적 후원이 없다면 스스로 훌륭하게 협상했을지라도 실상은 다르다는 교훈을 어렵게 얻었다. 중개자가 거래를 하면서 여러분과 열렬한 악수를 나눌지 모른다. 하지만 그 열의를 자신의 상사에게까지 전달하리라고는 기대하지 마라. 이렇게 말해 보라.
"저는 우리가 판매 과정에서 안으로 들어가는 데는 성공하지만 거래를 성사시키지는 못한다는 생각이 듭니다. 그것은 바로 사다리 꼭대기까지 올라가지 않기 때문이죠. 도널드 트럼프가 전하는 이야기가 떠오르는군요."

끈기를 갖고 신중히 선택하라

도널드 트럼프는 여러 카지노를 소유하고 있음에도 자신은 도박사가 아니라고 말한다. 사실 그는 상당히 보수적인 방식으로 거래에 접근한다. 그는 실제로 부정적인 사고의 힘을 믿는다.

"최악의 경우를 위해 계획을 세우고 최악의 사태를 견딜 수 있다면 좋은 일이 저절로 따를 것입니다."

따라서 트럼프는 어떤 거래에서든 자신을 지나치게 노출하지 않는다. 한번은 약체 USFL 미식축구팀을 매입한 적이 있었다. 그는 이것을 자신의 규칙을 따르지 않아서 대가를 치른 사례로 인용하곤 한다.

그의 규칙을 알 수 있는 전형적인 사례가 있다. 트럼프는 애틀랜틱시티의 넓은 길에 건물을 지을 계획이었다. 그는 인접한 땅을 매입해 건물 부지를 확보하려고 끈기 있게 수많은 거래를 맺었다. 마침내 부지가 확보되었지만 그는 성급히 건물을 짓지 않았다. 땅을 방치하면서 섣불리 움직이지 않았다. 뉴저지 주로부터 게이밍 라이선스(도박장 운영을 관리하기 위하여 지방 또는 주정부 기관에 의해 발행된 면허증-옮긴이)를 확실히 얻을 때까지 기다리고 싶었기 때문이다. 홀리데이 인Holiday Inn이 건설 비용을 모두 지불하는 것은 물론 5년 동안 손실 보장을 하는 대가로 거래의 50%를 제시했다.

이와 대조적으로 힐튼Hilton은 트럼프보다 훨씬 빨리 움직이면서 동시에 게이밍 라이선스를 신청하고 4억 달러에 상당하는 별도의 부지에 공사를 시작했다. 하지만 힐튼은 호텔 개점을 두 달 앞둔 시점까지 게이밍 라이선스를 받지 못했다. 결국 엄청난 압박감을 이기지 못해 트럼프에게 시설을 팔 수밖에 없었다. 트럼프는 그곳을 '트럼프의 성Trump's Castle'이라고 개명했다. 끈기는 실제로 미덕이다.

⊙ CEO에게 배우는 커뮤니케이션의 기술

토끼와 거북이에 대한 옛날이야기는 비즈니스 세계에도 적용된다. 속도는 중요하다. 그러나 위험을 현명하게 이용하는 것 또한 중요하다. 이 사례에서 트럼프는 게이밍 라이선스를 확보하지 못한 채 지나치게 빨리 움직일 때 따르는 엄청난 위험을 정확히 간파했다. 반면 그의 경쟁자는 위험을 무시하는 바람에 큰 낭패를 보았다. 이렇게 말해 보라.

"토끼와 거북이 이야기를 모르는 사람은 없습니다. 사실 이 이야기에서 우리가 왜 조심해야 하는지, 언제 신중해야 하는지와 관련된 우리의 전략을 이해할 수 있죠. 도널트 트럼프의 사례를 살펴봅시다."

몸소 부딪쳐 비용을 아껴라

질문하는 데는 돈이 들지 않는다. 도널드 트럼프는 자신이 몸담은 시장을 이해하고 있는 사람들을 무척 존경한다고 말한다. 그는 각자의 시장에 대한 타고난 이해력을 갖춘 사람들로 스티븐 스필버그Steven Spielberg, 리 아이아코카, 우디 앨런Woody Allen, 그리고 실베스타 스탤론Sylvester Stallone을 꼽는다. 이들은 모두 대중이 원하는 것을 파악하고 전달한다.

트럼프는 자신을 이 목록에 추가하고 자신이 수리에 능한 사람을 많이 고용하지 않는다는 사실에 자부심을 느낀다. 뿐만 아니라 그는 화려한 시장 조사를 그다지 신뢰하지 않는다. 이를테면 자문 회사는 보스턴에서 자문단을 파견해 고급 호텔에 투숙시키고는 대부분 결론도 없고 거래가 성사되기까지 오랜 시간이 걸리는 연구에 대한 대가로 수백만 달러에 이르는 비용을 청구한다고 말한다.

트럼프는 대신 직접 조사하는 편을 선호한다. 그는 사람들에게 어떤 부동산을 구매할 생각인지 묻는다. 직접 해당 지역을 찾아가 주민들에게 그 지역의 학교, 안전, 쇼핑 등 여러 가지 면에 대한 의견을 구한다. 다른 도시의 부동산을 매입할 예정이라면 반드시 우연히 마주친 택시 기사, 웨이터 등 여러 사람들과 이야기를 나눈다. 그는 이렇게 표현한다.

"나는 어떤 것에 대한 직감이 생길 때까지 묻고, 묻고, 또 묻습니다. 그리고 그때 결정을 내리죠."

◉ CEO에게 배우는 커뮤니케이션의 기술

트럼프가 컨설턴트들에게 약간 혹독하다고 생각할 수도 있다. 하지만 자신의 직감을 활용하는 한편 묻고, 묻고, 또 물어야 한다는 그의 주장은 전적으로 옳다. 사전 조사를 하고 시장을 파악하기 전에는 중대한 결정을 내리지 말아야 한다. 여러분 회사의 직원들은 도널드 트럼프처럼 일하고 있는가? 실제 상황을 알고 있는 사람들에게 질문을 하는가? 이렇게 말해 보라.

"우리는 온 세상에 있는 최고의 컨설턴트를 모두 고용할 수 있습니다. 하지만 결국 우리 돈을 허비하게 될 것이라는 느낌이 드네요. 우리에게 필요한 것은 현실적인 눈과 귀입니다. 도널드 트럼프가 어떤 식으로 조사를 했는지 살펴봅시다."

테드 터너
터너 엔터프라이즈

■ ■ ■

- 상대방의 입장에서 판단하라
- 힘든 때일수록 위험을 감수하라
- 규칙을 융통성 있게 활용하라
- 적임자에게 맡겨라
- 상상 이상의 높은 목표를 세워라
- 필요하다면 해고도 서슴지 마라
- 창의력을 발산하라

상대방의 입장에서 판단하라

터너 엔터프라이즈^{Turner Enterprises}의 CEO이자 미디어 업계의 거물 테드 터너^{Ted Turner}는 어린 시절 부친의 광고판 비즈니스의 임대 부서에서 일했던 이야기를 자세히 전한다.

남부 전역으로 호황을 누리던 아버지의 회사에서 그가 맡은 업무 중 하나는 광고판을 세우기에 적합한 땅을 가진 지주들을 설득하는 일이었다. 지주는 자기 땅의 이용권을 제공하면 매년 임대료를 받을 수 있었다. 하지만 거래를 성사시키기가 녹록지 않았다. 그중에서도 조지아 주 서배너의 한 여인은 설득하기 무척 어려운 사람이었다.

몇 년 전 개발업자들은 그녀를 설득하다가 포기하고 주차장 한가운데에 그녀의 집을 남겨둔 채 주변에 시어스 로벅^{Sears Roebuck}을 지었다. 이사하는 조건으로 제시한 거액의 합의금을 거절했던 이 집요하고 고집불통인 미망인이 그보다 훨씬 더 적은 금액을 받고 광고판 설치를 허락할 리 만무했다. 그래도 터너는 전혀 기죽지 않고 그녀를 설득하기로 마음먹었다.

하지만 터너 역시 연이어 퇴짜를 맞았다. 집의 2층만 가리는 광고판을 세우겠다고 타협안을 제시했지만 그녀는 요지부동이었다. 그러던 중 찜통같이 더운 어느 여름날 그녀의 집을 방문한 터너는 집 안이 무척 덥다는 사실을 알아챘다. 아스팔트 주차장 한가운데에 그녀의 집이 자리하고 있는 탓이었다.

그 순간 한 가지 생각이 떠올랐다. 터너는 자신의 아이디어를 아버지와 의논한 다음 새로운 거래 조건을 마련해 그녀를 다시 찾아갔다. 그리고 사용료는 물론이고 그녀를 위해 에어컨을 구입해 설치해 주겠다고 말했다.

그녀는 터너의 배려에 감동한 나머지 거래를 수락했고, 마침내 광고판이 설치됐다. 이 일에서 협상에 관한 지혜를 얻은 터너는 이후 줄곧 그 교훈을 잊지 않았다.

⊙ CEO에게 배우는 커뮤니케이션의 기술

훌륭한 협상가는 창조적으로 생각한다. 협상의 정답이 항상 더 많은 돈에 있는 것은 아니다. 다른 사람의 입장에서 생각하고, 그들의 진정한 욕구와 동기가 무엇인지 이해하며, 그다음 타협하려고 노력하는 것이 정답일 때가 있다. 이렇게 말해 보라. "최근 거래를 성사시키기가 무척 힘들었다는 것을 잘 압니다. 하지만 왜 우리가 고정관념에서 벗어나야 하는지 보여 주는 이야기를 전해 드리겠습니다."

힘든 때일수록 위험을 감수하라

테드 터너가 자신의 대표 기업인 CNN 네트워크를 세울 자금을 확보한 이야기는 사업계의 신파극처럼 들린다. 터너는 이미 라디오와 광고판 사업을 매각한 터라 자신이 아끼는 스포츠 자산을 포기하고 싶진 않았다. 애틀랜타 브레이브스Atlanta Braves와 호크스Hawks는 제외됐다. 대신 노스캐롤라이나 주 샬럿의 WRET-TV를 매각할 심산이었다. 8년 전 100만 달러로 매입했던 이 방송국의 가치는 당시 20만 달러에 달했다. 그의 포트폴리오에서 전략적인 자산이 아니었던 이 방송국은 결국 웨스팅하우스Westinghouse에 매각되었다. 하지만 CNN을 유지하기에는 턱없이 부족했다.

그러다 WRET-TV는 뜻하지 않은 장애에 부딪혔다. CNN이 방송을 시작하려면 위성 중계 시간을 확보해야 했다. 엄청난 노력 끝에 결국 두 가지 문제가 해결되었고, 신생 네트워크가 순조롭게 출발했다.

이 과정에서 터너는 자신의 약점을 유리하게 이용하는 전략을 선택했다. '사막의 여우'로 알려진 독일 장군 에르빈 롬멜^{Erwin Johannes Eugen Rommel}과 비슷한 경로를 따른 것이다. 롬멜은 연료가 부족한 상태에서 주사위를 굴려 가장 예상치 못한 시기에 연합군을 공격했다. 그리고 연료 창고부터 점령하고 진격을 계속했다.

터너는 CNN의 자금 확보 과정을 비슷한 관점으로 해석했다. 첫 해만 운영할 자금을 확보할 수 있다면 CNN의 개념이 발전할 가능성이 있음이 증명되어 선순환으로 자본을 확보하기가 쉬워질 것이라고 추측했다. 만에 하나 자금이 떨어지더라도 매각할 무언가를 창출할 수 있을 테니 말이다. 다행히도 그럴 필요는 없었다. 그의 전략은 상당히 효과적이었다.

⊙ CEO에게 배우는 커뮤니케이션의 기술

가장 성공한 사업일지라도 처음에는 특히 은행가들 중에 회의론자가 많고 위험률이 높다. 신뢰도를 증명할 만한 실적이 없는 경우 기발한 아이디어가 있어도 실행할 자금을 확보하지 못해 고전하는 기업가가 많다. 터너의 이야기는 자신의 개념이 건실하다고 믿고 스타팅게이트에 이르기까지 온갖 수단을 동원해야 한다는 사실을 보여준다. 일단 스타팅게이트에 도달해 개념을 증명하는 데 성공하면 딜레마를 극복하고 자금 흐름을 원활하게 만들 밴드왜건 효과를 창출할 수 있다. 이렇게 말해 보라.
"모든 사업에는 위험이 따릅니다. 몇몇 유명 회사도 처음에는 훌륭한 아이디어 하나만으로 자본을 확보하기 위해 미친 듯이 뛰어다녔죠."

규칙을 융통성 있게 활용하라

할부 상환금은 그리 재미있는 주제가 아니다. 하지만 테드 터너는 이 주제에 대해 긴 이야기를 늘어놓는다.

그는 오래전 알코올 중독에다 하루에 담배를 두 갑씩 피우는 아버지와 한 가지 약속을 했다. 브라운 대학교^{Brown University}에 입학해 스물한 번째 생일을 맞이하기 전까지는 술과 담배를 가까이하지 않겠다는 약속이었다. 아버지는 이것을 지키면 5,000달러를 주기로 약속했다. 1950년대에는 상당한 액수였다. 뿐만 아니라 매주 편지를 써서 대학 생활에 대해 새로운 소식을 알려 주면 아주 적지만 용돈을 보내 주기로 했다.

그러나 테드는 어쩌다 2주 내리 아버지에게 편지를 쓰지 못했다. 물론 용돈은 중단됐다. 게다가 열아홉 살이 되자마자 곧바로 유혹을 이기지 못하고 담배를 입에 대고 말았다. 아버지와의 약속을 어긴 것이다. 솔직한 아이였던 그는 아버지에게 사실대로 털어놓았다.

아버지는 그 소식에 몹시 화를 내면서 5,000달러를 주겠다던 약속을 취소했다. 어린 철학도 테드 터너는 실망했지만 그리 놀라지 않았다. 그리고 아버지의 회사에서 일하면서 배웠던 분할 상환 원칙을 적용하기로 마음먹었다.

그의 계산에 따르면 첫 번째 술은 5,000달러짜리였다. 그런데 두 번째로 술을 마신다면 술의 가치는 2,500달러로 떨어진다. 그리고 다섯 잔을 더 마시면 그 가치는 1,000달러가 될 것이다. 이런 식의 논리를 적용하면서 만일 앞으로 5,000잔을 마시면 그 가치는 한 잔에 1달러가 된다고 생각했다. 그 정도는 그가 감당할 수 있는 액수였다.

⊙ CEO에게 배우는 커뮤니케이션의 기술

이 이야기를 이용해 비교적 재미없는 주제를 약간 가볍게 전달할 수 있다. 이 이야기는 터너의 입장에서 치욕스러운 일이기는 하지만 바로 그 점을 입증하는 멋진 방법이다. 그는 아버지에게 진실을 밝히지 않을 수도 있었으나 약속을 어겼다고 솔직히 고백했다. 이렇게 말해 보라.

"분할 상환을 포함해 모든 회계 규칙을 자유자재로 십분 활용해야 합니다. 테드 터너의 젊은 시절에 관한 이야기가 생각나네요."

적임자에게 맡겨라

열정적인 선원이자 아메리카컵America's Cup의 우승자인 테드 터너는 기업의 효율성에 대한 열정이 요트 경기에 대한 그의 사랑과 무관하지 않다고 말한다. 여러분의 시간 중에서 1~2초를 할애하는 것이 승패를 결정할 수 있다.

그는 오래전부터 특히 사업가로서 자신의 사업 방식을 경주에 비유했다. 사소한 것이 중요하다. 작은 배에서 더 큰 배로 옮겨 타면 선원의 수 역시 증가하며 그들을 관리할 필요성도 커진다. 한 사람이 이 일을 다 할 수는 없는 노릇이다.

배의 선장으로서 여러분은 전략을 수립하고 진로를 계획하며 명령을 내릴 책임이 있다. 사업에서도 마찬가지다. 터너에 따르면 여러분은 전반적인 전략을 주시하는 한편 적절한 인재를 발견하고 임무를 맡겨야 한다. 이는 특히 성장하는 기업의 경영자에게는 중대한 문제다.

그들은 혼자 모든 일을 처리하는 데 익숙하기 때문에 쉽사리 다른 사람에게 맡기지 못한다. 고성능 요트의 선장처럼 신뢰하고 위임하는 법을 배워야 한다. 그는 다음과 같이 말한다.

"저는 우리의 개별 사업과 관련된 핵심 문제를 계속 파악하는 한편 관리자들에게 전적으로 관리를 맡겼습니다. 그 덕분에 큰 그림에 초점을 맞출 시간을 얻었죠."

⊙ CEO에게 배우는 커뮤니케이션의 기술

관리자의 중요한 역할 중 하나는 신뢰하고 위임하는 일이다. 모든 일을 훌륭하게 해낼 수 있는 사람은 없다. 그렇기 때문에 처음부터 어떤 일에 가장 적합한 사람들을 고용해야 한다. 그리고 그들이 업무를 수행할 수 있다고 믿어야 한다. 이렇게 말해 보라. "나는 회사가 시시콜콜한 것까지 관리해서는 안 된다고 생각합니다. 관리자들은 훨씬 더 전략적인 수준으로 업무를 처리해야 합니다. 테드 터너는 기업의 관리자를 배의 선장에 비유합니다. 그리고 두 가지 역할에 일가견이 있죠."

상상 이상의 높은 목표를 세워라

어떤 세대는 다른 세대에 비해 운이 좋다. 미디어 업계의 거물 테드 터너는 아버지의 젊은 시절 이야기를 전한다.

그의 아버지 로버트 에드워드 '에드' 터너^{Robert Edward 'Ed' Turner}는 분명 젊은이로서의 야심과 추진력을 갖추고 있었다. 그는 대공황이 닥쳤을 때 듀크 대학교^{Duke University}에 입학 허가를 받았다. 에드의 부모님은 그 어려운 시기에 다른 수많은 미국인들처럼 모든 것을 잃었고 아들에게 등록금을 감당할 수 없다는 말을 전해야 했기에 몹시 마음이 아팠다.

그런 상황에서도 에드 터너는 좌절하지 않았다. 그는 현실을 이해하고 모두 잘 해결될 것이라며 오히려 어머니를 위로했다. 그리고 어떤 일이 있어도 성공해서 백만장자가 되고 큰 집에 살며 요트를 사기로 마음먹었다.

이것은 이제 막 대공황이 시작되어 미국 경제가 붕괴했다는 사실을 고려할 때 현실적인 전망이라기보다 일종의 희망사항처럼 보였다. 하지만 아들에게 이 이야기를 전할 무렵 에드는 이 세 가지 약속을 하나도 빠짐없이 모두 지킨 상태였다.

약속은 지켰지만 여생을 위한 계획을 세우는 일은 에드의 골칫거리였다. 그는 테드에게 결코 성취할 수 없을 정도의 원대한 목표를 세우라고 말했다. 그러면 항상 무언가를 달성하기 위해 노력할 것이기 때문이다.

"나는 목표를 너무 낮게 세우는 실수를 저질렀지. 그래서 새로운 목표를 세우기가 무척 어렵단다."

현명한 조언이다.

⦿ **CEO에게 배우는 커뮤니케이션의 기술**

다양한 방식으로 이 이야기를 이용할 수 있다. 우선 개인적인 차원에서 사람들에게 목표를 높게 세우라고 동기를 부여할 수 있다. 혹은 좀 더 범위를 넓혀 어떤 회사의 목표를 높게 세우는 데 이용할 수 있다. 이 이야기는 삶의 목적을 제시한다. 이렇게 말해 보라.

"우리가 왜 목표를 더 높게 잡지 않는지, 왜 훨씬 더 열심히 노력하지 않는지, 그리고 더 큰 보상을 위해 노력할 수 있는데 왜 손에 넣을 수 있는 것에 안주하는지 그 이유를 모르겠습니다. 테드 터너는 삶에서 원하는 모든 것을 성취했다고 생각했던 아버지에게서 받은 조언에 대해 이렇게 말합니다."

필요하다면 해고도 서슴지 마라

이따금 적절한 정리가 큰 변화를 준다. 테드 터너는 1960년대 경력을 쌓던 초기에 라디오 방송국 다섯 군데를 보유하고 있었다. 하지만 그의 고향인 애틀랜타에 위치한 방송국은 아니었다. 그래서 터너는 고향과 가까이 있는 언론사를 물색했다.

그러던 중 자사 빌보드에 광고를 하던 한 UHF 텔레비전 방송국의 광고에서 우연히 기회를 발견했다. WJRJ라는 그 방송국은 주식을 상장했지만 막대한 손해를 보고 있었다. 그때까지 텔레비전 방송국을 소유한 적이 없었던 터너는 기회를 감지했다. 정상적인 거래를 진행하기에는 자금이 충분하지 않았다. 그래서 대신 통합된 회사의 최대 주주로 만들기 위해 주식 스왑을 협상했다. 지루한 FCC 승인 절차를 거친 후에 거래가 성사되었고, WJRJ의 콜 사인은 터너 커뮤니케이션 그룹^{Turner Communication Group}을 뜻하는 WTCG로 바뀌었다.

하지만 막 매입한 방송국을 직접 방문하던 날 터너는 소스라치게 놀랐다. 방송국의 운영 상태는 그가 사업하면서 보았던 것 중 최악이었다. 인계받은 직원 서른다섯 명은 '게으르거나 마약 중독이거나 혹은 둘 다'였다. 무기력한 태도의 원천은 경영진이었다. 터너가 국장의 집무실을 방문했을 때 국장은 책상에 발을 올려놓은 채《월스트리트 저널》을 읽고 있었다. 터너는 신문을 읽기보다 적극적으로 광고를 판매하기 위해 뛰어다녀야 한다고 말하며 국장을 나무랐다.

터너는 곧 전면적인 개편을 위해 새로운 인재와 장비에 투자하기 시작했다. 1년 후 인계받은 서른다섯 명의 직원 가운데 남은 사람은 접수원과 수위 단 두 명이었다. 나머지는 모두 사라졌다. 2년 후 한층 노력한 덕분에 방송국의 손익은 균형 상태를 이루었다. 이처럼 판도를 바꾸기 위해 거의 모든 팀원을 바꿔야 할 때가 있다.

제 기량을 발휘하지 못하는 사람들은 이따금 야심찬 계획이 결실을 맺는 데 걸림돌이 된다. 이런 상황이라면 약간의 변화로는 전혀 효과가 없다. 결코 쉽지 않지만 결정을 내려야 한다. 이렇게 말해 보라.

"인원 축소를 좋아하는 사람은 없습니다. 하지만 이는 어떤 기업이든 거쳐야 할 과정입니다. 예컨대 테드 터너가 사람들을 해고하는 어려운 결정을 내리지 않았다면 오늘날 그의 위치에 오르지 못했을 겁니다."

창의력을 발산하라

레몬을 얻었을 때 최상의 전략은 언제나 레모네이드를 만드는 것이다. 미디어 업계의 거물 테드 터너가 두 번째로 인수한 회사는 노스캐롤라이나 샬럿의 파산한 UHF 방송국이었다. 그는 직접 이 방송국에 100만 달러를 투자해 매입하고 자신의 이니셜을 따서 WRET[Robert Edward Turner]라고 명명했다. 방송국의 운영 자금은 턱없이 부족했으며 생존하기 위해 필요한 돈을 확보하지 못한 상태였다. 터너는 자신이 우스갯소리로 '배거톤[beg-a-thon]'이라고 부르는 텔레톤(자선기금 모금을 위한 장시간에 걸친 텔레비전 방송을 일컫는 말-옮긴이)을 포함해 새로운 광고 수입을 확보하기 위한 일에 엄청난 에너지를 쏟아부었다.

WRET에 광고를 판매하기는 결코 쉽지 않았다. UHF 방송국은 당시 거의 활동이 없었다. VHF 방송국은 쉽게 접근할 수 있었지만 UHF 방식으로 방송되는 텔레비전을 찾기가 무척 어려웠다. 하지만

터너는 결코 단념하지 않고 이 모든 반대에 대한 해답을 미리 준비해
두었다.

WRET에는 흑백으로 촬영하는 '앤디 그리피스 쇼^{Andy Griffith Show}'
같은 1970년대의 프로그래밍이 포함되어 있었다. 때문에 광고주들은
회의적이었다. 그들은 특히 컬러텔레비전을 원하는 사람들이 점점 증
가하는 마당에 WRET 방송국은 시대에 뒤떨어진다고 말했다. 하지만
터너는 오히려 자사의 흑백 프로그래밍 때문에 광고가 대조적으로
더욱 주목을 끌 것이라고 반박했다. 그러자 광고주들은 터너의 프로
그래밍이 지나치게 구식이라고 덧붙였다. 터너의 시청자들은 젊고 세
련되지 않아서 자신들의 욕구를 충족시킬 수 없다는 것이다. 터너는
그들의 생각이 옳지 않다고 지적했다.

"우리 시청자들은 경쟁 방송국의 시청자보다 훨씬 똑똑합니다.
UHF 신호를 수신하는 방법을 배우려면 천재가 되어야 하거든요!"

그는 끈기의 화신이었다.

⊙ CEO에게 배우는 커뮤니케이션의 기술

필요하다면 팥으로도 메주를 쑬 수 있는 준비가 되어야 한다. 터너는 반대 주장을
찬성으로 바꾸어야 했기 때문에 만반의 준비를 했다. 이렇게 말해 보라.
"이따금 이기는 패를 잡는 사치를 기대할 수 없지만 그래도 카드를 쳐야 합니다. 테
드 터너가 텔레비전에 처음 진출했을 때 살아남기 위해 창의력과 끈기를 발휘했던
이야기가 생각나는군요."

샘 월튼

월마트

= = =

- 항상 비용 절감을 염두에 두어라
- 직접 발로 뛰어 정보를 얻어라
- 다양한 인재로 취약점을 보완하라
- 돈의 가치를 재고하라
- 성공한 상대를 끊임없이 탐색하라
- 간단명료함으로 승부하라
- 시대의 흐름을 주시하라
- 유쾌한 회의로 단결심을 키워라
- 기발한 아이디어를 관철시켜라

항상 비용 절감을 염두에 두어라

월마트^{Walmart}의 창립자 샘 월튼^{Sam Walton}은 자신이 설립한 본점이 미국의 최대 소매업체로 성장할 때조차 원가를 조절하고 싶었다. 월튼은 무엇보다 월마트가 성장하면서 거대한 관료 조직으로 전락할지도 모른다는 점이 두려웠다. 그는 항상 판매액의 2%로 매장을 운영하려고 노력했다. 그러려면 매장 판매액의 2%가 급료, 정보 기술, 그 밖의 경비를 충당하면서도 살아남을 만큼 충분한 금액이어야 했다.

몇 년 후 대성공을 거둔 후 월튼은 대부분의 경쟁 업체가 5% 이윤율로 운영하는데 월마트는 어떻게 2% 공식을 제시할 수 있었냐는 질문을 여러 차례 받았다. 그는 어떻게 대답했을까?

"사실 허리띠를 졸라맸죠."

그는 언제나 어떻게 해서든 매장을 린 경영(일본의 도요타 생산 시스템^{TPS}을 미국식 환경에 맞춰 재정립한 것으로 자재 구매에서부터 생산, 재고 관리,

유통에 이르기까지 모든 과정에 손실을 최소화하여 최적화한다는 개념이다-옮긴이) 방식으로 운영했다. 그랬기 때문에 2%로도 충분했다. 아울러 더 적은 인원으로 운영하고 중역실을 화려하게 꾸미는 데 돈을 투자하지 않았다.

어쨌든 2%는 이미 승리 공식을 따르고 있다는 직관에 따라 결정한 수치였다. 물론 회사 사무실은 실내 장식 부문에서 상을 받지 못하겠지만 월튼은 개의치 않았다. 그는 "우리 회사 주주들에게 물어보시죠"라고 말한다.

◉ CEO에게 배우는 커뮤니케이션의 기술

비용 절감을 일상적인 사업 방식의 한 요소로 삼아야 한다. 이렇게 말해 보라.
"우리 회사의 사고방식과 업무방식의 한 요소로 비용 절감을 고려해야 합니다. 월마트 창립자 샘 월튼은 이런 사고방식으로 업계 평균치보다 3% 낮은 비율로 매장을 운영했죠. 그는 허리띠를 졸라맸고 이는 올바른 방식임이 증명되었습니다."

직접 발로 뛰어 정보를 얻어라

샘 월튼은 확실히 모든 것에 빨랐다. 뿐만 아니라 무척 기발한 방법으로 객관적인 정보를 얻었다.

월마트가 다른 소매업체를 앞지를 수 있었던 비결 중 하나는 민간 트럭 수송대뿐만 아니라 자사 유통 센터를 보유하고 있다는 점이었다. 월마트 경쟁 업체들은 대부분 그렇지 않았다. 덕분에 리드 타임(발주에서 배달까지 걸리는 시간-옮긴이)이 훨씬 단축되고 더 많은 신뢰를 얻으며 효율성을 높여서 결국 월마트의 재고 상태를 극대화할 수 있었다. 간단히 말해 고객이 원하는 제품이면 무엇이든 확보하고 있었다.

월튼에 따르면 월마트는 충성스런 운전기사들과 함께 미국 최대의 민간 트럭 수송대를 갖추고 있을 것이다. 기사들은 한 지점에서 다른 지점으로 트럭을 운전하는 것은 물론이고 제품의 목적지인 매장에 헌신적으로 봉사한다. 그들이 하는 일은 다른 회사의 제품을 매장까지 운반하고 배송을 끝낸 다음 더 많은 제품을 수송하러 돌아오는 데 그치지 않는다. 트럭 기사들은 나아가 다양한 장소의 월마트 매장이 어떤 식으로 운영되는지 관찰하는 눈과 귀의 역할을 한다.

월튼은 새벽 4시쯤 운전기사들이 다시 길을 나서기에 앞서 도넛을 싸들고 그들의 휴게실에 들러 여러 가지 질문을 하곤 한다. 그는 몇 시간 동안 운전기사들에게 제품을 배송하는 매장 상황이 어떤지 꼬치꼬치 캐묻는다. 쇼핑객이 얼마나 많은지, 개선이 되고 있는지, 혹은 사람들이 쇼핑을 할 때 어떻게 행동하는지, 어떤 상품을 운반하고 있는지를 묻는다.

월튼은 이런 방법으로 직접 매장을 방문했을 때보다 매장에 대한 더 정확하고 객관적인 정보를 얻는다. 이는 일반적인 물류 과정에서는 얻을 수 없는 정보다.

⊙ CEO에게 배우는 커뮤니케이션의 기술

월마트는 유통을 전담하기로 결정하면서 경영진이 매장 상황을 주시할 방편이 생긴 것을 포함해 여러모로 혜택을 얻었다. 경영진의 비밀 병기라고 표현해도 좋을 것이다. 이렇게 말해 보라.

"훌륭한 비즈니스 정보는 우리가 실제로 어떤 상황인지 파악하는 핵심 요소입니다. 물론 수치도 중요하지만 자신의 눈으로 직접 목격함으로써 이따금 가장 흥미로운 정보를 얻을 수 있죠. 샘 월튼은 자서전에서 월마트가 두각을 나타내는 데 도움이 된 한 아이디어에 대해 이야기합니다."

다양한 인재로 취약점을 보완하라

모든 일을 완벽하게 할 수는 없다. 이는 꿈도 꿀 수 없는 일이다. 경영진의 중요한 역할 중 하나는 인재를 찾고 각자 가장 잘하는 일을 맡기는 것이다.

샘 월튼은 월마트의 수많은 중역이 회사를 떠나게 된 어떤 사건을 두고 숨겨진 큰 축복이었다고 표현한다. 이 덕분에 데이비드 글래스David Glass를 오랫동안 설득한 끝에 중역으로 고용했기 때문이다.

월튼은 자사의 성장 과정을 돌아보면서 월마트가 성공을 거둔 한 가지 비결로 자신과 똑같은 사람들을 찾기보다는 개인적으로 자신에게 부족한 재능을 갖춘 강력한 경영진을 구성한 것을 꼽는다.

그는 전통적이고 실천적인 중역, 방법론적인 조직자, 컴퓨터 전문가, 매장 관리자의 태도를 갖춘 민첩한 중역, 그리고 항상 조용하고 냉정하며 위기의 순간에도 침착함을 잃지 않는 사람으로 경영진을 구성했다. 이들은 저마다 다른 방식으로 회사에 이바지하고 다른 역할을 수행했다. 무엇보다 서로 보완했다. 월튼은 다음과 같이 말했다.

"처음부터 나와 내 동생 버드Bud는 우리에게 없는 특성을 갖춘 사람들을 찾았습니다. 그리고 회사가 성장함에 따라 그들은 각자 맡은 역할을 훌륭하게 해냈죠."

무엇을 찾아야 할지 알려면 깊은 자기 인식이 필요하며 훌륭한 관리자는 이를 파악할 수 있다.

⊙ CEO에게 배우는 커뮤니케이션의 기술

경영진의 핵심 역할 중 하나는 통제가 아니라 모든 인재가 가장 능숙하게 해내고 열정을 느끼는 일을 통해 팀에 공헌할 자유를 허용하는 것이다. 이렇게 말해 보라.
"자부심과 자아가 지나치게 강한 관리자가 항상 성공하는 것은 아닙니다. 관리자는 자신이 취약한 틈새를 채워야 합니다. 훌륭한 관리자는 자신에게 없는 기술을 갖춘 사람들을 찾고, 그들이 열정을 느끼며 가장 잘하는 일에서 빛나도록 기회를 제공합니다."

돈의 가치를 재고하라

샘 월튼은 검소한 사람으로 유명하다. 그는 저렴한 것을 좋아한다. 그는 이 특성을 월마트 전체에 확산시켜 회사의 DNA로 만들었다.

월마트 CEO인 데이비드 글래스는 상사와 함께 출장을 떠난 적이 있다. 그는 매년 회사의 위임장 권유 신고서를 읽지 않았다면 월튼이 항상 무일푼이라고 생각했을 것이라고 말했다. 월튼은 뉴욕에서 오하이오 주 데이턴까지 출장을 가던 도중에 글래스에게 돈을 좀 빌려줄 수 있느냐고 물었다. 글래스는 지갑을 열어 20달러 지폐 두 장을 건넸다. 그러자 월튼은 이렇게 말했다.

"두 장은 필요 없어요. 한 장만 빌리죠."

월튼은 검소하다는 사실을 스스로 인정하면서 자신을 포함해 월마트 중역들은 출장을 가면 돈을 절약하기 위해 대개 두 사람이 한 방을 썼다고 말했다. 그들은 비교적 비싸지 않은 패밀리 레스토랑에서 식사를 하고 할인이 되는 체인 호텔에 투숙했다. 초창기의 한 매장 관리자에 따르면 심지어 시카고로 구매 출장을 갔을 때는 돈을 절약하려고 여덟 명이 한 방을 썼다.

이런 검소함은 어디에서 오는 것일까? 1달러의 가치를 이해해야 한다. 월튼은 다음과 같이 말한다.

"성공 가도를 달리는 회사와 부정하게 돈을 챙기고 자신 이외에는 어떤 사람에게도 관심이 없으며 지나치게 보수를 많이 받는 CEO들을 보면 정말 화가 납니다."

그는 이것이 오늘날 미국 기업계의 잘못 중 하나로 결론을 내린다.

⊙ CEO에게 배우는 커뮤니케이션의 기술

월마트의 사례는 대부분의 기업에 약간 극단적인 것처럼 보일지 모르지만 중요한 점을 잘 보여 준다. 회사 소유주, 즉 주주들 앞에서 여러분이 지출한 경비가 정당하다고 솔직하게 말할 수 있다면 다행이다. 하지만 그렇지 않다면 회사의 소비 습관을 재고해야 한다. 이렇게 말해 보라.

"우리는 경비를 조절해야 합니다. 비즈니스 역사상 극단적인 사례일지는 모르지만 저는 월마트의 이야기에서 요즘 우리 회사에 더욱 필요한 태도를 확인할 수 있습니다."

성공한 상대를 끊임없이 탐색하라

모든 사람이 다음과 같은 이야기를 고백하지는 않을 것이다. 샘 월튼이 샌디에이고에서 '현장 조사'를 실시했을 때의 이야기다.

그는 작은 녹음기를 들고 판매대 사이를 걸어 다니면서 한 경쟁업체를 조사하고 있었다. 그는 나중에 참고하기 위해 매장에 대한 자신의 인상과 가격을 이 작은 장치에 녹음했다. 그때 한 직원이 월튼에게 다가왔다. 그는 월튼이 지금 매장 방침을 위반하고 있다고 단도직입적으로 말하고는 녹음기를 넘기라고 요구했다. 현행범으로 잡힌 것이다.

자사 매장에도 똑같은 방침을 실시하고 있었으니 월튼이 이를 모를 리 없었다. 그는 순순히 요구에 따랐으나 한 가지 조건을 제시했다. 그 테이프에는 다른 매장에서 기록한 정보가 담겨 있었는데 미처 그 부분을 지우지 못했던 것이다.

월튼은 직원에게 기꺼이 테이프를 넘기겠지만 개인적으로 친분이 있던 그 매장의 소유주에게 사적인 메모를 남겨야 한다고 말했다. 메모에는 정보를 기록했다는 사실을 솔직하게 고백하면서 테이프를 돌려받을 수 있는지 물었다. 그리고 원한다면 특정한 매장과 관련된 자료를 삭제해도 무방하다고 말했다. 과연 매장 소유주는 다른 매장에 관한 부분을 지우지 않고 남겨둘 것인가?

월튼은 직원에게 테이프와 메모를 건넸다. 거의 나흘이 지났을 때 놀랍게도 그의 경쟁자에게서 테이프를 동봉한 우호적인 편지를 받았다. 지워진 부분은 없었다. 월튼은 이렇게 말한다.

"그 사람은 내가 한 짓에 비해 후한 대접을 했어요."

⊙ CEO에게 배우는 커뮤니케이션의 기술

경쟁 업체에 대한 조사를 이야기할 때 이 재미있는 일화를 이용할 수 있다. 물론 직원들에게 규칙을 어기라고 부추기라는 의미는 아니다. 이는 가격을 더욱 투명하게 밝히는 인터넷이 등장하기 훨씬 전에 일어난 일이지만 그래도 재미있는 이야기다. 이렇게 말해 보라.

"우리의 경쟁 업체가 어떤 일을 하고 있는지, 그들이 그토록 성공한 이유가 무엇인지 더 많이 알아내야 합니다. 하지만 페어플레이를 합시다. 샘 월튼이 직접 경쟁 업체에 관해 조사를 하다가 발각되었을 때 이야기가 떠오르네요."

간단명료함으로 승부하라

단순함은 효과적일 뿐만 아니라 비용도 줄일 수 있다. 월마트의 초창기 관리자 밥 보글^{Bob Bogle}은 1962년 회사의 이름을 선택한 과정에 대해 이야기한다.

그와 월튼은 전용기를 타고 북부 아칸소의 산맥을 넘어가고 있었다. 월튼은 주머니에서 종이 한 장을 꺼내더니 보글에게 건넸다. 종이에는 머지않아 창업할 소매 기업에 붙일 몇 가지 이름이 적혀 있었다. 월튼이 적은 이름은 모두 약간 긴 듯했다. 서너 단어로 된 것이 많았지만 쓸 만한 이름은 없었다.

곰곰이 생각하던 보글은 월튼을 보며 자신은 스코틀랜드 출신이라 매장 입구를 장식할 때 비용이 많이 들어가는 긴 이름은 받아들이기 어렵다고 말했다.

"전 월튼이라는 이름을 그대로 유지하면서 쇼핑하는 곳이라는 의미를 가미하고 싶습니다.”

그러고는 'W-A-L-M-A-R-T'라고 적었다. 단 일곱 글자로 구성된 짧은 이름이었다. 더군다나 간판에 드는 비용도 줄일 수 있었다. 회사 창립자의 이름을 깔끔하게 줄이고 어떤 기업체인지 알려 주는 단어였다. 월튼은 비행기를 타고 가는 내내 한마디도 하지 않았고 그 문제에 대해 더 이상 거론하지 않았다.

며칠 후 보글은 건설 중이던 첫 번째 매장에 갔을 때 간판 제작자가 이미 'WAL'이라고 적은 것을 보았다. 간판 업자는 사다리에서 이제 막 'M'을 쓰려던 참이었다. 그는 이렇게 말한다.

“굳이 천재가 아니라도 매장 이름이 무엇일지 맞힐 수 있을 것입니다.”

⊙ CEO에게 배우는 커뮤니케이션의 기술

회사나 비즈니스 프로젝트, 혹은 이니셔티브의 이름을 지을 때 원칙은 오직 단순함뿐이다. 이렇게 말해 보라.
“이 새로운 기업(프로젝트)에 적합한 이름을 떠올려야 합니다. 아직 어떤 이름이 될지 모르지만 월마트의 이름이 탄생한 경위에 대해 읽었던 것이 생각나네요.”

시대의 흐름을 주시하라

오랫동안 움직이지 말고 서 있어라. 그러면 시장이 여러분을 지나갈 것이다.

샘 월튼은 1960년대 초반 최초의 월마트를 설립하기 훨씬 전에 당시 소매업계와 관련된 징후를 발견했다. 대규모 할인 매장이 뿌리를 내리기 시작하면서 예전에는 들어 보지도 못한 이익률로 운영되고 있었다. 월튼은 전국의 신규 매장들을 돌아다니며 이 현상을 연구했다. 이 중 한 매장은 인근 도시에 위치했는데, 이 회사 창립자의 철학은 다음과 같은 새로운 접근 방식으로 요약할 수 있다.

"낮은 가격으로 사서 높이 쌓고 싸게 판매하라."

비록 당시에는 시장이 작았지만 월튼은 이익률이 높으면 앞으로 할인 매장의 시대가 올 것이라고 확신했다. 선택을 내려야 했다. 지금 그 흐름에 합류해 주인공이 될 것인가, 아니면 훗날 다른 사람들에게 잡아먹힐 것인가.

월튼은 파도에 휩쓸리기보다 파도를 타기로 결심했다. 그와 아내, 그리고 비즈니스 파트너들은 집을 포함한 전 재산을 담보로 창업 자금을 빌렸다. 이미 차입으로 투자를 한 상태였기에 무척 위험한 선택이었다. 만일 사업이 실패하면 파산할 것이 분명했다.

다행히 이 전략은 효과적이었고 회사는 계속해서 어마어마한 성공을 거두었다. 하지만 초창기에는 아무것도 보장할 수 없었다.

◉ CEO에게 배우는 커뮤니케이션의 기술

비즈니스 세계의 일부 성공담은 비슷한 패턴을 따른다. 트렌드를 세심하게 관찰하라. 트렌드에 참여할지, 아니면 독자적인 길을 갈지 결정하라. 그런 다음 모험을 걸어라. 월튼은 이 공식으로 엄청난 보상을 받았다. 이렇게 말해 보라.

"여러분은 믿지 않으실지 모르지만 미국의 최대 소매업체는 자기 집과 재산을 담보로 잡히며 창업했답니다. 샘 월튼은 소매업계가 향하는 방향을 확인했을 때 바로 그렇게 시작했죠. 지금 우리는 새로운 시장에 투자하면서 월튼만큼 큰 위험을 무릅쓸 필요가 없습니다. 하지만 그가 그렇게 할 수 있었다면 우리도 똑같은 비전을 가지고 똑같이 헌신해야 합니다."

유쾌한 회의로 단결심을 키워라

금요일 밤에 잊지 말고 알람을 설정하라. 월마트 창립자 샘 월튼의 전설적인 경영 테크닉 중 하나는 토요일 아침 회의였다. 이 회의에서는 비즈니스 자료는 물론이고 모범 사례와 경쟁 업체의 최신 경영 테크닉을 공유하는 등 다양한 주제에 대해 논의했다. 외부 게스트, 돈이 덜 드는 아이디어를 제시한 월마트 직원, 그리고 그 밖의 다른 사람들이 회의에서 발표했다.

사업과 오락, 심각함과 우스꽝스러움이 공존하는 이 토요일 오전 회의에서는 자사의 약점을 지적하는 한편 성공담을 전달하고 관계자들을 칭찬했다. 아울러 이 회의는 월튼이 표현했듯이 사람들을 집결시키기 위한 '공적인 유희managed fun' 시간이었다. 이따금 노래를 부르기도 하고 집단 체조를 하기도 했다.

게스트는 혁신적인 아이디어를 제시한 중소기업의 대표에서 잭 웰치Jack Welch 같은 전설적인 CEO에 이르기까지 다양했다. 어느 토요일에는 월튼과 올림픽 복싱에서 금메달을 획득한 슈거 레이 레너드Sugar Ray Leonard의 모의 복싱 시합을 열기도 했다.

한번은 샘 월튼이 3주 후에 어떤 중역이 모든 사람들 앞에서 「레드 리버 밸리Red River Valley」를 부를 것이라고 선언했다. 물론 월튼은 이 중역이 음치라서 음을 제대로 맞추지 못할 것이라는 사실을 알고 있었다. 월튼은 그 수고에 대한 대가로 파이를 대접할 생각이었다.

하지만 그 중역은 월튼의 허를 찔렀다. 그는 비밀리에 자기보다 목소리가 더 큰 사람들을 모았다. 약속된 토요일에 그가 신나게 노래를 부를 때 그의 목소리는 합창단 소리에 파묻혀버렸다. 그의 전략은 멋지게 성공했고 모두 즐거워했다.

⊙ CEO에게 배우는 커뮤니케이션의 기술

어떤 회사에서든 헌신이 중요하다(어쨌든 모든 사람이 흔쾌히 토요일 오전을 포기하지는 않을 것이다). 하지만 집단을 위해 희생하고 자신을 웃음거리로 만들면서 분위기를 띄우면 단결심을 키울 수 있다. 이렇게 말해 보라.
"물론 비즈니스를 진지하게 생각해야 합니다. 그렇다고 자연스럽고 재미있게 배우며 성장할 수 없는 것은 아닙니다. 월마트 창립자 샘 월튼은 그의 전설적인 토요일 중역회의에서 이 사실을 입증했죠."

기발한 아이디어를 관철시켜라

월마트라는 이름을 널리 알린 스토어 그리터^{store greeter}(매장에서 손님을 맞이하는 사람-옮긴이)가 처음부터 매장에 배치된 것은 아니다. 그것은 본부에서 제시한 아이디어가 아니었다.

1980년 월튼은 다른 중역 한 사람과 루이지애나 주 크롤리의 매장에 근무하는 그리터를 우연히 만났다. 두 사람이 건물에 들어섰을 때 어떤 노신사가 매장에 대해 궁금한 점이 있으면 기꺼이 대답해 주겠다면서 그들을 쾌활하게 맞이했다. 예상치 못한 일이었다.

알고 보니 이 매장에서는 상품 절도 사건이 자주 일어나 관리자가 제품을 도둑맞지 않기 위해 그리터를 배치했다. 관리자는 단지 절도를 막겠다는 이유만으로 입구에 경비원을 세워 두고 싶지는 않았다. 그러면 고객들이 위압감을 느낄 수도 있다고 생각했다. 이 생각은 옳았다. 대다수 고객은 정직했지만 몇몇은 제품을 훔쳐 달아나는 사람에게 누군가 매장을 감시하고 있다는 강력한 신호를 보내야 했다.

월튼은 이 현실적인 접근 방식이 마음에 들었다. 고객 친화적인 태도와 실리의 균형을 맞춘 방식이었다. 그는 아칸소 주 벤턴빌 Bentonville에 있는 본사에 그 아이디어를 제안했다. 하지만 거센 반발에 부딪혔다. 시간과 돈을 낭비하는 일이라고 생각하는 사람이 많았다.

그러나 한 중역의 표현을 빌리자면 월튼은 "꿈쩍도 하지 않았다". 그는 모든 월마트 매장에 그리터를 두어야 한다고 생각했다. 월튼은 반대에도 굴하지 않고 계속 밀어붙였고 마침내 뜻을 관철했다. 그는 1989년 케이마트 Kmart에 들어가서 정문에 배치된 그리터들을 보고 자신이 옳았다는 사실을 확인했다.

모방은 가장 진지한 형태의 아첨이다. 혹은 적어도 여러분이 올바른 길에 들어섰다는 증거다.

이따금 여러분이 훌륭하다고 생각한 아이디어를 굳게 믿는다면 계속 밀어붙여야 한다. 상품 절도와 같은 심각한 문제에 대한 창의적인 해결책이라면 더욱 그래야 한다. 이렇게 말해 보라.

"때로는 가장 단순하고 인간 심리를 자극하는 방안이 최선의 해결책입니다. 여러분은 분명 월마트에 가서 스토어 그리터들을 본 적이 있을 겁니다. 하지만 그들을 고용하게 된 동기는 잘 모르실 겁니다. 그것은 실제로 심각한 문제에 대한 매우 기발한 해결책이었답니다."

잭 웰치

제너럴 일렉트릭

. . .

- 다양한 의견에 귀를 기울여라
- 실패와 실수에 관대해져라
- 전략적으로 팀을 구성하라
- 도움이 안 되는 직원은 과감히 해고하라
- 최악의 상황에 대응할 순발력을 길러라

다양한 의견에 귀를 기울여라

가장 유용한 아이디어가 항상 조직도의 상부에서 탄생하지는 않는다. 조직의 모든 단계에서 유용한 아이디어가 등장할 수 있다.

비즈니스의 전설 잭 웰치Jack Welch는 제너럴 일렉트릭General Electric의 CEO로 재임하는 동안 GE를 배우는 조직으로 변화시켜 계층의 경계를 허물기로 결심했다. 그는 크로톤빌Crotonville 관리 훈련 센터의 대성공을 발판 삼아 재빨리 이 방식을 '워크아웃Workout'이라는 이름의 프로그램으로 회사 전체에 확대했다. '워크아웃'이란 육체적인 건강이 아니라 관리자와 직원들이 함께 모여 문제를 논의하고, 중립적인 조력자의 도움을 받아 선택 방안을 검토함으로써 프로세스에서 불필요한 업무를 제거한다는 의미였다. 웰치는 GE의 가전제품 분야의 한 워크아웃에 참석했다.

그는 켄터키 주 렉싱턴의 홀리데이 인Holiday Inn에서 20여 명의 직원들과 함께 어느 직원이 냉장고 문 제조 공정의 개선 방안에 대해 발표하는 모습을 지켜보았다. 직원이 조립 라인을 따라 한 부품의 공정을 설명할 즈음 공장장이 불만스러워하더니 자리에서 일어나 발표를 중단시켰다. 그는 마커를 손에 들고 모든 사람에게 자신이 직접 경험한 것을 토대로 조립 라인의 실제 작동 방식을 설명하기 시작했다. 그리고 공정을 개선할 수 있는 방법을 상세하게 제시했다. 감명을 받은 참가자들은 그의 제안을 재빨리 받아들였다. 해당 업무를 자세히 알지 못하는 고위 경영진이 그런 해결책을 제시할 수는 없을 것이다.

이 이야기의 요점은 무엇일까? 사람들이 자기 생각을 자유롭게 표현하게 하고 실제로 업무를 수행하는 이들의 현장 지식을 이용하라. 웰치는 훗날 다른 근로자도 이와 비슷한 이야기를 했다고 덧붙인다.

"25년 동안 당신은 내 두뇌에게 공짜로 시킬 수도 있었던 일을 내 손에게 시키고 돈을 지불했습니다."

⊙ CEO에게 배우는 커뮤니케이션의 기술

사람들은 흔히 보수를 더 많이 받고, 더 인상적인 직함을 가진, 더 높은 사람들에게 위압감을 느낀다. 사실 언제나 상부에서 정답이 등장하지는 않는다. 정답은 회사의 어느 곳에서든 나올 수 있다. 하지만 이는 사람들에게 발언권을 줘야 가능한 일이다. 다음과 같은 말로 서두를 꺼낼 수 있다.

"이 문제의 해결책이 어쩌면 이곳 어디엔가 존재할 것입니다. 하지만 계속 진행하기에 앞서 GE에서 들었던 이야기를 여러분과 함께 나누고 싶습니다. 이 이야기는 여러분이 짐작하는 곳에서 해답이 등장하지 않을 수 있음을 보여 줍니다."

실패와 실수에 관대해져라

잭 웰치는 GE에서 근무하던 초기에 말 그대로 회사의 지붕을 날려버렸다. 입사한 지 3년밖에 되지 않은 스물한 살의 웰치에게 어떤 프로젝트가 맡겨졌다. 그 프로젝트에는 일종의 화학적 프로세스를 실험하는 과정이 포함되어 있었다.

어느 날 그가 자기 책상에 앉아 있는데 길 건너편에 있는 회사 파일럿 플랜트(새로운 공법이나 신제품을 도입하기 전에 시험적으로 건설하는 소규모 설비-옮긴이)에서 어마어마한 폭발 소리를 들었다. 그는 현장까지 부리나케 달려갔다. 안전장치가 계획한 대로 작동해 수직으로 폭발이 일어난 덕분에 다행히 다친 사람은 없었다. 하지만 피해를 입지 않은 것은 아니었다. 건물은 물론 라인 관리자였던 웰치의 경력 또한 피해를 입을 것이 분명했다.

다음 날 웰치는 상사에게 사고에 대해 설명했다. 물론 GE 관리자들은 제품에 대한 새로운 아이디어를 개발하고 한계에 도전하기를 기대했지만 시설을 폭파시키는 일은 그런 기대와 거리가 멀었다. 웰치는 자신의 경력이 끝날지도 모른다는 불안감을 안고 자리에 앉아 상황을 상세하게 설명했다. 그러나 그는 행운아였다. 다행히 상사는 MIT의 화학 공학 박사학위를 가진 사람이었기에 폭발이 일어난 경위를 이해했다. 그는 웰치에게 여러 질문을 하고는 이렇게 말했다.

"회사의 운영 규모가 크기 때문에 나중보다는 지금 이 문제를 파악하는 편이 낫습니다. 아무도 다치지 않아서 다행이네요."

웰치는 상사의 반응에 깊이 감동했다.

"사람들이 실수를 저질렀을 때 훈계는 금물입니다. 격려하고 자신감을 키워줘야 하죠."

실패와 실수로부터 교훈을 얻고, 다시 시작해도 좋다는 허락이 필요하다. 그러지 않으면 사람들은 모험을 하지 않으며 발전하지 못한다.

⊙ CEO에게 배우는 커뮤니케이션의 기술

만일 웰치가 해고당했다면 어떤 일이 일어났을지 상상해 보라. 그 회사의 역사는 무척 달라졌을 것이다. 한계에 도전하도록 사람들을 격려하라. 실패한 이유를 이해하고 실수를 바로잡기 위해서 노력한다면 모험은 여러분의 회사에 매우 긍정적인 일이다. 정상에 머무르려면 이렇게 말해야 한다.

"저는 우리 회사 직원들이 더 많이 모험하기를 바랍니다. 잭 웰치가 초창기에 했던 일을 똑같이 하라고 권하는 것은 아닙니다. 하지만 그것은 사람들에게 도전하도록 격려하고 실패하더라도 처벌하지 않는 기업 문화를 보여 주는 흥미로운 사례입니다."

전략적으로 팀을 구성하라

홀륭한 CEO들은 언제나 미래를 생각한다. 그리고 이 미래에는 자신이 사라졌을 때 일어날 상황도 포함된다. 잭 웰치는 GE의 전설적인 회장이자 웰치의 선임자인 레그 존스^{Reg Jones}의 후계자로 선택을 받았을 때의 이야기를 전한다.

1979년 초반 존스가 은퇴하면 누가 차기 회장이 될지를 두고 언론의 추측이 난무했다. 존스는 웰치를 자신의 집무실로 불러 문을 닫으라고 말했다. 그리고 웰치에게 다짜고짜 우리 두 사람이 회사 비행기를 타고 있다고 상상하라며 가상의 질문을 했다.

"비행기가 추락해 두 사람이 모두 목숨을 잃었다고 가정해 보게. 그렇다면 누가 GE의 차기 회장이 되어야 하겠는가?"

웰치는 자신이 살아남아서 다음번 회장이 되어야 한다고 주장했다. 존스는 부질없는 소리를 그만두라고 쏘아붙였다. 두 사람이 모두 세상을 떠났다면 누가 책임을 맡아야 하는가? 웰치는 그제야 게임의 법칙을 받아들이고 경쟁자의 목록을 훑으면서 상대적인 장점과 단점을 기준으로 그들의 순위를 매겼다.

존스는 이른바 비행기 면접을 이용해 누가 누구와 일할 수 있는지 확인하고 있었다(다른 경쟁자들에게도 똑같은 면접을 했을 것이다). 약 6개월 후 존스는 웰치를 다시 집무실로 불러 이전의 질문을 다르게 표현해서 물었다. 이번에는 존스가 죽은 반면 웰치는 살아남았다. 웰치는 조금도 주저하지 않고 자신이 후계자가 되어야 한다고 대답했다. 그러자 존스는 경영진에 누구를 영입할 것인지, 그리고 회장으로서 어떤 문제에 대처할 것인지 물었다.

나중에 알고 보니 존스는 모든 후보자의 순위를 매기기 위해 그들에게 똑같은 질문을 하고 끝까지 무표정으로 일관했다고 한다.

⊙ **CEO에게 배우는 커뮤니케이션의 기술**

이 일화는 승계 계획이나 유능한 경영진을 구성하는 데 필요한 공감대에 관해 이야기하기에 적합하다. 이렇게 말해 보라.

"팀을 구성할 때는 공감대가 무척 중요하다는 사실을 명심하세요. 잭 웰치의 자서전에 재미있는 이야기가 있습니다. 이 이야기에서 웰치의 선임자가 경영진을 구성할 때 어떤 방법으로 적임자들에 대한 정보를 얻었는지 알 수 있죠."

도움이 안 되는 직원은 과감히 해고하라

잭 웰치는 플로리다 주 보카레이턴에서 열린 GE의 1992년 연례 경영자 회의에서 '경계 없는' 문화를 창조하는 문제에 대해 이야기했다. 그들은 직원들이 개인보다 팀을 중요시하고 다른 회사의 모범 사례를 본받으며 기업 전체에서 최대한 많은 벽을 허물도록 격려했다.

그리고 GE의 관리자를 네 부류로 나누었다. 첫 번째 유형은 약속을 지키고 회사의 가치관을 공유했다. 이들의 성공은 따 놓은 당상이다. 두 번째 유형은 약속도 하지 않고 가치관을 공유하지도 않았다. 이들은 바로 '쫓겨난다'. 세 번째 유형은 목표를 성취하지 못하지만 모든 가치관을 공유했다. 이들은 두세 번의 기회를 얻으며 복귀할 가능성이 있다. 가장 결정하기 어려운 부류는 네 번째 유형이다. 실적을 올리고 목표를 성취했지만 가치관을 공유하지 않는 사람들이다. 이들은 독재적인 관리자로, 대개 부하 직원들을 위협해서 결과를 얻어낸다.

웰치는 '경계 없는' 문화를 지닌 회사를 만들고 싶었다. 그래서 GE는 참석자들에게 네 번째 유형의 관리자를 용납할 수 없다고 밝혔다. 그는 회사 중역 네 명을 네 번째 유형으로 분류하고 그들에게 회사를 떠나라고 통보했다. 한 관리자는 워크아웃 개념을 수용하지 않았고, 다른 한 명은 강한 팀을 구성하지 못했으며, 또 다른 한 명은 세계화를 수용하지 않았다고 설명했다. 참석자들은 모두 깜짝 놀랐다. 이 정도로 솔직한 이야기를 듣는 데 익숙하지 않았기 때문이다. 웰치는 당시 상황을 이렇게 표현한다.

"쥐 죽은 듯이 조용했습니다. 저는 관리자들이 떠나야 하는 한 가지 중요한 이유로 경계 없는 행동이 부족하다는 사실을 꼽았는데, 그것이 바로 정곡을 찔렀죠. 여러분이 그 자리에 있었다면 참석자들의 생각을 느낄 수 있었을 겁니다. '이건 정말이군. 진심이야.'"

⊙ CEO에게 배우는 커뮤니케이션의 기술

어떤 회사든 사람들이 참여하고 말하는 데 그치지 않고 직접 나서서 행동하는 탄탄한 기업 문화가 필요하다. GE가 실적을 올리지 못했다는 이유로 직원을 해고한다면 이는 뉴스거리가 되지 않는다. 성과는 올렸지만 믿지 않았다고 해서 직원을 해고한다면 문제는 달라진다. 이렇게 말해 보라.
"여러분 개개인이 이 회사의 가치를 믿어야 합니다. 그러지 않으면 우리는 모두 제각기 다른 방향으로 향할 겁니다. 잭 웰치의 자서전에 실린 이야기가 떠오르는군요. 웰치는 그가 생각하는 네 가지 유형의 관리자를 설명하고 성과를 거둔 사람이라도 해고될 수 있다는 사실을 보여 주었죠."

최악의 상황에 대응할 순발력을 길러라

지나치다고 생각될 만큼 세밀한 계획을 세워라. 그러면 기대 이하의 성과를 거둘 것이다. 잭 웰치는 CEO로 재직하던 초기에 뉴욕에서 연설을 했다. 그는 앞으로 10년간 GE의 원대한 전략이 담긴 봉인된 봉투를 재킷 주머니에서 꺼내면서 이 모든 문제가 해결되기를 바랐으나 그러지 못했다고 말했다. 그러고는 원래 벤딕스^{Bendix}의 계획 관리자가 《포춘》에 보냈던 편지를 인용하면서 이 관리자가 말한 내용은 더 이상 손댈 데가 없다고 덧붙였다. 그 편지는 군사 이론가 클라우제비츠의 『전쟁론』을 인용해 아무리 의도가 좋다고 해도 전략적 계획을 상상력 없이 만들어진 일종의 연습처럼 맹목적으로 따라야 할 단순한 공식으로 전락시켜서는 안 된다고 말했다.

한치 앞을 알 수 없는 전쟁 상황처럼 비즈니스에서도 항상 우연한 사건이 일어나기 마련이다. 계획대로 진행되지 않는다. 적수가 여러분이 취한 조치에 어떻게 반격할지 확실히 파악할 방도가 전혀 없다. 이런 불확실한 환경에서 가장 믿을 만한 것은 인간적인 요소, 즉 리더십, 사기, 그리고 본능이다.

그 편지에 따르면 프러시아의 작전 참모 클라우제비츠는 적군과 처음 마주친 이후에 작전 계획이 유효할 것이라고 결코 기대하지 않았다. 벤딕스의 관리자는 클라우제비츠가 "지속적으로 변화하는 상황에서 핵심 개념의 발전"을 주창했다고 말하면서 "전략은 장황한 행동 계획이 아니다"라고 결론을 내렸다.

비즈니스와 전쟁은 목표가 다르지만, 천편일률적인 접근 방식은 조금씩 실체를 드러내는 실제 상황에서 효과를 거둘 수 없다. 하지만 적재적소에 적임자를 배치하고 변화하는 환경에 적응하는 본능을 갖춘다면 성공률은 한층 높아질 것이다.

⊙ CEO에게 배우는 커뮤니케이션의 기술

아무리 훌륭한 계획도 현실과 부딪히면 막막할 정도로 미흡할 수 있다. 여러분의 경쟁자가 어떻게 대응할지 정확하게 파악할 수 있는가? 여러분의 비즈니스에 영향을 미치는 새로운 법률이 통과되면 어떻게 할 것인가? 아무도 예측하지 못했던 제품의 결함이 있다면 어떻게 할 것인가? 계획보다 더 중요한 것은 전반적인 전략을 탄탄하게 세우고 언제 어떻게 변할지 모르는 상황에 민첩하고 재빠르며 현명하게 적응할 수 있는 사람들을 배치하는 일이다. 이렇게 말해 보라.
"아무리 열심히 노력해도 모든 일에 대비해 계획을 세울 수는 없습니다. 현장을 완벽하게 통제할 수는 없는 노릇이죠. 어떤 회사도 그렇게 할 수 없습니다. 잭 웰치는 한 연설에서 GE의 원대한 전략을 수립할 수 없었다고 밝혔습니다."

멕 휘트먼

이베이

■ ■ ■

- 양심을 길잡이로 삼아라
- 과감히 도전하고 모험하라
- 고객의 의견을 경청하라
- 실수를 인정하고 대책을 마련하라
- 전체를 위해 작은 희생은 감내하라
- 당당함으로 무장하라
- 기업 문화를 바로잡아라

양심을 길잡이로 삼아라

훌륭한 위기를 쓸모없이 낭비하지 마라. 이런 실수 때문에 위기가 발생했다. 전 이베이^{eBay} CEO 멕 휘트먼$^{Meg\,Whitman}$은 회사를 설립한 초창기에 최악의 상황에 직면했다. 22시간 동안 시스템이 중지된 것이다. 사이트가 완전히 멈춰버렸다. 고객들은 팔지도 사지도 못했다.

언론은 공격의 빌미를 잡아냈다. 과연 이 회사가 살아남을 것인가? 비즈니스 역사에서 잿더미 위에 오른 다른 수많은 온라인 회사와 똑같은 길을 걸을 것인가? CNN은 그 위기에 대처하는 회사의 모습을 화면에 담으려고 애썼다. 한 전문가는 그 상황을 마치 전국의 모든 시어스^{Sears} 매장이 동시에 문을 닫고 다시 문을 열 수 있을지 모른다고 말하는 것이나 다름없다고 표현했다.

결국 기술적인 문제가 해결되고 시스템이 재가동되었지만 위기는 끝나지 않았다. 문제가 해결된 후 휘트먼이 회의장에 들어갔을 때 직원들은 게슴츠레한 눈으로 판매자와 맺은 고객 서비스 계약에 대해 논의하고 있었다. 계약서의 세부 조항에는 시스템이 중단된 동안 경매가 끝난 판매자에게만 배상하도록 규정되어 있었다. 문제는 나중에 종료된 경매를 포함해 사실상 모든 경매가 시스템 중단에 영향을 받았다는 사실이었다. 계약서대로라면 약 500만 달러에 이르는 손실을 전부 보상해야 했다. 이 돈을 지불하면 4분기 목표를 달성하지 못할 터였다. 휘트먼은 대화를 경청한 뒤 사람들에게 "지금 어떻게 해야 옳은 겁니까?"라고 물었다. 그리고 회의실을 떠났다. 결국 그들은 모든 사람에게 배상했다. 훗날 회사의 CFO는 이렇게 말했다.

"사람들은 언제나 어떻게 해야 옳은지 압니다. 하지만 이따금 리더가 그 사실을 상기시켜야 하죠."

월스트리트는 이베이가 그런 결정을 내린 이유를 설명한 이후 수익을 거두지 못한다면 이베이를 내치지 않았고 고객도 옳은 일을 했다는 이유로 그들을 외면하지 않았다.

⊙ CEO에게 배우는 커뮤니케이션의 기술

비즈니스에서 이따금 작은 돈에 연연해 큰돈을 잃는 것은 그리 좋은 선택이 아니다. 계약서에는 이런저런 의무를 다해야 한다고 적혀 있지만 여러분이 계약서의 조항을 지키지 않고 싶다면 아무도 여러분을 막을 수 없다. 그러나 계약서를 이행한다면 단기적으로 잃을 것보다는 장기적으로 얻을 혜택이 더 많을 것이다. 이렇게 말해 보라. "이것이 어려운 결정임을 잘 압니다. 계약은 지켜야 합니다. 하지만 우리가 직면한 상황은 한 가지 계약의 문제만은 아닙니다. 멕 휘트먼이 초창기 이베이가 겪은 위기에 대해 전한 이야기가 생각나는군요."

과감히 도전하고 모험하라

그녀는 위험을 알았고 주사위를 던졌다. 2000년 9월, 닷컴 세계가 무너지고 있었다. 거품이 가라앉으면서 이야기의 주제는 닷컴의 과대 선전에서 닷밤dot bomb(파산한 닷컴 회사를 일컫는 말-옮긴이)의 현실로 바뀌었으며 온라인 기업에 대한 대중과 투자가들의 믿음은 곤두박질쳤다.

전 이베이 CEO 멕 휘트먼은 해마다 이듬해 계획을 발표하는 '분석의 날Analyst Day'을 만들었다. 이베이는 닷컴 기업들이 무더기로 파산할 때도 여전히 좋은 성과를 거두고 있었다. 여러 기업을 인수하고 통합했으며 총수입과 이익이 상승했다. 사실 이베이의 경영진이 회의를 준비할 때면 메시지를 통합하고 기업이 도전할 목표를 제시할 슬로건이 필요했다.

이런 회의에서는 대개 CEO들이 미래의 전망과 성장 기회를 거론하고 '무한한 가능성이 있다'는 낙관적이지만 의도적으로 애매모호한 말을 한다. 그러나 수치를 확실하게 제시하는 법은 없다.

반면 휘트먼은 다른 사람들과 의논한 끝에 위험한 조치를 내렸다. 수치를 제시할 작정이었다. 그녀는 블랙베리를 준비한 분석가들 앞에서 이베이의 총수입이 2000년 4억 3,000만 달러에서 2005년 30억 달러까지 상승할 것이라고 발표했다. 참석자들은 모두 깜짝 놀랐다. 그들은 정신없이 타이핑을 하면서 경계 신호를 보내기 시작했다.

훗날 재정 분석가이자 휘트먼의 친구인 한 사람은 그 일이 CEO로서 가장 현명하지 못한 처사였다고 말했다. 수치에 연연하는 것은 휘트먼 개인에게는 물론이고 회사 전체에도 위험했다. 이제 이베이에는 힘을 모아야 할 중대한 목표가 생겼다. 2005년 이베이의 총수입은 30억 달러가 아니라 45억 달러에 달했다. 휘트먼은 이렇게 말한다.

"도전적인 목표는 리더십의 중요한 요소입니다. 중대한 일, 가치 있고 중요한 일을 하기 위해서 리더는 이따금 심호흡을 하고 뛰어들어야 하죠."

◉ CEO에게 배우는 커뮤니케이션의 기술

휘트먼이 5년 후 총수입이 다섯 배로 증가할 거라고 발표한 것은 모험이었다. 하지만 그녀는 사업에 자신이 있었으며 직원들의 동기 수준을 높게 유지하려면 도전적인 목표가 필요하다고 생각했다. 이렇게 말해 보라.
"이것이 모험이라는 것을 잘 알고 있습니다. 하지만 자사의 비즈니스 모델에 우리와 똑같이 자신만만했던 다른 사람들이 이미 모험에 성공했습니다. 멕 휘트먼의 이야기가 떠오르는군요."

고객의 의견을 경청하라

전 이베이 CEO 멕 휘트먼은 투명한 조직에서 고객의 의견에 귀를 기울이고 책임을 져야 할 필요성에 관해 말한다.

이베이의 한 신입사원이 등급제를 개편할 임무를 맡았다. 이 사원은 만족스러운 등급을 성취한 사람들을 별 하나로 표시하는 대신 여러 색상의 별을 이용했다. 그래서 어떤 사람의 거래에 대해 긍정적인 리뷰가 몇 개인지 나타내는 등급제를 제안했다. 이를테면 가장 높은 단계는 유성으로 표시했다. 그렇게 새 등급제가 온라인에 개시되었다.

휘트먼이 전하듯이 몇 분 만에 피드백이 쇄도했다. 피드백은 끊이지 않았다. 어떤 사람들은 이베이가 등급제를 바꾼 것에 대해 이의를 제기했다. 또 어떤 사람은 특정한 색상이 마음에 들지 않는다는 사소한 불만을 표시했다. 그런가 하면 이베이 사용자에게 먼저 의논하지도 않고 그렇게 마음대로 바꿀 권리가 있느냐고 따지는 사람도 있었다.

얼마 지나지 않아 등급제를 바꾼 담당자가 하루에 세 시간씩 새로운 등급제에 관해 답변해야 할 정도로 전자우편이 폭증했다. 결국 이 사원은 한 고위 경영자를 만나 해결책을 찾았다. 변화에 대해 심사숙고하고 사용자의 의견을 물은 다음, 등급제를 수정했다.

다수의 위력을 자랑하면서도 소수의 본능에 따라 움직인 한 기업은 이 일로 따끔한 교훈을 얻었다. 이베이를 이용하는 사람들은 돈을 벌기 위해 이 회사에 의지했으며 인터넷이 집단 협력을 가능하게 만들었다. 따라서 사용자가 의사 결정 과정에 참여해야 할 필요가 있었다.

⊙ CEO에게 배우는 커뮤니케이션의 기술

명령에 따라 모든 결정을 내릴 수 있는 것은 아니다. 과거의 구태의연한 지령 관리 모델은 몇 년 전에는 효과적이었을지 모른다. 하지만 디지털 시대에, 특히 온라인 본위 기업에서는 집단의 지혜에 더 의존해야 한다. 이렇게 말해 보라.
"상부에서 내린 결정을 통보하고 고객이 모든 것을 맹목적으로 받아들이기를 기대할 수 없다는 사실을 직시해야 합니다. 이런 방식이 항상 효과적이지는 않죠. 멕 휘트먼이 이베이에 대해 했던 이야기가 생각납니다."

실수를 인정하고 대책을 마련하라

이따금 성공은 지나친 자신감을 불러온다. 전 이베이 CEO 멕 휘트먼에 따르면 1999년 자사 주가가 주당 200달러에 달했을 때 이베이는 비즈니스를 강화하고 더 고가의 품목으로 브랜드를 이동시키기 위해 인수할 기업을 물색하고 있었다. 특히 버터필드 앤 버터필드Butterfield & Butterfield라는 회사가 그들의 관심을 사로잡았다.

버터필드 앤 버터필드는 역사가 오랜 경매 회사로, 소더비 경매Sothby's와 크리스티 경매Christie's처럼 유명한 경매와 같은 리그에 속해 있었다. 샌프란시스코에 본사를 둔 이 경매 회사는 나무랄 데 없는 신뢰도와 고도로 훈련된 전문가 직원, 그리고 세심한 고객을 확보하고 있었다. 휘트먼은 버터필드를 맞아들임으로써 그 회사의 시장을 온라인까지 확장시키는 한편 고급 구매자와 판매자를 이베이로 유치하고 싶었다.

이베이는 버터필드에 2억 60만 달러를 지불했고 월스트리트는 그 거래에 박수를 보냈다. 하지만 휘트먼은 협상을 진행하는 동안 잠재적인 문화 충돌의 초기 징후를 목격했다. 버터필드 앤 버터필드 직원들은 대부분 평범한 이베이 직원들보다 적어도 스무 살 남짓 나이가 많았다. 그들의 사무실은 마호가니 가구와 화려한 카펫으로 장식되어 있었다. 심지어 갑옷을 전시한 갤러리까지 갖추고 있었다. 그래도 협상은 계속 진행되었다. 하지만 거래를 성사시키기 위해 최선을 다했음에도, 창립한 지 4년 된 인터넷 기반 회사와 100년 된 고급 경매 회사를 맺으려는 노력은 부질없는 일이라는 사실이 명백히 드러났다.

3년 후 이베이는 결국 포기하고 영국의 한 회사에 버터필드 앤 버터필드를 매각했다. 이따금 훌륭한 아이디어처럼 보이는 것이 현실에서는 통하지 않는다. 그럴 때면 실수를 인정하고 포트폴리오를 정리한 뒤 전진해야 한다.

⊙ CEO에게 배우는 커뮤니케이션의 기술

엄격한 비즈니스 기준에서는 이치에 맞지만 기업 문화가 충돌할 때는 그렇지 않은 경우가 흔히 존재한다. 모든 인수가 효과적인 것은 아니다. 사실 통계적으로 성공하기보다 실패하는 합병이 더 많다. 때문에 실수를 인정하고 손실을 줄여야 한다. 이렇게 말해 보라.

"○○ 회사와 좋은 결실을 맺지 못한 것은 부끄러운 일이지만 우리만 그런 것이 아닙니다. 멕 휘트먼에 따르면 이베이 역시 자사 포트폴리오에 그리 어울리지 않는 회사를 매입했던 적이 있습니다."

전체를 위해 작은 희생은 감내하라

항상 모든 사람을 만족시킬 수는 없다. 온라인 비즈니스의 선구자이자 생존자인 이베이는 어쩌면 첨단 기업에서만 나타날지도 모르는 독특한 현상을 비롯해 수많은 경쟁 업체가 온라인에서 직면했던 현상, 즉 '피처 크리프feature creep'를 경험했다. '피처 크리프'란 이미 효과적인 기본 시스템에 새로운 장치를 계속 추가하고 싶은 유혹을 일컫는다. 이런 변화는 대체로 완벽하게 활용되지 못한다. 그래서 축적되다 보면 온라인 서핑에 문제를 일으켜, 사용자들이 용이하게 사용하도록 만든다는 원래 목적을 무색하게 한다.

전 이베이 CEO 멕 휘트먼은 2003년 무렵 '피처 크리프'가 일어나면서 자사 시스템에 과부하가 시작되었음을 알아차렸다. 그 결과 불필요한 기능을 없애야겠다고 결심했다. 어떤 기능을 없앨 것인가? 대다수는 관심이 없지만 모든 사용자가 항상 이용하지는 않더라도 각 기능마다 옹호 집단이 있다. 그래서 사람들이 거의 이해하지 못하고 좀처럼 사용하지 않는 에스크로 기능을 없애기로 했다. 근래 들어 에스크로 사기가 증가했기 때문에 그 기능을 중단하기는 어렵지 않았다.

그러나 이튿날 마치 에스크로 옵션의 지지자들 전부가 중단 조치에 불만을 표하며 전자우편을 보낸 듯했다. 회사 측은 회신을 보내 그 이유를 정중하게 설명했다. 이용하는 사람이 무척 적은 데다 공간을 많이 차지하고 전체 이베이 커뮤니티에 유리하게 이용할 수 있는 소중한 자원을 낭비한다는 이유였다. 다행히 그들에게 관심을 보이는 회신을 받고 대부분 흡족해했지만 모두가 만족스러워하지는 않았다. 전체 사이트의 이익을 위해 이제는 어떤 결정을 내려야 했다. 휘트먼은 이렇게 썼다.

'아무리 호시절이라고 해도 자원과 시간은 항상 유한하죠. 따라서 열의 없이 열 가지 일을 하기보다는 세 가지를 잘하는 편이 더 낫습니다.'

◉ CEO에게 배우는 커뮤니케이션의 기술

어떤 기업에서는 더 좋은 함정을 만들 수 있을지도 모른다. 그런 한편 오버엔지니어링에 희생될 가능성도 있다. 활용할 수 있는 자원과 시간이 많을 때에는 초점이 매우 중요하다. 기본으로 돌아가야 한다. 그러면 몇몇 사람은 불만스러워할 것이다. 하지만 큰 그림을 보며 기업 전체를 위험에 빠뜨리지 않도록 해야 한다. 이렇게 말해 보라. "이것은 결코 쉬운 결정이 아니었습니다. ○○을 제거한 결정 때문에 일부 사람들이 불만스러워한다는 사실은 잘 압니다. 하지만 우리는 큰 그림을 잊지 말아야 합니다. 이베이의 멕 휘트먼은 이런 이야기를 하더군요."

당당함으로 무장하라

맥 휘트먼은 남성 지배적인 비즈니스 세계에서 어떻게 성차별적인 태도에 대처하느냐는 질문을 자주 받는다. 휘트먼은 여성들이 이전 세대와는 달리 자기 능력을 발휘할 기회를 얻게 되어 행운이라고 생각한다. 그런 한편 자신의 능력을 보여 주고 여성이 남성 못지않게 훌륭하다는 사실을 입증해야 한다는 의무감도 느낀다. 휘트먼은 "당신 자신의 동의 없이는, 그 누구도 당신에게 열등감을 느끼게 할 수 없다"는 엘리너 루스벨트^{Eleanor Roosevelt}의 말에서 교훈을 얻었다. 휘트먼은 이와 비슷한 상황에 직면하면 유머 감각을 발휘하며 어떤 공격이든 유쾌하게 되받아친다.

한번은 그녀가 유명 인사들이 모이는 회의에 참석했다. 휘트먼은 개회식 야간 행사에는 참석하지 못했지만, 둘째 날 칵테일파티부터 회의에 합류했다. 부부동반 칵테일파티였다. 아는 사람이 전혀 없었던 터라 그녀는 눈에 띄는 첫 번째 무리로 다가가 자신을 소개했다. 그 무리에 있던 당시 캘리포니아의 유명 정치가가 그녀에게 "남편은 어떤 분인가요?"라고 물었다. 그러자 나머지 사람들이 그의 실언에 흠칫 놀랐다. 하지만 휘트먼은 곧바로 신경외과 의사인 그리프 하시^{Griff Harsh}가 남편이라고 답했다. 그러자 정치인은 거들먹거리며 다시 물었다.

"언제부터 우리가 이 회의에 의사를 초대했습니까?"

휘트먼은 당당하게 남편은 참석하지 않았다고 답하며 덧붙였다.

"당신이 꼭 알아야 할 이유는 없지만 전 이베이의 CEO입니다."

할 말을 잃은 그 남자는 쥐구멍이라도 찾고 싶은 심정으로 당황스러워서 어쩔 줄 몰라 했다. 휘트먼은 이렇게 말한다.

"루스벨트 부인이 말했듯이 모욕을 당할 때 물러서지 않으면 여러분은 대부분 승리할 겁니다."

⦿ CEO에게 배우는 커뮤니케이션의 기술

성별과 상관없이 모든 사람에게 고정관념의 위험성을 보여 주는 이야기다. 아울러 이 일화는 이따금 유머 감각을 발휘하면 더욱 효과적으로 상대방을 무력화시킬 수 있다는 메시지를 전달한다. 다른 사람들이 소극적인 노선에 매달릴 때 적극적으로 대처하라. 이렇게 말해 보라.

"우리를 이기려고 애쓰는 사람들을 만난 경험은 누구에게나 있을 겁니다. 제 생각에는 마구 몰아세우고 싶은 유혹을 이기고 침착하게 적극적인 방법을 택하는 것이 가장 현명한 대응책입니다. 이베이의 멕 휘트먼이 전한 이야기가 떠오르는군요."

기업 문화를 바로잡아라

솔선수범하라. 하지만 좋은 모범을 보여야 한다. 이따금 CEO의 인격이 회사의 기업 문화에 중대한 영향을 미친다. 멕 휘트먼은 CEO의 특정 습관이 나머지 조직의 DNA에 스며드는 일이 흔히 있다고 말한다. CEO가 약속에 늦는다면 아랫사람들도 대개 그러할 것이다. CEO가 고함을 지르면 다른 사람들도 똑같이 할 권리가 있다고 느낀다.

2001년 휘트먼은 뉴욕의 한 유명 재정 서비스 기업의 이사회에 합류하기로 동의했다. 이사회는 일반적으로 미리 의제를 제시해 임원들에게 준비할 시간을 제공했고 이틀 동안 진행됐다.

휘트먼은 철저하게 자료를 읽고 생각나는 질문을 메모했다. 회의에서는 한 의제에 두 시간이 할애됐다. 하지만 대부분의 시간은 발표하는 데 소요되고 있었다. 단 5분이 남은 상태에서 휘트먼이 한 가지 질문을 하려 했으나 의장은 재빨리 다음 의제로 넘어갔다.

휘트먼은 그렇게 대수롭지 않은 듯 취급받은 데 몹시 화가 났다. 그녀는 자리에서 일어나 의장에게 받은 자료를 그렇게 오랜 시간 투자해서 분석하고 3,000마일(약 4,800km)을 날아왔는데, 의제에 있는 문제는 진지한 토론 사항이 아니라 참고 사항이라는 통보를 받을 줄 몰랐다고 말했다. 그러자 의장은 당황스러워하며 토론할 시간을 제공했다.

하지만 휘트먼은 이미 상황을 명확히 파악했다. 비록 기업을 공개하고 회사 이사회에 외부인을 초빙했지만 그 회사의 상의하달 방식 문화는 전혀 바뀌지 않았던 것이다. 진정한 의사 결정은 여전히 비밀리에 진행되는 것처럼 보였다. 그녀는 회의에 몇 차례 참석한 끝에 이사회 임원직에서 물러났다. 그녀는 다음과 같이 말한다.

"이런 문화가 바뀌려면 오랜 시간이 걸릴 것 같았습니다. 그래서 그만두기로 결정했죠."

⊙ CEO에게 배우는 커뮤니케이션의 기술

사람들에게 의견이나 정보를 구하고서 정작 그들이 제시했을 때 무시하는 일은 없어야 한다. 이 이야기에서는 기업이 주식 공개 회사로 변화하거나 전반적으로 중대한 변화를 감행할 때 겪는 은밀한 몇몇 문제를 확인할 수 있다. 기업 문화는 하루아침에 변하지 않으며, CEO의 승인은 사람들의 생각보다 더 강력하다. 이렇게 말해 보라. "우리는 지금 문제점 목록을 훑어 내려가기보다는 허심탄회하게 대화를 해야 합니다. 내가 원하는 것은 진정한 토론입니다. 멕 휘트먼이 전한 이야기가 기억나네요."

제리 양

야후!

■ ■ ■ ■

• 우연을 가장한 기회를 포착하라

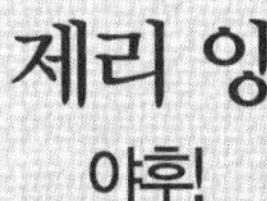

우연을 가장한 기회를 포착하라

야후^{Yahoo!}의 공동 창립자인 제리 양^{Jerry Yang}은 타이완에서 태어났다. 제리가 두 살 되던 해에 아버지가 세상을 떠났고 겨우 아홉 살이었을 때 그의 가족은 어머니의 뜻에 따라 캘리포니아로 이주했다. 새로운 언어를 배워야 했지만 그는 해냈다. 이후 스탠퍼드 대학교에서 전기 공학 학사와 석사 학위를 따냈다. 하지만 졸업하던 무렵 경제가 침체되어 그 분야에 일자리가 그리 많지 않았다. 1990년 그는 취업하는 대신 스탠퍼드 대학교 박사 과정에 등록했다.

제리 양과 또 다른 학생 데이비드 필로^{David Filo}는 컴퓨터 응용 회로 설계에 관해 조사하라는 과제를 받았다. 하지만 두 사람의 지도교수는 안식 기간을 맞아 자신의 연구를 진행하고 있었다. 딱히 할 일도 없고 따분했던 양은 '인터넷'이라는 비교적 새로운 시스템을 둘러보았다. 당시 인터넷은 전화는 있지만 전화번호부가 없는 상태와 같았다. 다른 사람의 주소를 모르면 이 신기술은 그리 쓸모가 없었다. 양은 자신의 페이지를 만들고 스모 사이트처럼 개인적으로 즐겨 찾는 사이트를 포함해 가장 좋아하는 사이트에 링크를 설정하기 시작했다.

그렇게 해서 '제리와 데이비드의 월드 와이드 웹 가이드'가 탄생했다. 프로젝트의 규모가 커지자 두 사람은 박사 학위를 포기하고 검색 엔진 비즈니스를 시작하기로 결심했다. 하지만 이름이 필요했다. 그들은 결국 두 가지 아이디어에서 비롯된 '야후!'라는 이름을 선택했다. 프로그래머들끼리 주고받는 우스갯소리인 '야크'[YACC, Yet Another Compiler Compiler]가 'Yet Another Hierarchical Officious Oracle', 즉 '야후'가 되었다. '야후'라는 단어는 조나단 스위프트[Jonathan Swift]의 소설 『걸리버 여행기』에도 등장한다. 이 소설에서 '야후들'은 당시 기술 분야의 괴짜들과 상당히 비슷한 무례한 캐릭터였다. 양과 필로에게는 여러 가지 특성이 있었지만, 특히 자신을 웃음거리로 만드는 재주가 있었던 것 같다.

⊙ CEO에게 배우는 커뮤니케이션의 기술

제리 양의 일화는 관객에게 이야기하기 좋은 성공담이다. 제리 양의 지도교수가 때마침 안식 기간 중이어서 이 젊은 사업가가 빈둥거릴 시간이 있었던 것을 운명이라고 해도 좋을 것이다. 그렇지 않았다면 '야후!'가 탄생하지 않았을지도 모를 일이다. 이렇게 말해 보라.

"어떤 기발한 아이디어는 누군가에게 시간이 남아돌았던 덕분에 탄생하기도 했습니다. 제리 양의 이야기를 생각해 보세요."

마크 주커버그
페이스북

▪ ▪ ▪

- 위기에서 해답을 찾아라
- 어려운 목표에 도전하라

위기에서 해답을 찾아라

페이스북Facebook의 혜성 같은 등장은 그 자체로 믿기 어려운 이야기다. 페이스북의 공동 창립자 마크 주커버그Mark Zuckerberg는 기말고사를 앞두고 몇 주 동안 페이스북을 만들었다. 그러나 기말고사에 대비하면서 페이스북을 준비하기는 무척 버거웠다. 그는 특히 미술 과목에서 뒤처졌다. 주커버그는 무언가 조치를 취하지 않으면 미술 과목에서 낙제할 것이라 생각하고 기발한 해결책을 떠올렸다.

그는 시험을 며칠 앞두고 수업에서 이용했던 모든 이미지로 웹사이트를 만들었다. 그리고 사람들에게 수업에서 토론했던 예술 작품 옆에다 메모를 해 달라고 부탁했다. 웹사이트는 사실상 종합 학습 도구였다. 기숙사에서 페이스북을 개설하느라 너무 바쁜 나머지 필기하지 못했던 내용을 다른 사람들이 채워 주었으니 이 웹사이트는 확실히 주커버그에게 무척 유익했다.

하지만 혜택을 받은 사람은 주커버그만이 아니었다. 담당 교수가 나중에 밝힌 바에 따르면 그 강좌 수강생들은 하버드에 재직하는 동안 그가 문제를 냈던 기말고사에서 최고로 손꼽힐 만큼 우수한 성적을 받았다. 정보 공유가 상당히 효과적이었던 것이다.

⊙ CEO에게 배우는 커뮤니케이션의 기술

인터넷의 중대한 특성 중 하나는 정보를 가로막는 장벽을 무너뜨리는 능력, 다시 말해 기술 전문 용어로 '직접 맞닥뜨리는^{disintermediate}' 능력이다. 만일 정보가 힘이라면 그 힘을 널리 분산시킬 경우, 분산시키는 사람은 물론이고 모든 사용자에게 이롭다. 이 일화는 압박감에 짓눌리면서도 자신의 장점을 발휘하는 재빠른 판단력에 대해 언급하기에 적합하다. 주커버그에게 이 장점은 프로그래밍이었다. 이렇게 말해 보라. "우리는 엄청난 압박감에 시달리고 있습니다. 압박감은 이따금 우리의 장점을 발휘하는 창조적인 해결책을 낳죠. 우리에게는 도구가 있습니다. 그 사실을 깨달아야 합니다. 페이스북의 창립자 마크 주커버그의 이야기를 전해 드리죠."

어려운 목표에 도전하라

훌륭한 아이디어는 가장 어려운 상황에서 효과를 발휘해야 한다. 마크 주커버그는 페이스북을 창립한 사람들이 매우 단순한 철학을 따랐다고 말한다.

"사람들이 원하는 일을 하라. 일찍 개시하라. 그리고 반복하라."

주커버그의 1차적인 목표는 하버드 대학교의 자기 기숙사에서 시작한 그 사업의 규모를 최대한 키우고 가치를 부과하는 데 초점을 맞추는 것이었다. 사실 이 사업은 한참 지난 후에야 비로소 회사 설립으로 이어졌다. 그들은 하버드에서 사이트가 급속도로 확산되며 엄청난 성공을 거두자, 하버드 외부에서 그 개념을 시험했다.

하버드의 전례라면 무조건 따를 가능성이 높은 학교보다는 예일, 컬럼비아, 그리고 스탠퍼드를 포함해 주커버그가 '수용성이 가장 적다'고 표현한 여러 대학에서 사이트를 개시하여 시장을 시험하기로 결정했다.

마침내 이들 학교에서도 대성공을 거두자, 그들은 이 아이디어가 반짝 인기에 그치지 않는다고 판단했다. 쇼 비즈니스에서 말하듯이 거기에는 '레그즈^{legs}(많은 사람들의 호응과 관심을 모은 영화나 텔레비전 프로그램의 속칭-옮긴이)'가 있었다. 그들은 승리의 공식을 얻었고, 그 사업에는 시간과 노력을 들일 만한 가치가 있었다.

⊙ CEO에게 배우는 커뮤니케이션의 기술

이 이야기에는 모든 사람을 위한 교훈이 있다. 페이스북 창립자들은 시험 단계에서 개념을 흔쾌히 받아들일 곳보다 호락호락하지 않으리라고 판단한 곳에서 시험했다. 결국 그 개념이 효과를 거두었을 때 다른 곳에서 개념을 선전하기가 훨씬 쉬워졌다. 이렇게 말해 보라.

"우리는 흔히 가장 손쉬운 목표부터 시작하는 것이 효과적이라고 말합니다. 하지만 어떤 아이디어의 실행 가능성을 시험하는 과정에서 때로는 정반대 접근 방식을 택하는 것이 효과적이죠. 페이스북을 예로 들어 봅시다."

메리 케이 애시 _ 메리 케이 코스메틱

일의 우선순위를 목록으로 만들어라

Mary Kay Ash, *The Mary Kay Way*(핑크 리더십), New York: John Wiley & Sons Inc., 2008, pp. 64~65.

성과를 인정하고 충분히 보상하라

Mary Kay Ash, *The Mary Kay Way*(핑크 리더십), New York: John Wiley & Sons Inc., 2008, pp. 34~35.

정상이 끝이 아니다, 계속 전진하라

Mary Kay Ash, *The Mary Kay Way*(핑크 리더십), New York: John Wiley & Sons Inc., 2008, p. 149.

실무자들을 존중하고 격려하라

Mary Kay Ash, *The Mary Kay Way*(핑크 리더십), New York: John Wiley & Sons Inc., 2008, p. 162.

제프 베조스 _ 아마존 닷컴

타고난 소질을 계발하고 키워라

Virginia Brackett, *Latinos in the Limelight: Jeff Bezos* New York: Chelsea House Publishers, 2001, pp. 21~23.

실패를 두려워하지 말고 모험을 즐겨라

Virginia Brackett, *Latinos in the Limelight: Jeff Bezos*, New York: Chelsea House Publishers, 2001, pp. 30~34.

자신의 꿈을 향해 나아가라

Academy of Achievement, "Inventing e-Commerce", May 4, 2001, San Antonio, Texas: www.achievment.org/autodoc/page/bez0int-1.

초기의 어려움을 창의적으로 극복하라

Virginia Brackett, *Latinos in the Limelight: Jeff Bezos*, New York: Chelsea House Publishers, 2001, pp. 34~36.

직접 부딪치고 경험하라

Academy of Achievement, "Inventing e-Commerce", May 4, 2001, San Antonio, Texas: www.achievment.org/autodoc/page/bez0int-1.

모든 아이디어를 기록하라

Academy of Achievement, "Inventing e-Commerce", May 4, 2001, San Antonio, Texas: www.achievment.org/autodoc/page/bez0int-1.

캐시 블랙 _ 허스트

다른 사람의 말을 경청하라
Cathie P. Black, *Basic Black: The Essential Guide for Getting Ahead at Work(and in Life)*(블랙의 법칙), New York: Crown Business, 2007, pp. 240~241.

실수를 빨리 인정하라
Cathie P. Black, *Basic Black: The Essential Guide for Getting Ahead at Work(and in Life)*(블랙의 법칙), New York: Crown Business, 2007, pp. 145~146.

윤리적인 원칙을 세워라
Cathie P. Black, *Basic Black: The Essential Guide for Getting Ahead at Work(and in Life)*(블랙의 법칙), New York: Crown Business, 2007, pp. 248~251.

마이클 블룸버그 _ 블룸버그

장점을 길러라
Michael Bloomberg, *Bloomberg by Bloomberg*(월가의 황제 블룸버그 스토리), New York: John Wiley & Sons Inc., 1997, pp. 217~219.

통념이 아닌 올바른 원칙을 따르라
Michael Bloomberg, *Bloomberg by Bloomberg*(월가의 황제 블룸버그 스토리), New York: John Wiley & Sons Inc., 1997, p. 172.

열심히, 그리고 현명하게 일하라
Michael Bloomberg, *Bloomberg by Bloomberg*(월가의 황제 블룸버그 스토리), New York: John Wiley & Sons Inc., 1997, pp. 28~30.

세르게이 브린 _ 구글

인간을 최우선 가치로 삼아라
Stephen Randall, The Editors of Playboy Magazine, *Playboy Interviews: Movers and Shakers*, Milwaukie, OR: M Press, 2007, pp. 128~129.

역경 속에서도 포기하지 마라
Academy of Achievement, "Making the World's Information Accessible", October 28, 2000, London: www. achievement.org/autodoc/page/pag0int-1.

Stephen Randall, The Editors of Playboy Magazine, *Playboy Interviews: Movers and Shakers*, Milwaukie, OR: M Press, 2007, p. 116.

워렌 버핏 _ 버크셔 해서웨이

사실을 정확히 파악하라
Janet Lowe, *Warren Buffett Speaks*(워렌 버핏, 부의 진실을 말하다), New York: John Wiley &Sons Inc., 1997, p. 27.

계약서를 쓸 때 세부 사항에 주의하라
Janet Lowe, *Warren Buffett Speaks*(워렌 버핏, 부의 진실을 말하다), New York: John Wiley &Sons Inc.,

1997, pp. 38~39.

만일의 경우를 대비해 저축하라
Warren Buffett, Berkshire Hathaway Shareholder Letter, 2007: www.berkshirehathaway.com/letters/2007ltr.pdf.

나이 많은 직원의 경험과 지혜를 존중하라
Warren Buffett, Berkshire Hathaway Shareholder Letter, 1996: www.berkshirehathaway.com/letters/1996.html.

지혜롭게 절약하라
Warren Buffett, Berkshire Hathaway Shareholder Letter, 2003: www.berkshirehathaway.com/letters/2003ltr.pdf.

신중하게 인수 합병 전략을 세워라
Warren Buffett, Berkshire Hathaway Shareholder Letter, 1992: www.berkshirehathaway.com/letters/1992.html.

철저한 정보 보안 시스템을 갖춰라
Warren Buffett, Berkshire Hathaway Shareholder Letter, 1989: www.berkshirehathaway.com/letters/1989.html.

감정적인 군중 심리를 경계하라
Warren Buffett, Berkshire Hathaway Shareholder Letter, 1985: www.berkshirehathaway.com/letters/1985.html.

마이클 델 _ 델

고객의 솔직한 답변을 구하라
Harvard Business Review: Interview with CEOs, Harvard Business School Press, Cambridge, MA., 2000, pp. 128~130.

최대한 효율적으로 일하라
Michael Dell, *Direct from Dell*(다이렉트 경영), New York: HarperBusiness, 1999, pp. 3~4.

믿을 만한 사람에게 일을 위임하라
Michael Dell, *Direct from Dell*(다이렉트 경영), New York: HarperBusiness, 1999, pp. 17~18.

고객의 요구를 파악하라
Michael Dell, *Direct from Dell*(다이렉트 경영), New York: HarperBusiness, 1999, pp. 158~159.

추락하기 전에 자만심을 버려라
Michael Dell, *Direct from Dell*(다이렉트 경영), New York: HarperBusiness, 1999, pp. 128~129.

자신이 가장 잘하는 것을 고수하라
Michael Dell, *Direct from Dell*(다이렉트 경영), New York: HarperBusiness, 1999, pp. 76~78.

작은 아이디어에도 귀를 기울여라
Michael Dell, *Direct from Dell*(다이렉트 경영), New York: HarperBusiness, 1999, pp. 53~55.

큰 목표를 세우고 세계로 진출하라
Michael Dell, *Direct from Dell*(다이렉트 경영), New York: HarperBusiness, 1999, pp. 27~29.

마이클 아이즈너 _ 월트 디즈니

중요한 인물에게 인정을 받아라
Michael Eisner, *Work in Progress*, New York: Random House, 1998, pp. 398~399.

브랜드를 대표하는 상징적인 문구를 만들어라
Michael Eisner, *Work in Progress*, New York: Random House, 1998, pp. 212~213.

브랜드의 긍정적인 이미지를 창조하라
Michael Eisner, *Work in Progress*, New York: Random House, 1998, p. 292.

먼저 도움을 요청하라
Michael Eisner, *Work in Progress*, New York: Random House, 1998, pp. 138~139.

항상 자기계발에 힘써라
Michael Eisner, *Work in Progress*, New York: Random House, 1998, pp. 106~107.

끊임없이 시도하고 노력하라
Michael Eisner, *Work in Progress*, New York: Random House, 1998, pp. 51~52.

앞장서서 먼저 실천하라
Michael Eisner, *Work in Progress*, New York: Random House, 1998, pp. 236~237.

래리 엘리슨 _ 오라클

사람들을 현혹하는 거품을 꺼뜨려라
Stephen Randall, ed., *The Playboy Interviews: Movers and Shakers*, Milwaukie, OR: M Press, 2007, pp. 435~436.

복제가 아닌 새로운 아이디어로 혁신하라
Stephen Randall, ed., *The Playboy Interviews: Movers and Shakers*, Milwaukie, OR: M Press, 2007, pp. 448~449.

일에 치우쳐 가정을 소홀히 하지 마라
Stephen Randall, ed., *The Playboy Interviews: Movers and Shakers*, Milwaukie, OR: M Press, 2007, pp. 447~448.

칼리 피오리나 _ 휴렛패커드

공정성과 객관성을 유지하라
Carly Fiorina, *Tough Choices*(칼리 피오리나, 힘든 선택들), New York: Portfolio, 2006, pp. 44~45.

세상을 바꾸는 사람이 되라
Carly Fiorina, *Tough Choices*(칼리 피오리나, 힘든 선택들), New York: Portfolio, 2006, pp. 270~271.

말콤 포브스 _ 포브스

창의력이 솟아나는 자기만의 환경을 만들어라
Stephen Randall, ed., *The Playboy Interviews: Movers and Shakers*, Milwaukie, OR: M Press, 2007, p. 470.

안주하지 말고 위험에 맞서라
Stephen Randall, ed.,*The Playboy Interviews: Movers and Shakers*, Milwaukie, OR: M Press, 2007, p. 481.

빌 게이츠 _ 마이크로소프트

경쟁을 통해 동기를 부여하고 서로를 발전시켜라
Stephen Randall, ed., *The Playboy Interviews: Movers and Shakers*, Milwaukie, OR: M Press, 2007, pp. 466~467.

확실한 회사의 비전을 세워라
Academy of Achievement, "Software Architect of the Company Age", Seattle, Washington, March 17, 2010. www.achievement.org/autodoc/page/gat0int-1.

적절한 타이밍을 노려라
Academy of Achievement, "Software Architect of the Company Age", Seattle, Washington, March 17, 2010. www.achievement.org/autodoc/page/gat0int-1.

성공을 부르는 매력적인 이름을 지어라
Academy of Achievement, "Software Architect of the Company Age", Seattle, Washington, March 17, 2010. www.achievement.org/autodoc/page/gat0int-1.

칼 거스태커 _ 다우 케미컬

어떤 평판이든 받아들여라
E. N. Brandt, *Chairman of the Board*, East Lansing, MI: Michigan University Press, 2003, p. 103.

유머를 활용하라
E. N. Brandt, *Chairman of the Board*, East Lansing, MI: Michigan University Press, 2003, p. 85.

3분 이내에 핵심적인 내용만 질문하라
E. N. Brandt, *Chairman of the Board*, East Lansing, MI: Michigan University Press, 2003, pp. 99~100.

일의 내용을 제대로 인식하라
E. N. Brandt, *Chairman of the Board*, East Lansing, MI: Michigan University Press, 2003, p. 158.

루이스 거스너 _ IBM

모니터에서 눈을 떼고 최대한 간단하게 전달하라
Louis V. Gerstner, *Who Says Elephants Can't Dance?*(코끼리를 춤추게 하라), New York: HarperCollins, 2002, pp. 42~43.

누가 대장인지 기억하라
Louis V. Gerstner, *Who Says Elephants Can't Dance?*(코끼리를 춤추게 하라), New York: HarperCollins, 2002, p. 87.

너무 좋은 조건은 일단 의심하라
Louis V. Gerstner, *Who Says Elephants Can't Dance?*(코끼리를 춤추게 하라), New York: HarperCollins, 2002, p. 221.

치열하게 경쟁하라

Louis V. Gerstner, *Who Says Elephants Can't Dance?*(코끼리를 춤추게 하라), New York: HarperCollins, 2002, pp. 203~207.

핵심 요소에 초점을 맞추어라

Louis V. Gerstner, *Who Says Elephants Can't Dance?*(코끼리를 춤추게 하라), New York: HarperCollins, 2002, p. 87.

앤디 그로브 _ 인텔

새로운 환경에 유연하게 적응하라

Andrew S. Grove, *Swimming Across*(앤드류 그로브의 위대한 수업), New York: Warner Books, 2001, pp. 284~285.

잘못된 것은 과감히 버려라

Andrew S. Grove, *Only the paranoid Survive*(앤드류 그로브 승자의 법칙), New York: Currency Doubleday, 1999, pp. 85~89.

새로운 변화를 두려워하지 마라

Andrew S. Grove, *Only the paranoid Survive*(앤드류 그로브 승자의 법칙), New York: Currency Doubleday, 1999, pp. 90~92.

단호하게 결정을 내려라

Andrew S. Grove, *Only the paranoid Survive*(앤드류 그로브 승자의 법칙), New York: Currency Doubleday, 1999, pp. 142~143.

현장 관리자의 조언을 들어라

Andrew S. Grove, *Only the paranoid Survive*(앤드류 그로브 승자의 법칙), New York: Currency Doubleday, 1999, pp. 108~111.

리 아이아코카 _ 크라이슬러

불공평한 일도 받아들여라

Lee Iacocca, *Iacocca: An Autobiography*, New York: Bantam Books, 1986, p. 15.

판매 후까지 고객을 책임져라

Lee Iacocca, *Iacocca: An Autobiography*, New York: Bantam Books, 1986, pp. 33~34.

진정한 팀워크를 이루어라

Lee Iacocca, *Iacocca: An Autobiography*, New York: Bantam Books, 1986, pp. 56~57.

이익에 따라 융통성 있게 움직여라

Lee Iacocca, *Iacocca: An Autobiography*, New York: Bantam Books, 1986, pp. 9~10.

더 크게 보고, 한발 앞서 생각하라

Lee Iacocca, *Iacocca: An Autobiography*, New York: Bantam Books, 1986, pp. 72~73.

연습하고 또 연습하라

Lee Iacocca, *Iacocca: An Autobiography*, New York: Bantam Books, 1986, pp. 38~39.

개인적인 원한을 쌓거나 편을 가르지 마라
Lee Iacocca, *Iacocca: An Autobiography*, New York: Bantam Books, 1986, pp. 130~132.

남들보다 빠르게 대응하라
Lee Iacocca, *Iacocca: An Autobiography*, New York: Bantam Books, 1986, pp. 178~181.

노력 없이 공짜를 바라는 마음을 버려라
Lee Iacocca, *Iacocca: An Autobiography*, New York: Bantam Books, 1986, pp. 339~341.

솔선수범과 희생정신으로 협력을 이끌어내라
Lee Iacocca, *Iacocca: An Autobiography*, New York: Bantam Books, 1986, pp. 229~231.

스티브 잡스 _ 애플

다른 사람에게 공을 돌려라
Jeffrey Young, *Icon: Steve Jobs, The Second Greatest Act in the History of Business*(Icon 스티브 잡스), New York: John Wiley & Sons Inc., 2005, pp. 75~76.

때로는 이성보다 육감을 따르라
Steve Jobs, commencement address, Stanford University, June 12, 2005. http://stanford,edu/news/2005/june15/obs- .html.

자신의 일을 사랑하고 실패를 극복하라
Steve Jobs, commencement address, Stanford University, June 12, 2005. http://stanford,edu/news/2005/june15/obs-061505.html.

자기 내면의 소리를 따르라
Steve Jobs, commencement address, Stanford University, June 12, 2005. http://stanford,edu/news/2005/june15/obs-061505.html.

불가능하다고 말하지 마라
Jeffrey Young, *Icon: Steve Jobs, The Second Greatest Act in the History of Business*(Icon 스티브 잡스), New York: John Wiley & Sons Inc., 2005, pp. 76~77.

철저히 준비하고 무대에 올라라
Jeffrey Young, *Icon: Steve Jobs, The Second Greatest Act in the History of Business*(Icon 스티브 잡스), New York: John Wiley & Sons Inc., 2005, pp. 272~273.

쉽고 인상적인 브랜드 이름을 지어라
Leander Kahney, *Inside Steve's Brain*(잡스처럼 일한다는 것), New York: Portfolio, 2009, p. 227.

클라우스 클라인펠트 _ 알코아

최고의 인재를 모아 팀을 만들어라
Personal interview, New York City, May 11, 2011.

변명하지 마라
Personal interview, New York City, May 11, 2011.

결실을 맺는 고성과 팀을 구성하라
Personal interview, New York City, May 11, 2011.

자크 내서 _ 포드 자동차

문제가 없다면 바꾸지 마라
Harvard Business Review: Interview with CEOs, Harvard Business School Press, Cambridge, MA., 2000,
p. 17.

인드라 누이 _ 펩시코

직장과 가정의 균형을 유지하라
Dartmouth College, *Tuck School of Business: CEO Speaker Series*, September 23, 2002.

솔직한 모습을 보여라
"Life Stories to Inspire: Indra Nooyi", December 31, 2008. http://hrlink.in/news/lifestories-to-inspire-
indra-nooyi-ceo-pepsico.

최선을 다하고 남들보다 더 노력하라
Dartmouth College, *Tuck School of Business: CEO Speaker Series*, September 23, 2002.

변화를 꿈꾼다면 설득하라
Dartmouth College, *Tuck School of Business: CEO Speaker Series*, September 23, 2002.

데이비드 패커드 _ 휴렛패커드

끊임없이 배우고 도전하라
David Packard, *The HP Way: How Bill Hewlett and I Built Our Company*, New York: HarperBusiness, 1995,
pp. 112~113.

적재적소에 직원들을 배치하라
David Packard, *The HP Way: How Bill Hewlett and I Built Our Company*, New York: HarperBusiness, 1995,
p. 127.

격식보다 자유롭게 소통하라
David Packard, *The HP Way: How Bill Hewlett and I Built Our Company*, New York: HarperBusiness, 1995,
pp. 158~159.

전적으로 직원들을 신뢰하라
David Packard, *The HP Way: How Bill Hewlett and I Built Our Company*, New York: HarperBusiness, 1995,
pp. 135~137.

무리하게 인수 합병하지 마라
David Packard, *The HP Way: How Bill Hewlett and I Built Our Company*, New York: HarperBusiness, 1995,
pp. 142~144.

스스로 존경받는 리더가 되라
David Packard, *The HP Way: How Bill Hewlett and I Built Our Company*, New York: HarperBusiness, 1995,

pp. 128~129.

관료주의에서 벗어나라

David Packard, *The HP Way: How Bill Hewlett and I Built Our Company*, New York: HarperBusiness, 1995, pp. 148~150.

부분을 토대로 전체를 바라보라

David Packard, *The HP Way: How Bill Hewlett and I Built Our Company*, New York: HarperBusiness, 1995, pp. 155~156.

래리 페이지 _ 구글

끊임없이 생각하고 창조하라

Academy of Achievement, "Making the World's Information Accessible", October 28, 2000, London: www.achievement.org./autodoc/page/page0int-1.

T. 분 피켄스 _ BP 캐피털 매니지먼트

주어진 기회를 최대한 활용하라

T. Boone Pickens, *The First Billion is the Hardest*, New York: Crown Business, 2008, pp. 248~249.

될 때까지 노력하라

T. Boone Pickens, *The First Billion is the Hardest*, New York: Crown Business, 2008, pp. 66~68.

검소함을 습관화하라

T. Boone Pickens, *The First Billion is the Hardest*, New York: Crown Business, 2008, pp. 21~22.

회사의 주인이 누구인지 잊지 마라

T. Boone Pickens, *The First Billion is the Hardest*, New York: Crown Business, 2008, pp. 22~23.

겉모습으로 판단하지 마라

T. Boone Pickens, *The First Billion is the Hardest*, New York: Crown Business, 2008, pp. 22~23.

고객의 심리를 적절히 이용하라

T. Boone Pickens, *The First Billion is the Hardest*, New York: Crown Business, 2008, pp. 231~233.

짐 시네걸 _ 코스트코 홀세일

직접 행동으로 모범을 보여라

Mina Kimes, "Best Advice I Ever Got", *Fortune*, July 8, 2009. http://money.cnn.com/gallaries/2009/fortune/0906/gallery.best_advice_i_ever_got2.fortune/2.html.

도널드 트럼프 _ 트럼프 오거니제이션

자신만의 새로운 길을 개척하라

Donald J. Trump, *The Art of the Deal*(거래의 기술), New York: Random House, 1987, pp. 54~55.

직접 앞에 나서라
Donald J. Trump, *The Art of the Deal*(거래의 기술), New York: Random House, 1987, p. 86.

끈기를 갖고 신중히 선택하라
Donald J. Trump, *The Art of the Deal*(거래의 기술), New York: Random House, 1987, pp. 34~35.

몸소 부딪쳐 비용을 아껴라
Donald J. Trump, *The Art of the Deal*(거래의 기술), New York: Random House, 1987, pp. 36~37.

테드 터너 _ 터너 엔터프라이즈

상대방의 입장에서 판단하라
Ted Turner, *Call Me Ted*(테드 터너 위대한 전진), New York: Grand Central Publishing, 2008, pp. 44~45.

힘든 때일수록 위험을 감수하라
Ted Turner, *Call Me Ted*(테드 터너 위대한 전진), New York: Grand Central Publishing, 2008, pp. 183~189.

규칙을 융통성 있게 활용하라
Ted Turner, *Call Me Ted*(테드 터너 위대한 전진), New York: Grand Central Publishing, 2008, pp. 29~30.

적임자에게 맡겨라
Ted Turner, *Call Me Ted*(테드 터너 위대한 전진), New York: Grand Central Publishing, 2008, p. 261.

상상 이상의 높은 목표를 세워라
Ted Turner, *Call Me Ted*(테드 터너 위대한 전진), New York: Grand Central Publishing, 2008, p. 56.

필요하다면 해고도 서슴지 마라
Ted Turner, *Call Me Ted*(테드 터너 위대한 전진), New York: Grand Central Publishing, 2008, pp. 91~94, 105.

창의력을 발산하라
Ted Turner, *Call Me Ted*(테드 터너 위대한 전진), New York: Grand Central Publishing, 2008, pp. 97~98.

샘 월튼 _ 월마트

항상 비용 절감을 염두에 두어라
Sam Walton, *Sam Walton: Made in America, My Story*(샘 월튼 불황 없는 소비를 창조하라), New York: Doubleday, 1992, pp. 230~231.

직접 발로 뛰어 정보를 얻어라
Sam Walton, *Sam Walton: Made in America, My Story*(샘 월튼 불황 없는 소비를 창조하라), New York: Doubleday, 1992, pp. 210~211.

다양한 인재로 취약점을 보완하라
Sam Walton, *Sam Walton: Made in America, My Story*(샘 월튼 불황 없는 소비를 창조하라), New York: Doubleday, 1992, p. 154.

돈의 가치를 재고하라
Sam Walton, *Sam Walton: Made in America, My Story*(샘 월튼 불황 없는 소비를 창조하라), New York: Doubleday, 1992, pp. 9~10.

성공한 상대를 끊임없이 탐색하라

Sam Walton, *Sam Walton: Made in America, My Story*(샘 월튼 불황 없는 소비를 창조하라), New York: Doubleday, 1992, p. 202.

간단명료함으로 승부하라

Sam Walton, *Sam Walton: Made in America, My Story*(샘 월튼 불황 없는 소비를 창조하라), New York: Doubleday, 1992, p. 44.

시대의 흐름을 주시하라

Sam Walton, *Sam Walton: Made in America, My Story*(샘 월튼 불황 없는 소비를 창조하라), New York: Doubleday, 1992, pp. 8~9.

유쾌한 회의로 단결심을 키워라

Sam Walton, *Sam Walton: Made in America, My Story*(샘 월튼 불황 없는 소비를 창조하라), New York: Doubleday, 1992, pp. 164~165.

기발한 아이디어를 관철시켜라

Sam Walton, *Sam Walton: Made in America, My Story*(샘 월튼 불황 없는 소비를 창조하라), New York: Doubleday, 1992, pp. 229~230.

잭 웰치 _ 제너럴 일렉트릭

다양한 의견에 귀를 기울여라

Jack Welch, *Jack: Straight from the Gut*(잭 웰치 끝없는 도전과 용기), New York: Warner Business Books, 2001, pp. 182~184.

실패와 실수에 관대해져라

Jack Welch, *Jack: Straight from the Gut*(잭 웰치 끝없는 도전과 용기), New York: Warner Business Books, 2001, pp. 27~29.

전략적으로 팀을 구성하라

Jack Welch, *Jack: Straight from the Gut*(잭 웰치 끝없는 도전과 용기), New York: Warner Business Books, 2001, pp. 78~80.

도움이 안 되는 직원은 과감히 해고하라

Jack Welch, *Jack: Straight from the Gut*(잭 웰치 끝없는 도전과 용기), New York: Warner Business Books, 2001, pp. 188~189.

최악의 상황에 대응할 순발력을 길러라

Jack Welch, *Jack: Straight from the Gut*(잭 웰치 끝없는 도전과 용기), New York: Warner Business Books, 2001, pp. 447~448.

멕 휘트먼 _ 이베이

양심을 길잡이로 삼아라

Meg Whitman, *The Power of Many*, New York: Crown Publishers, 2010, pp. 1~3.

과감히 도전하고 모험하라

Meg Whitman, *The Power of Many*, New York: Crown Publishers, 2010, pp. 225~229.

고객의 의견을 경청하라
Meg Whitman, *The Power of Many*, New York: Crown Publishers, 2010, pp. 145~146.

실수를 인정하고 대책을 마련하라
Meg Whitman, *The Power of Many*, New York: Crown Publishers, 2010, pp. 193~195.

전체를 위해 작은 희생은 감내하라
Meg Whitman, *The Power of Many*, New York: Crown Publishers, 2010, pp. 196~199.

당당함으로 무장하라
Meg Whitman, *The Power of Many*, New York: Crown Publishers, 2010, pp. 85~87.

기업 문화를 바로잡아라
Meg Whitman, *The Power of Many*, New York: Crown Publishers, 2010, pp. 89~91.

제리 양 _ 야후!

우연을 가장한 기회를 포착하라
Laura French, *Internet Pioneers: The Cyber Elite*, Berkeley Heights, NJ: Enslow Publishers Inc., 2001, pp. 85~88.

마크 주커버그 _ 페이스북

위기에서 해답을 찾아라
Jason Kincaid, "Startup School: An interview with Mark Zuckerberg", *TechCrunch*, October 24, 2009. http://techcrunch.com/2009/10/24/startup-school-an-interviewwith-mark-zuckerberg.

어려운 목표에 도전하라
Jason Kincaid, "Startup School: An interview with Mark Zuckerberg", *TechCrunch*, October 24, 2009. http://techcrunch.com/2009/10/24/startup-school-an-interviewwith-mark-zuckerberg.

KI신서 4477

스토리를 훔쳐라

1판 1쇄 인쇄 2013년 2월 4일
1판 1쇄 발행 2013년 2월 8일

지은이 짐 홀트지 **옮긴이** 이미숙
펴낸이 김영곤 **펴낸곳** (주)북이십일 21세기북스
부사장 임병주
해외기획팀장 김상수 **해외기획팀** 정영주 조민정 **디자인 표지** 김인수 **본문** 네오북
마케팅본부장 주명석 **마케팅팀** 김현섭 민안기 강서영 최혜령 김해나 김다영 이은혜
영업본부장 최창규 **영업팀** 이경희 정경원 정병철
출판등록 2000년 5월 6일 제10-1965호
주소 (우 413-120) 경기도 파주시 회동길 201(문발동)
대표전화 031-955-2100 **팩스** 031-955-2151
이메일 book21@book21.co.kr **홈페이지** www.book21.com
트위터 @21cbook **블로그** b.book21.com

ISBN 978-89-509-4434-6 03320
책값은 뒤표지에 있습니다.